SUSANNE DRÖBER
Das Geheimnis bewusster Mütter

AF204721

GOLDMANN

SUSANNE DRÖBER

DAS GEHEIMNIS BEWUSSTER MÜTTER

Manifestiere deinen Traum von
einem entspannten Familienleben

GOLDMANN

Penguin Random House Verlagsgruppe FSC® N001967

1. Auflage
Originalausgabe April 2024
Copyright © 2024: Wilhelm Goldmann Verlag, München,
in der Penguin Random House Verlagsgruppe GmbH,
Neumarkter Str. 28, 81673 München
Umschlag: Uno Werbeagentur, München
Umschlagmotiv: © FinePic®
Redaktion: Nina Schnackenbeck
Satz: Satzwerk Huber, Germering
Druck und Bindung: GGP Media GmbH, Pößneck
Printed in Germany
SC · CB

ISBN 978-3-442-22387-9

Inhalt

KAPITEL 4

KAPITEL 5

KAPITEL 6

Vorwort

Hallo, du liebe Mama,

wie geht es dir gerade? Wie oft warst du heute schon genervt oder gestresst? Ist das Gefühl, dass alles »zu viel« ist, dein täglicher Begleiter? Fragst du dich manchmal, wo deine Lebensfreude hingekommen ist? Und ob das eigentlich schon alles war?

Dann willkommen im Club. So wie dir geht es sehr vielen Müttern (auch wenn das kaum eine zugibt). Das permanente Gefühl der Überforderung und gleichzeitig das Gefühl, nicht wirklich glücklich und erfüllt zu sein, scheint die akzeptierte Normalität im Familienleben zu sein. Viele finden sich damit ab.

Aber nicht du! Du hast dieses Buch gekauft und kannst damit alles verändern. Denn dein Familienleben kann ganz anders sein. Es kann voller Freude und Leichtigkeit sein, und du wirst in diesem Buch von mir erfahren, wie dir das gelingen kann.

Dabei gebe ich dir keine Erziehungstipps. Denn in diesem Buch geht es nicht um deine Kinder. In diesem Buch geht es nur um dich. Um dein Muttersein und darum, wer du wirklich sein willst. Du erfährst das Geheimnis, das dir den Weg zu einem erfüllten Leben *mit* deiner Familie ermöglicht. Wenn du diesen Weg gehst, wirst du sehr viel weniger Frust und Stress in deinem

Alltag mit Familie erfahren und das Leben mit deinen Kindern wirklich genießen können.

Vor einigen Jahren ging es mir nicht gut. Ich war mit dem ganzen Familientrubel rundum überfordert, gefühlt hat mich einfach alles gestresst und ich war oft mit allem und jedem unzufrieden.

Durch ein bestimmtes Ereignis, von dem ich dir später berichten werde, wurde mir jedoch bewusst, dass ich aktiv meine Situation verändern musste, um nicht weiterhin so frustriert und unglücklich zu sein.

Auf der Suche nach Lösungen bin ich auf spannende Ansätze und Methoden gestoßen und habe viel über mich und das Leben an sich erfahren. Ich habe verstanden, dass ich meine eigene Realität erschaffe und wie ich sie positiv beeinflussen kann. Mit diesem Wissen habe ich angefangen, *mich* zu verändern.

Durch diese Entwicklung wurden mein Familienleben und mein gesamter Alltag erheblich leichter und liebevoller.

Ja, du hast richtig gelesen: Ich habe *mich* verändert und damit mein Familienleben.

Auf den folgenden Seiten erfährst du mehr über meine Geschichte und meine Erkenntnisse, in der Hoffnung, dass sie dich genauso faszinieren wie mich und am Ende auch für dich und deine Familie hilfreich sind. Außerdem erkläre ich die ganze Theorie, die du als Basis brauchst, um zu verstehen, wie unsere Wirklichkeit funktioniert und welchen Einfluss wir darauf haben (keine Angst vor dem Wort »Theorie«, es wird alles andere als langweilig!). Und ich gebe dir Übungen an die Hand, mit denen du anfangen kannst, dieses Wissen in deinem Familienalltag umzusetzen. Auch ich gehe jeden Tag diesen Weg und gestalte auf diese Weise mein Familienleben bewusst.

Dieses Buch und das, was du daraus machst, kann also dein Leben von Grund auf verändern. Dieses Buch kann dir helfen, ein neues Verständnis von Familie und Muttersein, von deinem Leben an sich zu bekommen.

Wenn du das willst. Wenn du dich dafür entscheidest.

Du kannst also mit diesem Buch Folgendes machen:

1. Du kannst es dir einfach ins Regal stellen. Da sieht es gut aus. Mehr hast du aber nicht davon.

2. Du kannst es von vorne bis hinten durchlesen und es dabei belassen. Dann weißt du eine ganze Menge über die Theorie und verstehst die grundsätzlichen Gedanken. Du wirst in deinem Familienleben immer mal wieder auf Situationen stoßen, die dich an dein Wissen erinnern (warum das so ist, erfährst du im Buch) und vielleicht wirst du die Situation sogar kurz bewusst reflektieren. Das ist schon toll, aber wirklich verändern wird sich dadurch nichts.

3. **Wenn du jedoch wirklich etwas verändern willst in deinem Familienleben, empfehle ich dir folgende Vorgehensweise:**

   Du liest das Buch zunächst durch, dann hast du den Überblick über die Theorie und verstehst die grundsätzlichen Gedanken. Du wirst außerdem bemerken, dass es im Text Impulse ☀ und Übungen 🐾 sowie tiefer gehende Informationen 🖉 an einigen Stellen gibt.

   Und damit kommst du nun ins Tun: Kaufe dir ein schönes Notizbuch, das dich richtig glücklich macht.

   Da es nicht realistisch ist, dass du das Buch von vorne bis hinten und in einem Rutsch »durcharbeitest«, vergiss diese Idee, solltest du sie gehegt haben, einfach wieder (macht nur Stress!).

Öffne stattdessen das Inhaltsverzeichnis und suche dir das Kapitel aus, das dich gerade am meisten »ruft«. Spüre genau hin, du wirst wissen, was ich meine. Lies es erneut und bearbeite dieses Mal gezielt während des Lesens die Impulse, die Übungen und die Schritt-für-Schritt-Anleitungen. Die Impulse sind kleine Denkanstöße, Anregungen für eine persönliche Reflexion. Am besten hältst du jeweils einen Moment inne und achtest darauf, welche Gedanken dir dazu ganz spontan kommen. Nimm diese einfach erst mal wahr. Vermutlich wirst du dabei schon einen kleinen oder auch großen Aha-Effekt erleben. Über manche Impulse magst du vielleicht auch länger oder mehrmals nachdenken, dadurch geht es dann noch mehr in die Tiefe. Mit den Übungen und Schritt-für-Schritt-Anleitungen kannst du sehr konkret bestimmte Themen ausarbeiten und umsetzen.

Alles, was du erarbeitest, hältst du schriftlich in deinem schönen Notizbuch fest. Die Verschriftlichung deiner Gedanken trägt zu einer größeren Klarheit und Bewusstwerdung bei. Deine Ergebnisse und Gedanken setzt du dann in deinem Familienalltag um. Schritt für Schritt. Feiere dich für jeden Moment, in dem du dich auf die von dir gewünschte Veränderung bewusst ausrichtest und sie umsetzt.

Glaube mir, wenn du nur ein einziges Kapitel aus dem Buch wirklich annimmst und umsetzt, wirst du schon eine deutliche Veränderung bei dir und deiner Familie wahrnehmen. Wenn du magst, kannst du natürlich auch mehrere Themen bearbeiten. Wichtig ist, dass du dich damit nicht unter Druck setzt. Es darf leicht gehen und Spaß machen.

4. **Das Buch kann auch zu einem ständigen Begleiter werden.** Immer wenn es stressig wird, wenn du dich schlecht oder traurig fühlst, öffne das Buch auf irgendeiner Seite. Genau diese

Stelle wird dir sagen, was es gerade für dich zu tun gibt, und dich daran erinnern, wie du deine Situation verändern kannst.

Es mag seltsam klingen, dass dir *irgendeine* willkürlich aufgeschlagene Seite die Lösung für dein Thema bieten soll. Aber durch die Reflexion der Buchpassage wirst du zu neuen Gedanken kommen, die dir letztendlich deine nächsten Schritte aufzeigen oder eine andere Sichtweise auf das Thema ermöglichen. Je häufiger du so vorgehst, desto mehr wird das neue Denken zu deinem Alltag gehören und du wirst die veränderte Energie bei dir und dann auch in deiner Familie spüren können. Probiere es doch einfach mal aus.

Ich wünsche dir eine wunder-volle Reise zu einem glücklichen Muttersein und einem bewussten Familienleben. Und jetzt: Viel Freude beim Lesen!

Deine Susanne

PS. Ein kurzes Wort zur Ansprache meiner Leserinnen: Ich habe dieses Buch für Mütter geschrieben, denn das ist die Rolle, die ich selbst erlebe und in der ich mich inzwischen einigermaßen kompetent fühle. Das Wissen ist aber natürlich auch für Väter wertvoll und für alle anderen Personen – egal welchen Geschlechts –, die mit Kindern zu tun haben (eigentlich sogar für alle Menschen, die mit ihrem Leben nicht glücklich sind … Aber das würde wirklich zu weit führen). Außerdem gehe ich von einer »klassischen Familie« mit Mutter, Vater und einem oder mehreren Kindern aus. Es wäre sonst sehr umständlich, wenn ich alle möglichen anderen Familienkonstellationen immer extra erwähnen müsste. Fühle dich aber bitte, egal in welcher Konstellation du Familie lebst, angesprochen.

KAPITEL 1

Warum sind wir Mütter so gestresst?

»Muttersein ist der härteste Job der Welt.«
Glaubenssatz

Als ich mit 31 das erste Mal schwanger wurde, tappte ich in die Falle. Zu diesem Zeitpunkt machte ich gerade Karriere bei einem großen deutschen Konzern im Marketing. Ich hatte den »Nachwuchsführungskräftekreis«, an dem ich teilnehmen durfte, etwas zu wörtlich genommen und wurde während der einjährigen Fortbildung schwanger. Kurz zuvor waren mein Mann und ich aufs Land gezogen, womit wir uns einen großen Traum erfüllt haben (dazu später mehr).

Da saß ich auf einmal mit meiner kleinen Tochter zu Hause in einer Umgebung, in der ich niemanden kannte. Die plötzliche Verantwortung für dieses kleine Wesen und der Verlust der Selbstbestimmung machten mir unheimlich zu schaffen. Dazu kamen der Schlafentzug und die Überforderung mit all dem Neuen, was es zu lernen gibt beim ersten Kind. Wickeln, stillen, das Kind und seine Signale verstehen lernen – nie war meine Lernkurve so steil gewesen wie in diesen ersten Wochen.

Ich hatte allerdings vorher auch gar keine Berührungspunkte mit Babys gehabt.

Weil ich natürlich alles richtig machen wollte, besuchte ich in den nächsten Monaten jeden – und ich meine wirklich *jeden* – Babykurs, der im Umkreis von zehn Kilometern angeboten wurde. PEKiP, DELFI (ja, ich habe beides gemacht), Babymassage, Babyschwimmen, eine private Krabbelgruppe. Später Babyturnen, einen Babymusikkurs. Ich las viele, viele Ratgeber und recherchierte bei jedem »Pups« im Internet.

Äußerlich lief alles irgendwie, aber innerlich hatte ich komplett meinen Kompass verloren. Das weiß ich heute. Ich funktionierte einfach. Dazu kam die neue Rollenverteilung. Fast schon zynisch ließ ich mir Visitenkarten drucken mit dem Titel: »Susanne Dröber – Mutter und Hausfrau«. Denn das kam noch dazu: Ich war nicht einfach Mutter geworden, ich war sofort auch zur Hausfrau mutiert. Mein Mann als Hauptverdiener ging jeden Tag ins Büro und arbeitete daran, seine eigene Firma aufzubauen. Die Hausarbeit, die wir uns vorher selbstverständlich geteilt hatten, erledigte nun ich. Ich war ja »zu Hause«. Und nein, mein Mann hat das nie von mir verlangt, es war mein eigener Glaube, dass sich das so gehöre, dass das selbstverständlich sei.

War ich glücklich in dieser Zeit? Nun, es gab viele unendlich wunderbare Momente mit meiner Tochter und meinem Mann. Jedoch fühlte ich mich oft leer und so, als ob ich nur etwas spielen würde. Diese Mutterrolle erschien mir rätselhaft und wie ein zu großer Mantel, der nicht passte und in dem ich einfach unterging.

Dass ich mich selbst verloren hatte und gar nicht wirklich glücklich sein konnte, ist mir erst heute so richtig bewusst.

Während meiner Elternzeit machte ich mich selbstständig mit meinen Marketingkenntnissen und arbeitete freiberuflich für Internetagenturen. Mir war schnell klar geworden, dass ich den Job im Konzern nicht weitermachen wollte. Es wäre zu viel Fahrzeit gewesen und Homeoffice wurde (noch) nicht erlaubt. Aber ohne Arbeit ging es für mich nicht, es war mir wichtig, eigenes Geld zu verdienen und mich auch über etwas anderes als Babynahrung und Windelpreise auszutauschen.

Doch neben dem Muttersein kam diese Selbstständigkeit nicht so richtig in Gang, und ich hatte das Gefühl, mein Potenzial zu verschwenden.

Als meine Tochter drei Jahre alt war, fiel mir die Decke endgültig auf den Kopf, ich war unzufrieden und nörgelte viel herum. Um mal wieder »rauszukommen«, nahm ich in einer Internetagentur in der Region eine Teilzeitstelle als Projektmanagerin mit 30 Stunden an. Das stellte alles auf den Kopf und mein Mann und ich schlitterten in eine große Krise. Die Zerrissenheit zwischen dem Projektgeschäft in der Agentur und den Abholzeiten bei der Tagesmutter, die die fehlenden Betreuungsmöglichkeiten des Kindergartens ausglich, stresste mich jeden Tag. Job, Haushalt und die liebevolle Erziehung meiner Tochter – alles wollte ich meinen hohen Ansprüchen gemäß perfekt schaffen. Meine Partnerschaft, meine wunderbare Ehe, die hatte ich nicht mehr im Fokus. Meinen Stress ließ ich oft an meinem Mann aus: »Immer muss ich mich um alles kümmern. Du musst doch auch mal mitdenken!« Fast wären wir an dieser Stelle gescheitert.

Vielleicht erkennst du dich in Teilen dieser Geschichte wieder? Es ist eine Geschichte, wie sie vielen Eltern in Deutschland immer wieder passiert. Warum ist das so? Was geschieht da eigentlich, wenn wir Mutter werden? Und könnte es nicht auch ganz anders sein?

Vom Traum zur Wirklichkeit

Erinnere dich doch mal an die Zeit deiner Schwangerschaft. Wie hast du dir dein Muttersein vorgestellt? Welche Träume hattest du? Worüber hast du nachgedacht? Was war deine Vision?

Vermutlich hast du dich auf die süße Babykleidung gefreut. Auf Spaziergänge mit deinem Mann und dem Kinderwagen oder der Babytrage. Auf Besuche von Verwandten und Großeltern, die das kleine Wunder bestaunen. Vielleicht hast du dir auch vorgestellt, wie liebevoll du als Mutter sein wirst. Wie du dein Baby tröstest, knuddelst, küsst. Wie du ihm all deine Liebe schenken wirst. Eventuell hast du darüber nachgedacht, wie du das mit Job und Kind rocken wirst, oder auch, dass du froh bist, aus dem (ungeliebten) Job erst mal raus zu sein.

Wenn du an dich als Mutter gedacht hast, war da vermutlich viel Liebe, Geduld, Gelassenheit und eine Menge Freude im Spiel. Vielleicht hattest du andere Mütter mit ihren Kindern erlebt und dir war ziemlich klar, was du ganz anders machen würdest. Oder vielleicht hattest du auch positive Vorbilder, an denen du dich orientieren wolltest.

Ja, das sind die Gedanken, die wir uns machen, während dieses Wesen in unserem Bauch heranwächst.

Dann kommt es auf die Welt und die Realität sieht ganz anders aus. Schlafmangel, Sorgen und der plötzliche Verlust der Selbstbestimmung überfordern viele Mütter sehr schnell. Die Partnerschaft tritt in den Hintergrund, oft leidet sie gerade in den ersten

Jahren. Später geraten viele Mütter ins Hamsterrad, wenn sie in den Job zurückkehren und plötzlich noch viel mehr Anforderungen von außen gerecht werden müssen. Das schlechte Gewissen allem und jedem gegenüber wird zum ständigen Begleiter.

Wie ist es dir ergangen? Wann hast du gemerkt, dass deine Vision vom Muttersein nur ein Traum war und die Realität anders aussieht? Und wann hast du dich damit abgefunden? Wann hast du angefangen zu glauben, das sei »normal«?

Die unbewussten Einflüsse des Alltags

Warum solltest du das auch nicht glauben? In Erziehungsratgebern, in Zeitschriften, auf Social Media oder Familien-Blogs – immer wieder lesen wir: »Seien wir mal ehrlich, das Leben mit Kindern ist ganz schön anstrengend.« Oder auch »Muttersein ist der härteste Job der Welt«. Oft folgen dann gute Ratschläge, wie wir Mamas das trotzdem aushalten und was wir tun können, damit es »leichter« wird. Es ist gut gemeint und soll das Gemeinschaftsgefühl für Mütter stärken. »Wir sitzen alle im selben Boot – das ständig zu sinken droht. Fühle dich wenigstens nicht allein.«

Wir Mütter denken bei solchen Sätzen an unseren stressigen Familienalltag und fühlen uns bestätigt: »Ja, genau. Gut, dass das mal jemand ausspricht. Endlich versteht mich jemand.« Wie kontraproduktiv diese Sätze und die Gedanken dahinter sind, das ist den wenigsten bewusst.

Zusätzlich folgt Familienleben heute einem schnellen Tempo und die Erwartungen an die Mütter sind hoch, gerade die aus der Gesellschaft. Die perfekte Mutter von heute kümmert sich liebevoll, geduldig und gelassen um die Kinder. Am besten beherrscht sie Gewaltfreie Kommunikation und versteht bedürfnis- und bindungsorientierte Erziehung ohne Strafen und Wenn-dann-Sätze. Sie lässt dem Nachwuchs ein passendes Gerüst an Förderkursen zukommen, alle pädagogisch wertvoll, und scheut dafür weder Kosten noch Mühen.

Die perfekte Mutter arbeitet in der Regel in Teilzeit (eine Karriere ist nicht gut, dann bist du schnell eine Rabenmutter), und wenn der Job keinen Spaß macht, dann ist das normal. Sie ernährt sich und ihre Familie gesund, biologisch einwandfrei und zuckerarm. Am besten kauft sie nachhaltig ein, im Biomarkt oder dem Hofladen, der zwar drei Kilometer entfernt ist, aber bitte, das kann man schon in Kauf nehmen.

Zum Kindergeburtstag wird nicht mehr ein Kuchen gebacken, sondern zwei bis drei (einer für den Geburtstagsmorgen, der darf auch gern von einer Tortenkünstlerin nach dem Wunschmotto des Kindes hergestellt worden sein, einer für den Großelternnachmittag und einer für den Kindergarten, der aber gern ohne Zucker und Gluten).

Natürlich sieht sie auch blendend aus und ist nach aktuellen Trends gekleidet, Anregungen dafür holt sie sich regelmäßig aus den sozialen Netzwerken. Übrigens ist auch ihr Haushalt immer so geführt, als ob am nächsten Tag das Fotoshooting für die »Landlust« oder den Ikea-Katalog anstünde. Und natürlich sind auch die Kinder stets geschmackvoll und ökologisch nachhaltig gekleidet. Für ihren Partner bleibt sie attraktiv, indem sie Sport macht (es darf gern Yoga sein), und überhaupt steht sie natürlich als Liebhaberin leidenschaftlich gern zur Verfügung.

Ja, natürlich, ich übertreibe maßlos und bediene hier alle Klischees, die dir im Eltern- und explizit Muttersein so begegnen.

Aber vielleicht ist mehr dran, als du gerade denkst? Diese Zerr-
bilder einer Wunschrealität begegnen uns nämlich überall und
immer wieder – auf bunten Social-Media-Kanälen oder in schicken »Mütterzeitschriften«, in Erziehungsratgebern und vor allem auch bei anderen Müttern, die ebenso sehr meinen, diesen
Idealen entsprechen zu müssen und sie darum nach außen hin
vertreten – obwohl es in ihrem Inneren meist genauso chaotisch
aussieht wie bei uns.

Welchem dieser Traumbilder versuchst du vielleicht zu entsprechen? Welches davon belächelst du oder lästerst sogar darüber, möglicherweise, weil du es längst für dich abgeschrieben hast?

Was du im Lauf des Buches verstehen wirst: So oder so wirken
diese Bilder, diese Ideale (unbewusst) in uns weiter und treiben
uns zu Höchstleistungen an. Denn kaum jemand hinterfragt bewusst, wie realistisch diese Musterbilder sind und was davon für
die persönliche Lebensführung wirklich erstrebenswert ist. Und
das sorgt für Stress.

Was uns wirklich stresst

Laut einer Forsa-Umfrage aus dem Jahr 2019[1] im Auftrag der
KKH Kaufmännischen Krankenkasse stehen fast 40 Prozent der
Eltern häufig bis sehr häufig unter Stress. Überrascht dich das?
Mich nicht. »Kinder erziehen« ist eben der anstrengendste Job
der Welt.

Spannend wird die Umfrage dann, wenn wir auf die angegebe-
nen Gründe für den Stress blicken: Die Hälfte der Befragten gibt
an, dass die hohen Ansprüche an sich selbst die Hauptursache für
den Stress seien. 21 Prozent geben außerdem an, dass gesellschaftlicher Druck ein maßgeblicher Faktor sei.

Die eigenen Ansprüche? Gesellschaftlicher Druck, den wir spüren? Wenn wir darüber nachdenken, dann wird auf einmal klar: Den größten Stress machen wir Eltern uns selbst, insbesondere wir Mütter, weil wir uns von unseren hohen Ansprüchen leiten lassen und uns diesem gesellschaftlichen Anspruchsdenken hingeben, das uns überall begegnet und das wir zu wenig hinterfragen. Wir sind uns dessen einfach nicht bewusst.

Wie wir später noch intensiv beleuchten werden, wird unsere Rolle als Mutter also von *unbewussten* Glaubensmustern aus unserer Kindheit, unseren Erfahrungen und – wie eben schon erwähnt – aus der Gesellschaft geprägt. Sie bringen den Stress in unser Familienleben – und dabei stehen sie oft im Kontrast zu den unbewussten, individuellen Wünschen und Bedürfnissen vieler Mütter.

Unser Familienleben müsste also gar nicht stressig sein, wir *denken* es uns stressig – wenigstens zu einem großen Teil. Dementsprechend – und das ist die gute Nachricht – können wir die Situation auch verändern. Ja, du hast richtig gelesen: **Du kannst den Stress verändern. Du selbst.**

Aber warum stressen uns denn diese ganzen – eigenen und fremden – Ansprüche so sehr? Was steckt genau dahinter?

Um das herauszufinden, müssen wir erst einmal verstehen, woher der Stress eigentlich kommt. Schauen wir uns das also etwas näher an:

Was konkret stresst dich im Alltag mit deinen Kindern?
- Wenn dein Kind einen Wutanfall hat?
- Wenn du morgens nicht pünktlich aus dem Haus kommst, weil dein Kind mal wieder trödelt?

- Wenn du abends noch drei Kuchen für den Kindergeburtstag am nächsten Tagen backen musst?
- Wenn ein Anruf von der Schule kommt, dass dein Kind eine fünf geschrieben und außerdem schon mehrmals seine Hausaufgaben nicht erledigt hat?
- Wenn dein Chef missbilligend die Augenbraue hochzieht, wenn du das Meeting verlassen musst, weil dein Kind sich im Kindergarten erbrochen hat?

Keine Frage, jede von uns wird hinter jedem Fragezeichen sicherlich genickt haben. Aber wir sind noch nicht fertig. Denn: Was stresst dich wirklich in den oben genannten Situationen?

In vielen Fällen ist es so: **Was dich stresst, ist nicht, was du tust und erlebst, sondern das, was du darüber *glaubst.***

Vielleicht glaubst du, dass sich Wutanfälle nicht gehören und du sie unterbinden musst. Wahrscheinlich bist du der Meinung, dass Pünktlichkeit oberste Priorität hat und es unangenehm ist, wenn du zu spät kommst. Möglicherweise befürchtest du sogar, »Ärger zu bekommen«.

Die drei Kuchen backst du, weil du glaubst, dass eine tolle Mutter das tut, und schließlich willst du ja eine tolle Mutter sein. Wenn die Schule wegen schlechter Leistungen deines Kindes anruft, dann macht sich bei dir schnell die Angst breit, dass dein Kind im Leben nicht erfolgreich sein könnte. Und die hochgezogene Augenbraue deines Chefs stresst dich. ... Ja, warum eigentlich?

 Impuls
Was davon trifft auf dich zu? Welche Gedanken hast du in den Situationen, die dich besonders stressen?

Vielleicht kannst du jetzt nachvollziehen, dass wir uns zu einem großen Teil den Stress selbst machen bzw. wir uns nur gestresst *fühlen*. Ein Gedanke (»Ich komme zu spät und bekomme Ärger«, »Ich bin keine gute Mutter«, »Das mit den schlechten Noten endet in einer Katastrophe«) erzeugt in uns immer ein Gefühl und eine daraus folgende körperliche Reaktion, und das kann eben auch eine Stressreaktion sein.

Unsere Gefühle werden also von unseren Gedanken ausgelöst. Das heißt, wir denken uns den Stress unbewusst herbei mit unseren negativen Gedanken.

 ### Was ist Stress?

Stress ist eine Reaktion des Körpers auf Situationen oder Ereignisse, die wir als bedrohlich oder gefährlich wahrnehmen. Stress ist im Grunde also dafür da, uns zu beschützen und unsere Existenz zu sichern. Durch einen physiologischen Mechanismus wird in diesem Moment der Stresshormonspiegel im Körper erhöht: Die Produktion von Adrenalin und Kortisol wird angeregt. Diese Hormone bereiten den Körper auf eine »Fight or Flight(Kampf oder Flucht)«-Reaktion vor, indem sie den Herzschlag beschleunigen, den Blutdruck erhöhen und den Stoffwechsel ankurbeln. Wird der Stress überwältigend, können wir auch in die »Freeze-Haltung« verfallen, das bedeutet, wir erstarren und sind zu keiner Handlung mehr fähig.

Wichtig ist zu verstehen, dass jeder Mensch individuell auf bestimmte Stressreize reagiert, was dazu führt, dass die eine Situation für einen Menschen stressig sein kann, während sie für jemand anderen kein Stressauslöser ist.

Stress ist normalerweise eine Reaktion auf kurzfristige Gefahrensituationen. Da Stress aber oft durch persönliche oder berufliche Herausforderungen, Konflikte oder finanzielle Sorgen ausgelöst wird, kommt es bei vielen Menschen zu chronischem Stress. Das bedeutet, dass die Stresshormone nicht mehr abgebaut werden und der erhöhte Stresslevel über längere Zeit bestehen bleibt. Das kann zu erheblichen körperlichen Erkrankungen oder auch zu Burn-out und Depression führen.

Der härteste Job der Welt?

Kommen wir zu einer weiteren grundlegenden Frage, weil uns das immer wieder so erzählt wird: Ist es wirklich das Muttersein, das der härteste Job der Welt ist? Nun, frag doch mal deine Single-Freundin oder ein Paar ohne Kinder, ob sie glücklich sind und ihr Leben stressfrei genießen. Vermutlich nicht. Auch sie setzen sich unter Stress mit ihren Gedanken: Die Karriere muss vorangebracht, die Selbstständigkeit aufgebaut, das Haus gebaut oder die Wohnung schön dekoriert werden. Oft ist auch hier die Partnerschaft eine Baustelle, weil man sich auf all die Unzulänglichkeiten des Partners oder der Partnerin konzentriert oder weil man gerade gar keinen Partner oder keine Partnerin hat, was wiederum die eigene Unzulänglichkeit in den Fokus rücken kann.

Und andererseits kennst du vielleicht auch entspannte Mütter. Ja, die gibt es. Die, die zufrieden sind und ihr Leben so eingerichtet haben, dass es wie ein ruhiger Fluss dahinfließt, (fast) ganz ohne Stromschnellen. Sie sind einfach glücklich und nehmen ihren Alltag mit Kindern, Partner und Haushalt, mit oder ohne Job, wie er eben ist.

Es gibt also erst mal keinen kausalen Zusammenhang zwischen Eltern-/Muttersein und Gestresstsein. Was im Umkehrschluss bedeutet: Familienleben kann auch leicht und entspannt sein.

Warum ist es das dann so oft nicht? Dazu zwei weitere Aspekte:

Fehlende Wertschätzung

Im Alltag treffen wir andere Mütter und fragen sie, wie es ihnen geht. Vielleicht erhältst du als Antwort ein knappes »Gut, und euch?«. Oft kommt aber auch ein »Na ja, muss ja«, mit diesem schiefen Grinsen. Dann geht es schnell los, und wir bestätigen uns gegenseitig darin, wie stressig doch alles sei und dass eigentlich alles zu viel sei. Schon stecken wir wieder drin in der Negativgedankenspirale. Wie kommt es bloß, dass wir uns so gern vom »Jammern« anstecken lassen?

Meiner Meinung nach hängt das mit der fehlenden gesellschaftlichen Wertschätzung dem Muttersein gegenüber zusammen. Wir werden nicht wertgeschätzt, und vor allem sehen wir selbst nicht, wie wir jeden Tag wirken. Wir haben verlernt, uns selbst wertzuschätzen für unser wertvolles Sein an sich. Für unser Muttersein. Für die Fürsorge und die Liebe, die wir unseren Kindern und unserem Partner entgegenbringen. Für all die Kleinigkeiten, die wir erledigen und die unserer Familie Sicherheit und Geborgenheit geben. Für die Arbeit, die wir im Job machen und damit einem Unternehmen dabei helfen, etwas zu produzieren oder Menschen zu unterstützen.

Stattdessen ziehen wir einen gewissen Grad an Wertschätzung aus unserem Jammern darüber, wie anstrengend alles ist. Die gegenseitige Bestärkung darin impliziert ja, »dass wir ganz toll sind, weil wir es ja trotzdem irgendwie schaffen«. Diplom-Psychologe Stephan Grünewald nennt das in seinem Buch *Wie tickt Deutschland?*[2] »Erschöpfungsstolz«: Wir sind stolz auf den Grad der Erschöpfung, den wir uns am Tag erarbeitet haben. Das ist doch irgendwie verrückt, oder?

Der Druck der Optimierung

Wir Menschen sind meines Erachtens unruhiger geworden, seit die Technologie sich so rasant entwickelt. Alles dreht sich um schneller, höher, weiter, perfekter.

Die Welt und gerade wir Mütter unterliegen einem ständigen Optimierungstrieb: Wir sollen und wollen selbstständiger unabhängiger und gleichzeitig geduldiger sein, wir sollen und wollen Karriere machen, wir sollen und wollen gesünder leben und sportlicher sein und an unserer Selbstfürsorge sollen und wollen wir auch endlich mal arbeiten. Außerdem sollen und wollen wir für unsere Kinder da sein, mit ihnen spielen, sie fordern und fördern und möglichst alles Unheil der Welt von ihnen fernhalten.

Dieses »höher, schneller, weiter« führt manchmal – leider auch hier wieder oft in Mütterkreisen – zu absurden »Konkurrenzkämpfen«, etwa um den kreativsten und gesündesten Brotboxinhalt oder den aufregendsten Kindergeburtstag.

Kennst du Gedanken in diese Richtung, siehst auch du diese Entwicklung in deinem Leben? Und fragst du dich manchmal: Muss das eigentlich wirklich sein?

Glücklichsein ist eine Entscheidung

In meinem Podcast *Happy little souls – Bewusst sein mit Kindern* habe ich mit Sabine Asgodom gesprochen[3], die eine große Inspiration und ein Vorbild für mich ist. Sie ist erfolgreiche Autorin und Speakerin und seit über 30 Jahren in der Coachingszene aktiv. Sie ist außerdem zweifache Mutter und mehrfache Großmutter. In unserem Interview sprach sie sich für eine »Abrüstungskonferenz der Mütter« aus: Wir sollten *gemeinsam* den Wettstreit um den besten Kindergeburtstag und das »wohlerzogenste« Kind beenden und uns stattdessen wieder auf das Wesentliche fokussieren: unser eigenes Glück und damit unser Familienglück.

Sie sprach mir aus dem Herzen. Denn seien wir mal ehrlich: Weniger kann mehr sein. Und weniger »höher, schneller, weiter, perfekter« bringt mehr Ruhe und Entspannung für uns selbst. Das klingt doch gut, oder?

Aber wie kommen wir da hin?

Um das besser zu verstehen, kehren wir erst mal zurück zu mir und meiner Ehekrise. Diese dauerte in der Tat viele Monate. Wir verstanden einfach nicht, was passierte und warum wir uns so oft stritten und dabei aneinander vorbeiredeten, obwohl wir uns unserer Liebe doch sicher waren. Oberflächlich ging es um die Verteilung der anfallenden To-dos, fehlende gemeinsame Zeit, auch für Intimität und den Wunsch nach einem zweiten Kind. Auf einer tieferen Ebene ging es um unsere Werte wie Wertschätzung, Anerkennung und Gleichberechtigung, aber auch um unsere Rollen als Mann und Frau, als Vater und Mutter und als Partner und Partnerin füreinander.

Das alles ist mir heute klar, wenn ich zurückblicke. Damals verstand ich unsere Probleme nicht.

Nach einem besonders heftigen Streit, der in Tränen und Trennungsgedanken endete, kam die Wende. Was genau der Auslöser war, kann ich gar nicht mehr sagen. Aber es wurde uns bewusst, dass wir ernsthaft an unserer Ehe arbeiten sollten, wenn wir zusammenbleiben wollten. Wir nahmen uns in den Arm und versprachen uns, dass es jetzt anders werden würde.

Wir suchten uns Unterstützung in Büchern und auch durch ein Paar-Coaching. Wir übernahmen endlich Verantwortung für unsere Ehe und setzten sie an erste Stelle. Wir durften viel lernen, voneinander und miteinander. Ich übte, meine Bedürfnisse meinem Mann sachlich und ohne Vorwürfe mitzuteilen, er brachte mir mehr Wertschätzung und Achtung entgegen. So näherten wir uns einander wieder an. Die Liebe, die immer da gewesen war, wurde von Neuem spürbar. Wir schafften den Turnaround, und noch heute, über fünfzehn Jahre später, sind wir sehr glücklich miteinander und froh, gemeinsam durch diesen Sturm gegangen zu sein.

Damals habe ich das erste Mal begriffen, dass wir selbst *bewusst* die Umstände im Familienleben ändern können, wenn wir es wirklich wollen.

Heute weiß ich sogar: Niemand außer uns selbst ist verantwortlich dafür, ob wir in unserem Leben glücklich sind. Wir erschaffen uns unser Leben, unsere Realität, durch unsere Gedanken, denn jeder Gedanke hat Einfluss auf unsere Wirklichkeit. Diesen Vorgang, dass aus Gedanken Wirklichkeit wird, nennt man Manifestieren.

Aber ich musste erst eine noch größere Krise durchstehen, bis ich das Prinzip dahinter und wie ich es für mich positiv anwenden kann wirklich verstanden hatte. Dazu später mehr.

Natürlich stellt es zunächst eine Herausforderung dar, zu akzeptieren, dass wir nicht einfach hilflose »Opfer« äußerer Umstände und der zahlreichen Erwartungen sind, denen wir gerecht werden wollen. Es ist tatsächlich ein großer Schritt, sich selbst zu ermächtigen und die Verantwortung für das eigene Leben zu übernehmen.

Wie kann uns das gelingen?

Weiter oben habe ich dir erzählt, dass der Stress, den wir in der Familie erleben, aus unseren Gedanken entsteht. Im Umkehrschluss bedeutet das, dass auch Leichtigkeit, Entspannung und Freude aus unseren Gedanken entstehen kann.

Vielleicht fragst du dich jetzt: Kann ich also einfach denken, dass ich nicht gestresst bin und dass es mir gut geht? Dass ich das Familienleben mit Leichtigkeit schaffe und Spaß dabei habe?

Ganz so einfach ist es natürlich nicht, aber ja, tatsächlich können wir bewusst andere Gedanken denken als bisher und uns dafür entscheiden, glücklicher und entspannter zu sein.

Letztendlich läuft es darauf hinaus:
Glücklichsein ist eine Entscheidung! (Lass diesen Satz gern kurz auf dich wirken.)

Jedoch ist es meist ein Prozess, diese Entscheidung für sich zu treffen und neue Gedanken zu denken, denn wir alle haben unterbewusste Gedankenmuster und Glaubenssätze, die diesem »einfach Glücklichsein« entgegenstehen. Erst die bewusste Aufarbeitung und Veränderung dieser Prägungen ermöglicht es uns, diese Entscheidung immer wieder für uns zu treffen. Und vermutlich hört es auch nie auf, dass wir diese Entscheidung immer wieder neu bewusst für uns treffen dürfen, denn das Leben hält ständig neue Herausforderungen für uns parat. Das ist das Leben!

Wer wollen wir sein?

Wenn wir damit beginnen wollen, uns für das Glücklichsein zu entscheiden, steht an erster Stelle ein Umdenken: **Was wollen *wir* eigentlich wirklich?** Wollen wir – überspitzt gesagt – die aufopfernde Mutter und Hausfrau und/oder Teilzeitangestellte sein, die abends gerade noch die Couch oder das Bett erreicht, die jeden Tag im Hamsterrad rödelt und in der Zerreißprobe zwischen Kind, Haushalt und Job ihr eigenes Wohl immer hintenanstellt? Wollen wir das als unser »Normal« akzeptieren? Und sieh es auch mal von dieser Seite: Wollen wir das unseren Kindern wirklich vorleben?

Oder wollen wir eine Mutter sein, die das Leben mit ihren Kindern genießen kann? Und damit auch unseren Kindern vorleben, wie das gelingt?

Wenn wir einmal verstanden haben, dass wir die Entscheidung für ein Familienleben in Leichtigkeit und Freude selbst treffen können, können wir uns auf die Reise machen. Eine Reise zu uns selbst. Dabei treffen wir meist unweigerlich auf die große Frage: **Wer bin ich eigentlich wirklich?** Dann können wir eintauchen in unser tiefes, inneres Selbst und an dieser Stelle begegnen wir dann unserem Glaubenssystem, unseren Mustern und Prägungen, all dem, was uns unbewusst steuert und jeden Tag für uns automatisiert unsere Realität erschafft – die glücklichen Momente, aber auch den ganzen Stress. Wir können anfangen, dieses ganze unbewusste Glaubenssystem in unser Bewusstsein zu holen, und hier können wir es verändern. Wir können es hinterfragen und *bewusst* entscheiden, was wir wirklich glauben wollen. Wir können uns verabschieden von den Mustern, die uns nicht mehr dienlich sind, dankbar sein für die, die uns unterstützen, und neue erschaffen, die uns auf unserem Weg in Zukunft hilfreich sein werden. Wir können unseren Fokus auf das verschieben, was einmal unser Traum von Familie war: Liebe, Geborgenheit, Freude.

Dann können wir anfangen zu verstehen, dass unser Familienleben kein Wettkampf ist und der Stress nicht das »Normal« sein muss. Dann können wir liebevoll akzeptieren, dass unser Leben mit den Kindern ein Prozess ist, den wir gestalten können. Wir können beginnen, diesen Prozess zu genießen, denn es geht in der Familie (eigentlich immer zwischen Menschen) darum, voneinander zu lernen und miteinander zu wachsen. Auf Augenhöhe. Es geht nicht darum, von Anfang an perfekt zu sein, sondern es so gut wie möglich zu machen, und zwar *bewusst*.

Wir dürfen mit uns selbst liebevoll sein und auch unsere Kinder so nehmen, wie sie sind, und nicht so, wie wir (oder die Gesellschaft) sie haben wollen. Wir müssen sie nicht zu irgendetwas »erziehen«. Wir dürfen sie einfach in ihren Potenzialen fördern und dabei begleiten, das Leben bestmöglich zu gestalten. Ansonsten können wir uns an ihnen erfreuen, sie feiern und dankbar sein für das Wunder des Lebens. Und damit das gelingt, dürfen wir unsere eigenen Wünsche erkennen und leben und unser Leben genießen und feiern.

Im Verlauf des Buches wirst du immer mehr verstehen, wie du deinen Prägungen auf die Spur kommst und sie veränderst, sodass du dich in Zukunft während dieses Prozesses immer wieder neu für das Glücklichsein entscheiden kannst.

Und du lernst, wie du deinen Traum vom Muttersein nicht nur wiederfindest, sondern auch wirklich umsetzen und leben kannst.

Die Lösung liegt in uns selbst

Die Lösung, um aus diesem Stress und Hamsterradgefühl auszusteigen, liegt in uns selbst: im bewussten Familienleben.

Welches Familienleben wünschst du dir wirklich? Wie stellst du dir den Alltag mit deinen Lieben vor? Was ist deine schönste Vision von Familie?

Hast du spontan Antworten auf diese Fragen? Kannst du genau beschreiben, wie du Familie leben möchtest? Nein? Damit bist du nicht allein. Tatsächlich wissen die meisten Mütter, denen ich diese Fragen stelle, keine Antworten darauf. Und genau das ist die Schwierigkeit: Wie soll etwas entstehen, wenn es keinen Plan gibt, was genau entstehen soll?

Stell dir vor, du backst einen Kuchen. Wie gehst du vor? Schmeißt du einfach ein paar Zutaten zusammen, rührst vielleicht ein bisschen und stellst die Schüssel in den kalten Ofen? Wohl kaum, denn was käme dabei heraus? Sicherlich kein leckerer Kuchen, stimmt's?

Nein, zuerst überlegst du dir, welchen Kuchen du später mit deiner Familie genießen willst. Schokolade? Apfel mit Streuseln? Oder doch lieber Mandarine-Quark? Du machst dir also Gedanken darüber, was genau das Ergebnis sein soll. Dann überlegst du dir wahrscheinlich, was du dafür benötigst. Welche Zutaten braucht es für ein gelungenes Backergebnis? Und welche Mengen davon? In welcher Reihenfolge werden sie dem Teig zugefügt und welche Temperatur soll der Ofen haben, damit der Teig wunderbar aufgehen, backen und die Küche mit herrlichem Duft erfüllen kann?

Du backst diesen Kuchen also mit einem Rezept, einem Plan und der klaren Zielsetzung, mit deiner Familie einen wirklich leckeren Kuchen essen zu können.

Du nutzt zuallererst deine Schöpferkraft, deine Gedanken, um ein herrliches Erlebnis herzustellen. Dieser Vorgang wird auch – wie bereits erwähnt – **Manifestieren** genannt. Und darum geht es in diesem Buch. Denn genau dieses Prinzip kannst du auch auf dein Familienleben übertragen.

Hast du dir die Gedanken, die du dir zu jedem Backrezept machst, schon mal zu deinem Familienleben gemacht? Fragst du dich, wie du dein Leben mit den Kindern und deinem Partner am liebsten genießen willst? Welche Zutaten es dafür braucht und in welchen Mengen?

Wenn du dir ein wirklich glückliches Familienleben erschaffen möchtest, geht es genau darum: Du darfst dir bewusst werden, was du wirklich willst und wie du es erreichen kannst.

Natürlich ist das nicht so einfach, auch wenn es simpel klingt. Familienleben ist komplexer als ein Kuchen.

Trotzdem kannst du lernen, deine Schöpferkraft dafür einzusetzen, dir und deiner Familie ein wunderschönes Leben zu kreieren. Dazu darfst du dir einiger grundlegender Prinzipien bewusst werden und lernen, diese anzuwenden. Welche das sind und wie das funktioniert, lernst du Schritt für Schritt in diesem Buch. Du bekommst sozusagen die Anleitung, was du grundsätzlich zum Backen eines »leckeren«, also erfüllten Familienlebens brauchst. Das Rezept auswählen und backen darfst du dann selbst – und dann beginnt dein bewusstes Familienleben.

Aber was bedeutet *bewusstes* Familienleben überhaupt?

Wir sind das Vorbild für unsere Kinder

Unter bewusstem Familienleben verstehe ich, dass Familienalltag nicht nur passiert, sondern bewusst gestaltet wird. Es bedeutet für mich, dass wir nicht einfach nur funktionieren, organisieren und reagieren. Sondern dass wir bewusst dafür sorgen, dass es uns Müttern gut geht, dass wir glücklich und erfüllt sind und das Leben genießen. Es ist auch die bewusste Entscheidung dafür, sich und sein Lebensglück an die erste Stelle zu setzen. Ja, an die erste Stelle, vor die Kinder.

Vielleicht denkst du jetzt, das wäre egoistisch und auf keinen Fall das, was du deinen Kindern als Mutter vorleben willst. Wenn du so denkst, dann frage dich einmal: Was lebst du deinen Kindern vor, wenn du das nicht tust, wenn du dich nicht als Erstes um dein eigenes Wohlergehen sorgst?

Die meisten Mütter, die ich kenne, sind gestresst und irgendwie unzufrieden. Sie reiben sich auf zwischen all den Anforderungen von außen und den eigenen Ansprüchen, alles perfekt machen zu wollen. Im Alltag funktionieren sie und fallen abends erschöpft auf die Couch oder direkt ins Bett. Am nächsten Tag beginnt das alles von Neuem. Sie spüren, dass da noch mehr sein muss, aber wissen überhaupt nicht, wie sie diesem Hamsterrad entkommen sollen, denn »das ist nun mal so«. Manchmal beklagen diese Mütter sogar, dass sie ihre Lebensfreude verloren haben.

Geht es dir manchmal ähnlich? Dann ist es genau das, was du deinen Kindern vorlebst: dass Familienleben zu Stress und Unzufriedenheit führt, zu Streit, Konflikten und zu Genervtsein. Vielleicht auch zu diesem diffusen Gefühl von Unglücklichsein und dazu, keine Freude mehr im Leben zu haben. Ist es das, was du deinen Kindern vorleben möchtest? Ich bin mir ganz sicher, dass du das nicht willst.

Wir wünschen uns doch für unsere Kinder, jetzt und für später, dass sie selbstbestimmt handeln, auf ihre Gefühle und Bedürfnisse und Grenzen hören und sie nach außen auch formulieren und durchsetzen können auf eine angemessene Art und Weise. Solltest du das dann nicht vor allem selbst leben?

Wir alle kennen doch diese Situationen, in denen wir bemerken, dass unsere Kinder uns imitieren. Dass sie das, was wir ihnen vorleben, nachmachen. Einfach so. Ohne dass wir es ihnen groß zeigen oder erklären, sie dazu auffordern. Es sind diese Momente, in denen du die Kinder Sachen sagen hörst, die du selbst oft äußerst, oder du siehst, wie sie in ihrer Kinderküche das nachkochen, was es gestern zum Mittagessen gab (natürlich mit den entsprechenden Kommentaren wie »Hmmmm, Spinat ist so gesund!«).

Es ist so eine wundervolle Erkenntnis, dass wir den Kindern nichts beibringen oder erklären müssen. Sie machen schlicht das, was wir ihnen vorleben. Aber auf der anderen Seite ist es auch eine erschreckende Erkenntnis, oder? Denn es macht die Verantwortung deutlich, die wir für sie und damit natürlich in erster Linie für unser eigenes Leben und Handeln übernehmen dürfen.

Wahrscheinlich liest du dieses Buch, weil du nicht ganz glücklich damit bist, wie sich dein Familienalltag gestaltet. Du fragst dich vielleicht, ob du eine gute Mutter bist und ob du auch alles für die Kinder tust, damit es ihnen gut geht.

Dabei ist der bessere Gedanke: Was kann ich tun, damit es *mir* gut geht, damit *ich* glücklich bin? Dann geht es auch deinen Kindern gut. Denn – und darauf werde ich noch ausführlich eingehen – du bist mit deinen Kindern energetisch verbunden. Sie wissen immer ganz genau, wie es dir geht, und sie leben das nach und spiegeln dir, wie es dir gerade geht. Wie sollen deine Kinder also glücklich sein, wenn du es nicht bist?

Viele Mütter denken, sie sind erst gute Mütter, wenn sie sich nonstop quasi für die Kinder und die Familie »aufopfern«, wenn sie alle Bedürfnisse sämtlicher Familienmitglieder so schnell wie möglich erfüllen und dafür sorgen, dass alle möglichst wenig »erleiden« müssen. Dabei übergehen sie leider oft ihre eigenen

Grenzen. Häufig sind sie sich dieser Grenzen nicht einmal bewusst. Das heißt, das, was wir uns für unsere Liebsten wünschen, verlieren wir bei uns selbst vollkommen aus dem Blick. Das kann doch aber nicht gesund sein, oder?

Die Magie des bewussten Familienlebens

Wie sorgen wir also dafür, dass wir wirklich glücklich und erfüllt sind?

Dafür braucht es tatsächlich gar nicht viel. Wenn du dieses Buch aufmerksam liest, wirst du verstehen, dass du Glück und Zufriedenheit bereits in dir trägst und einfach bewusst entscheiden darfst, glücklich und zufrieden zu *sein*. Glückliche Mütter mit einem harmonischen Familienleben wissen, dass sie nicht Opfer der äußeren Umstände sind, sondern dass sie es selbst in der Hand haben, ihr Familienleben zu gestalten und so zu formen, wie sie es sich wünschen.

Bewusstes Familienleben bedeutet, dass du dir darüber im Klaren wirst, wer du eigentlich bist und wer du wirklich sein willst – als Mutter, als Frau, als Partnerin und vor allem als DU selbst. Es bedeutet, dass du auf deine Intuition und deine eigenen inneren Wünsche hörst und darauf vertraust. Dass du dich selbst wieder wahrnimmst, deine Gefühle und deine Bedürfnisse.

Es bedeutet, dass du bewusst anfängst, dir das Leben mit deiner Familie zu erschaffen, das du wirklich leben willst. Dabei können dich spirituelle Prinzipien unterstützen. Die Spiritualität, von der ich spreche, ist ein Glaubensgefüge, das für mich sehr sinnstiftend ist und mir Hoffnung für mein Leben und alles Leben an sich gibt. Sie ist ganz bodenständig und pragmatisch und dabei voller Liebe für alle Menschen. Ich werde dir zeigen, dass du mit diesem Glauben dein Denken und dein Leben grundlegend zum Guten verändern kannst.

Bewusstes Familienleben fängt an, wenn du dir deiner Schöpferkraft bewusst wirst und verstehst, dass du nicht den äußeren Umständen ausgeliefert bist. Du bist die Schöpferin deiner eigenen Realität und kannst die universellen Gesetze ganz praktisch nutzen, um deine Wünsche Wirklichkeit werden zu lassen.

Letztendlich geht es um eine positive Haltung von Liebe, Zufriedenheit und innerem Frieden, die du in dein gesamtes Familiensystem einfließen lässt. Es geht darum, möglichst viel Zeit in einer positiven Schwingung von Freude zu verbringen.

Wenn du das lebst, dann braucht es keine Erziehungskonzepte mehr. Es braucht gar keine »Erziehung« mehr. Weil es dann keinen Namen mehr für das Sein mit deinen Kindern braucht. Dann bist du bei dir angekommen. Du bist Frau. Du bist Mutter. Du bist du. Und alles ist genau so, wie es sein soll – voller Harmonie, Glück und ganz viel Freude.

Für mich war es ein langer Weg, das alles zu verstehen und konsequent umzusetzen. Ich habe mir die einzelnen Bausteine in Seminaren, Podcasts und Büchern zusammengesucht und sie ausprobiert, weil ich unbedingt etwas an meiner Situation verändern wollte, nachdem ich in die größte Krise meines bisherigen Lebens geraten war. Diese Geschichte erzähle ich dir gleich. Heute lebe ich bewusst und erlebe jeden Tag Frieden, Glück und Liebe mit meiner Familie.

Ich wünsche mir, dass dieses Buch eine Abkürzung für dich wird und du schon bald auch mit Leichtigkeit und Gelassenheit dein Familienleben gestalten kannst.

Mein Weg zum bewussten Familienleben

Die große Krise

Von meiner ersten großen Familienkrise habe ich ja bereits erzählt. Einige Jahre später stürzte ich in ein noch tieferes Loch, und der Weg aus dieser Tiefe führte mich zu all den Erkenntnissen, die ich in diesem Buch mit dir teilen darf.

Nach der Krise mit meinem Mann kündigte ich den Teilzeitjob in der Agentur und suchte beruflich nach neuen Herausforderungen. Eine gute Freundin, die ich von einem Coaching aus meiner Konzernzeit kannte, motivierte mich, an einer Coachingausbildung teilzunehmen. Das kam wie gerufen. So absolvierte ich eine zertifizierte Ausbildung zum Business-Coach und fand damit einen Bereich, der mir wirklich Spaß machte: die persönliche Arbeit mit Menschen und ihren Herausforderungen.

In den nächsten Jahren arbeitete ich als Coach, aber auch als Trainerin und Referentin in Seminaren, vor allem zu den Themen Zeitmanagement, Online-Marketing und Projektmanagement. Ich war für Seminare oder Coachings oft in ganz Deutschland unterwegs, aber die anderen Tage hatte ich frei. Es war eine tolle Lösung für mich und ich hatte insgesamt mit meinem Mann und meiner Tochter eine wunderschöne Zeit.

Dann kam im Dezember 2011 unser erster Sohn auf die Welt. Mein Mann und ich hatten sehr lange auf ein zweites Kind gewartet und uns schließlich für medizinische Unterstützung entschieden. Es war also ein mühsamer Weg gewesen, die Freude über die Schwangerschaft und Geburt war entsprechend groß, auch wenn nicht alles glatt lief. Aber schließlich hatte ich dieses wunderbare Baby im Arm und ich blickte optimistisch in die Zukunft.

Es folgte das bisher schwerste Jahr meines Lebens.

Im März bekam mein Vater vollkommen überraschend eine Krebs-Diagnose. Es hieß, er hätte nur noch wenige Wochen zu leben, wir sollten uns bald verabschieden. Es wurden vier traurige Monate, bis er dann gehen konnte. Am Ende war es eine Erlösung, aber ich stand unter Schock.

Meine Eltern haben mir eine wunderbare Kindheit ermöglicht, mein Vater war immer mein sicherer Hafen gewesen. Der Verlust zog mir buchstäblich den Boden unter den Füßen weg. Aber ich konnte mich diesem Gefühl nicht stellen. Im Mai hatten wir erfahren, dass ich wieder schwanger war. Unser Sohn war da gerade erst fünf Monate alt, und es gab bei ihm medizinische Herausforderungen zu begleiten, auf die ich nachher noch zu sprechen komme. Auch ich war rein körperlich noch gar nicht für eine neue Schwangerschaft bereit. Es war eindeutig eine Risikoschwangerschaft – so kurz nach einem Notkaiserschnitt.

Aber wir freuten uns auch sehr, denn wir hatten uns immer drei Kinder gewünscht und dieses Baby war also wirklich eine tolle und absolut gewollte Überraschung. Ich sage immer, dass wir zwei zum Preis von einem bekommen haben.

Währenddessen versuchte ich mich bestmöglich um meine trauernde Mutter zu kümmern, die 600 Kilometer entfernt lebte, und gleichzeitig um die Abwicklung vieler anstehender Formalitäten, zunächst in Bezug auf die Krankheit meines Vaters und später nach seinem Tod.

Tatsächlich funktionierte ich in dieser Zeit einfach. Irgendwie schaffte ich auch jeden Tag. Mein Mann war für mich da, ein Fels in der Brandung. Und meine Tochter, die gerade in die Schule gekommen und stolze große Schwester war, blieb zum Glück auch in dieser Zeit der Sonnenschein, der sie immer schon war.

Ich organisierte, machte, kümmerte mich um die Kinder und lenkte mich in Momenten des Alleinseins mit Fernsehen ab (kennst du »Shopping Queen«? Ich habe damals keine Folge davon verpasst). Bloß nicht in den Abgrund der Trauer und Überforderung blicken, war mein Motto.

Im November rutschte ich hochschwanger auf der Kellertreppe aus und brach mir das Steißbein. Zum Glück war dem Baby nichts passiert, aber nun litt ich zusätzlich über Monate unter Schmerzen.

Anfang Februar, nur knapp 14 Monate nach der letzten Geburt, kam unser zweiter Sohn auf die Welt. Ehrlich gesagt ist die Erinnerung an diese Zeit und die nächsten Monate bzw. Jahre ziemlich verschwommen. Es war jedenfalls ziemlich viel, wie du dir vorstellen kannst.

Dann wurde es allmählich besser. Das dachte ich zumindest. In Wirklichkeit funktionierte ich die nächsten Jahre einfach nur weiter. Ich kümmerte mich um zwei Babys, ein Schulkind mit gefühlt 1000 Hobbys, meine Mutter, die noch im Elternhaus wohnte. Aber ich vergaß mich und meinen Körper. Ich hatte sehr viele Schmerzen. Migräneattacken, Rückenschmerzen, Schmerzen wegen des Steißbeinbruchs. Irgendetwas tat immer weh, aber zum Glück gab es ja Schmerztabletten.

Natürlich war ich für meine Kinder nicht die Mutter, die ich sein wollte. Ich war ungeduldig, nörgelte schnell, schimpfte viel, wurde schnell laut. Aber als noch schlimmer empfand ich, dass ich oft anfing zu weinen, weil ich mich überfordert fühlte. Auch an meinem Mann ließ ich viel aus – ich bin ihm bis heute so unendlich dankbar, dass er trotzdem immer an mich geglaubt, mich geliebt und mich auch immer unterstützt hat.

So ging das mehrere Jahre. Und irgendwie dachte ich die ganze Zeit über, das sei normal und so funktioniere Familienleben eben. Es ist eben stressig und anstrengend, vor allem mit zwei Kleinkindern.

Eines Tages beim gemeinsamen Abendbrot sagte mein älterer Sohn, dass er keinen Hunger habe. Mal wieder. Das kam in meiner Wahrnehmung häufig vor und jedes Mal geriet ich in panikähnliche Zustände. Ich flehte. Ich drohte. Aber er wollte partout nichts essen (macht er bis heute nicht, wenn er keinen Hunger hat. Kluges Kerlchen!). Ich brach weinend zusammen. Meine Familie schaute mich erstaunt und zum Teil leicht genervt an und meine Tochter, damals ungefähr neun, fragte: »Mama, was ist eigentlich mit dir los?« In dem Moment machte es *klick* bei mir.«

Auf einmal verstand ich, dass **ich ein Problem hatte**. Aber in dem Moment wurde mir auch klar, dass ich das angehen konnte. Dass ich Hilfe annehmen konnte. Dass dieser Zustand an mir lag und ich ihn also auch ändern konnte.

Das fühlte sich in dem Moment richtig erleichternd an. Außerdem wurde mir in diesem Bruchteil einer Sekunde auch klar, dass es ziemlicher Unfug ist, sich Sorgen wegen eines Kindes zu machen, weil es mal keinen Hunger hat. Und vor allem wurde mir klar, dass ich diese Sorgen nur bei meinem älteren Sohn hatte, nicht bei den beiden anderen Kindern. Mir wurde bewusst, dass es sich offenbar um ein spezielles Thema für mich handeln musste, das ich dringend verstehen und auflösen sollte.

Puh, das waren viele Gedanken auf einmal! Vielleicht war das ein Moment der »Erleuchtung«? Ich weiß es nicht, aber ich erinnere mich immer noch sehr genau an diesen Moment. Er war die Wendung für alles.

Da ich schon in anderen Zusammenhängen spannende Erfahrungen mit Kinesiologie und dem dazugehörigen Muskeltest gemacht hatte, bat ich um Unterstützung bei einer Heilpraktikerin und Kinesiologin. Schon in der ersten Sitzung, nachdem ich ihr das Problem mit meinem Sohn geschildert hatte, konnten wir den Ursprung meiner überzogenen Reaktion herausfinden und auflösen. Es zeigte sich nämlich der Glaubenssatz: »Er stirbt, wenn er nichts isst.« Über den Muskeltest konnte die Heilpraktikerin feststellen, dass dieser Glaube im ersten halben Jahr des Lebens meines Sohnes entstanden sein musste. Als ich das hörte, war auf einmal alles klar: Tatsächlich war es so, dass mein Sohn aus gesundheitlichen Gründen seit seinem dritten Lebensmonat ein Medikament einnehmen musste. Er war darauf extra im Rahmen eines Krankenhausaufenthaltes eingestellt worden, was eine nicht sehr schöne Erfahrung gewesen war und dem Ganzen eine ziemliche Dramatik verliehen hatte. Dieses Medikament, so wurde mir mitgeteilt, sollte mein Kind dreimal täglich nach genau acht Stunden bekommen. Vorher sollte es etwas gegessen haben. Das war eine ärztliche Anweisung, die scheinbar sehr wichtig war.

Ich musste also dieses Baby, neben dem ganzen anderen Stress, auch noch »nach Plan« stillen, was so überhaupt nicht meinem Gefühl und Wesen entsprach und mir tatsächlich Schwierigkeiten bereitete. Es klappte auch nicht immer – er hat schon damals nur gegessen, wenn er Hunger hatte. Ich erinnere mich, wie oft ich dabei fast verzweifelte. Aber ich ging davon aus, dass das Medikament schädlich für ihn sei, wenn er davor nichts zu sich genommen hätte. So ging das vier Monate lang.

Lange Rede, kurzer Sinn: War es nicht verwunderlich, dass ich Jahre später immer noch in Panik geriet, wenn das Kind nichts aß? Es handelte sich einfach um ein tief verankertes Muster. Nur war mir das überhaupt nicht bewusst, da alles von der Krankheit und dem Tod meines Vaters überlagert worden war.

Nun, ich war zum einen froh, endlich zu verstehen, warum ich so übertrieben reagierte. Noch viel spannender war es aber, zu erleben, was sich veränderte, als ich den Glaubenssatz »Das Kind stirbt, wenn es nichts isst« mithilfe der Heilpraktikerin gefunden und aufgelöst hatte. Denn ich konnte ab diesem Moment nicht nur viel gelassener mit meinem Sohn und seinem Essverhalten umgehen. Überraschender war, dass er auf einmal viel besser aß und es nur noch wenige Abende gab, an denen er wirklich keinen Hunger hatte.

Das faszinierte mich, und ich begann, mich dafür zu interessieren, warum das so war und ob es tatsächlich einen direkten, für mich nachvollziehbaren Zusammenhang gab zwischen meinem aufgelösten Glaubenssatz und der Veränderung seines Essverhaltens. Ich spürte, dass ich auf etwas Besonderes aufmerksam geworden war. Es war der Beginn meines Weges, meiner Reise zu mir selbst und zu all den Erkenntnissen, von denen du noch lesen wirst.

Wie ich meine Schöpferkraft entdeckte

Zunächst besuchte ich einige Kinesiologie-Seminare und lernte, den Muskeltest selbst anzuwenden. Das war wirklich spannend. Aber ich spürte schnell, dass da noch mehr war. Ich erinnere mich an einen Seminartag, an dem wir als »Stellvertreter« den Muskeltest für andere Personen bei uns einsetzen sollten. Ich stellte mich für die Demonstration zur Verfügung und wurde zur »Stellvertreterin« für meinen jüngeren Sohn, der gerade mit einer typischen Kleinkind-Herausforderung zu kämpfen hatte. Die Seminarleiterin führte mich durch die Übung und stellte mir Fragen, die ich als »mein Sohn« beantwortete. Die Antworten, die ich intuitiv gab, überraschten mich selbst. Wir schafften es dann auch, im Seminar das Thema für meinen Sohn aufzulösen.

Mir erschien das alles etwas gewagt, aber es beeindruckte mich auch. Aus dem Staunen kam ich nicht mehr heraus, als ich schon am Abend dieses Seminartages, als ich wieder zu Hause war, eine Veränderung im Verhalten meines Sohnes feststellte und es von da an kein Problem mehr mit seiner Herausforderung gab.

Wie konnte das sein? Sollte es Zufall gewesen sein? Daran glaubte ich nicht mehr.

Etwa in der Zeit stieß ich während eines Arztbesuchs im Wartezimmer auf einen Zeitschriftenartikel, der von einem »spirituellen Podcast« handelte. Die Autorin berichtete über eine junge Frau namens Laura Malina Seiler, die mit diesem Format sehr erfolgreich war. Ich hatte zu dem Zeitpunkt noch nie einen Podcast gehört. Mich verblüffte außerdem, dass man nun offenbar öffentlich von Spiritualität sprechen konnte, damit ernstgenommen wurde und sogar erfolgreich sein konnte. Da kamen ganz alte Glaubenssätze bei mir hoch, das weiß ich heute. Spiritualität öffentlich leben? Das geht doch nicht.

Ich hatte mich selbst schon als Jugendliche mit Tarotkarten und Astrologie beschäftigt und einige spirituelle Bücher gelesen. Ein Buch, das mich in dieser Zeit intensiv begleitet hatte, war *Gespräche mit Seth* von Jane Roberts. In einem Urlaub hatte mir eine Französin, die ich dort kennengelernt hatte, dieses Buch auf Französisch (ein Schulfach, das ich nach drei Jahren abgewählt hatte) in die Hand gedrückt mit den Worten: »You must read!« Ich las es, verstand aber nur Bruchstücke. Doch die paar wenigen Absätze berührten mich so sehr in meinem Innersten, dass ich mir das Buch zu Hause sofort auf Deutsch beschaffte und wieder und wieder las. Inzwischen weiß ich, dass es in diesem Buch im Kern um »das Gesetz der Anziehung« und das Manifestieren geht, was mir damals noch nicht bekannt war. Diese spirituelle Seite behielt ich aber im Großen und Ganzen für mich, ich wollte nicht als »Esoterikerin« gelten.

Als ich dann meine Beziehung zu meinem Mann begann, meine Karriere in der Online-Welt lief und ich später meine Familie gründete, verschwanden diese Themen ganz in der Schublade. Wirklich verstanden oder gar bewusst angewendet hatte ich das Wissen dieser Quelle noch nicht.

Zurück zu Laura Malina Seiler: Mein Interesse war geweckt und ich hörte mir den Podcast an. Damit bekam ich erneut Zugang zu diesem faszinierenden Gedankengut. Sie sprach über »unsere eigene Schöpferkraft« und darüber, dass wir unsere Realität durch unsere Gedanken selbst erschafften. Obwohl ich total skeptisch war, wollte ich mehr darüber erfahren. Auf einmal (was typisch ist für das Gesetz der Anziehung) begegneten mir immer mehr YouTube-Videos, Podcasts und Bücher, mit denen ich meinen Wissensdurst stillen konnte. Ich las, hörte und recherchierte immer weiter.

Im Zuge dessen schaute ich mir auch den Film »The Secret« an, über den ich schon viel gehört hatte. In diesem Film, der wie eine Dokumentation aufgebaut ist, erzählen Experten, dass man sich Wünsche durch »Bestellungen beim Universum« erfüllen könne.

Obwohl ich misstrauisch blieb, wollte ich der Sache auf den Grund gehen und es ausprobieren. Tatsächlich fing ich – ganz klassisch – an, mir Parkplätze zu manifestieren. Wenn ich irgendwohin fuhr, stellte ich mir genau vor, wie ich sofort einen passenden Parkplatz finden würde, egal, in welcher Ecke der Stadt ich unterwegs war. Das klappte immer mal wieder, aber auch nicht zuverlässig. Eine Szene ist mir allerdings noch sehr gut in Erinnerung: Ich war mit meinen Jungs im Familienauto unterwegs, sie waren damals vier und fünf Jahre alt. Ich wollte an einer bestimmten Stelle parken, weil ich mit den beiden einen möglichst kurzen Weg haben wollte, aber es war alles voll. Ich fuhr zwei-, dreimal um den Block, nichts. Da fiel mir das Manifestieren ein und ich bestellte einen Parkplatz beim Universum. Zu den Jungs sagte ich: »Jungs, wir bestellen jetzt einen Parkplatz. Wir stellen uns vor, wenn ich das nächste Mal hier vorbeifahre, ist ein Parkplatz frei, ok?« Von hinten kam ein halb gelangweiltes, halb fragendes »Ok, Mama«. Als ich das nächste Mal zu der Stelle kam, sah ich zwei Männer, die sich genau dem Parkplatz näherten, den ich gerne haben wollte. In diesem Moment wusste ich, dass sie gleich mit dem Auto wegfahren würden. Ich hielt an – das Auto und den Atem. Es kam genau so. Die beiden Männer winkten mir noch freundlich lächelnd zu und fuhren dann davon. Und ich flippte aus: »Jungs, das ist ja nicht zu glauben! Ihr seid so gut. Wow, das haben wir ja großartig hinbekommen!« Und mein Sohn sprach aus tiefstem Herzen die folgenden Worte: »Mama, was regst du dich so auf? Das war doch selbstverständlich.« Er meinte es genau so.

In diesem Moment wurde mir bewusst, dass für Kinder dieser Vorgang ganz normal ist. Sie erträumen sich etwas und dann lassen sie es in ihrer Welt und auf ihre Weise Wirklichkeit werden. Sie haben noch direkteren Zugang zu diesem unerschütterlichen Glauben: Alles ist möglich, wenn ich es mir nur fest genug vorstelle. Meine Kinder zumindest manifestieren sich ihr Leben, wie es ihnen gefällt. Und wir Erwachsenen können von dieser Einstellung so unglaublich profitieren.

Seitdem habe ich mit den Kindern viele schöne Momente und Erlebnisse gemeinsam manifestiert. Manchmal ist es verblüffend, meistens wundert mich gar nichts mehr.

Nun fragst du dich vielleicht: Wovon schreibt sie da? Manifestieren? Gesetz der Anziehung? Parkplätze bestellen? Noch ein bisschen Geduld, bald erfährst du, wie das alles funktioniert und kannst selbst loslegen.

Parkplätze bestellen ist eine Sache. Aber welch großen Einfluss das Wissen um dieses Gesetz der Anziehung haben kann, wurde mir erst bewusst, als etwas wirklich Unglaubliches in unserem Leben geschah.

Meine Tochter war seit der zweiten Klasse ein großer Fan einer bekannten Kinderfernsehserie. Sie gab sogar einen großen Teil ihres Taschengeldes für die DVDs aus. Immer wieder sagte sie zu mir, dass sie eines Tages Schauspielerin werden und in dieser Serie mitspielen wolle. Zunächst nahm ich das nicht sehr ernst. Aber sie blieb hartnäckig dran (vielleicht die wichtigste Eigenschaft beim Manifestieren!) und fing an, in der Schule Theaterkurse zu besuchen. Ich war von ihren Aufführungen beeindruckt. Man konnte ihre Begeisterung für die Bühne förmlich spüren. So ging das eine lange Zeit. Als sie schließlich elf Jahre alt war, kam das Thema »Fernsehschauspielerin« wieder auf, auch wenn es nicht mehr direkt auf die besagte Serie bezogen war. Da der Wunsch schon so lange bestand, beschloss ich, dem Ganzen eine Chance zu geben. Nach ein paar Nachforschungen fand ich eine professionelle Kinderschauspielagentur, die junge Schauspieler und Schauspielerinnen an Fernsehproduktionen vermittelt. Ich meldete sie dort zunächst für einen Schauspiel-Workshop an. Sie war danach restlos begeistert und wollte unbedingt in dieser Agentur aufgenommen werden.

Aber bevor wir dazu kamen, eine Bewerbung an die Agentur zu schicken, meldete sich diese per E-Mail bei uns: Sie hätten im Workshop ein großes Potenzial bei meiner Tochter gesehen und würden sie gern in die Agentur aufnehmen. Ich muss heute noch über die Frage »Ist sie noch agenturfrei?« lachen, so unglaublich kam mir dieser Moment vor. Meine Tochter hatte es geschafft. Ich stellte mir vor, dass sie vielleicht mal hier und da eine Neben-rolle spielen könnte und freute mich sehr für sie. Aber es kam ganz anders. Ungefähr 14 Tage später erreichte uns die erste An-frage für ein Projekt: Hauptrolle in einer Kinderfernsehserie für zwei Jahre. Es dauerte nicht lange, bis uns klar war, dass es genau um die Serie ging, von der sie damals geträumt hatte. Da wusste ich, dass das kein Zufall sein konnte.

Von da an besprach ich das Manifestieren auch mit meiner Tochter und wir beide arbeiteten gemeinsam an ihrem Ziel. Wir stellten uns immer wieder den Moment vor, wenn sie die Zusage bekäme, und freuten uns wie verrückt. Außerdem unterhielten wir uns oft darüber, was alles in ihrem Leben passieren würde, wenn ihr Traum erst wahr geworden wäre. Wir spürten gemein-sam die Energie der Begeisterung. Es war eine tolle Zeit voller Vorfreude. Natürlich sprachen wir ab und zu auch darüber, wie sie damit umgehen würde, sollte es doch nicht klappen. Ich sagte ihr, dass dann sicher etwas noch Cooleres bevorstände. Aber ich glaube, sie war komplett überzeugt, dass sie es schaffen würde. Und sicher ahnst du es schon: Sie durchlief drei Casting-Runden und … bekam die Rolle.

Ich holte sie von der Schule ab, um ihr die Nachricht direkt überbringen zu können. Es schneite. Wir haben beide geweint. Ich war vor allem glücklich, weil ich diesen einen Gedanken im Kopf hatte: Dieses Kind kann jetzt alles schaffen. Alles, was sie sich jemals erträumen wird.

Nach dieser Erfahrung gibt es keine Zweifel mehr für sie am Gesetz der Anziehung. In meinem Podcast habe ich ein Inter-view mit ihr geführt, in dem sie von dieser und den weiteren großen und kleineren Manifestationen erzählt, die sie sich selbst erschafft.[4]

Mein bewusster Weg zum Glück

Dieses Erlebnis beflügelte natürlich auch mich in meinen Bestrebungen, das Gesetz der Anziehung noch besser zu verstehen und in meinen Alltag zu integrieren. Meditation wurde zu meinem täglichen Begleiter, denn das ließ mich innerhalb kürzester Zeit entspannter und fokussierter werden. Ich befasste mich mit Theorien wie dem morphischen Feld und der Quantenphysik. Immer klarer wurde mir, dass es im Kern um unsere Energie geht und die Schwingung, in der wir uns den Großteil des Tages befinden. Ich begriff, dass wir diese durch die bewusste Ausrichtung unserer Gedanken verändern können, und suchte nach nachhaltigen Strategien, um meine Schwingung zu erhöhen. Mein Motto wurde »Es ist, was du glaubst!«, und ich fing an, alles zu hinterfragen, was mir in meinem Glaubenssystem Stress verursachte.

Mein Leben verwandelte sich. Ich wurde viel zufriedener und konnte meine Familie immer mehr genießen. Zugleich wollte ich weiter lernen und durchlief zahlreiche Online-Kurse rund um das Thema Manifestieren, absolvierte außerdem die Ausbildung zum NLP-Practitioner (NLP bedeutet »neurolinguistisches Programmieren«. Dazu erfährst du später mehr). In der ersten Woche dieser Ausbildung befasste ich mich intensiv mit meinen eigenen Werten und Zielen: Wer will ich sein? Was will ich glauben? Wie will ich mein Leben gestalten? Wie will ich als Mutter sein? Was will ich beruflich erreichen? Welchen Beitrag möchte ich für die Welt leisten? Dabei wurde mir klar, dass ich aus meiner Reise zu mir selbst und zu diesem glücklichen Mama-Sein meinen Beruf machen wollte.

Da mich der Podcast und die Arbeit von Laura Malina Seiler nachhaltig beeindruckt hatten, beschloss ich, mich selbstständig zu machen und auch einen Podcast zu starten. Ich wollte meine Erfahrungen mit dem »bewussten Familienleben«, wie ich es inzwischen nannte, mit anderen Müttern teilen und sie inspirieren, sich mit sich und ihrem Leben auseinanderzusetzen.

Im November 2019 startete ich den Podcast *Happy little souls – Bewusst sein mit Kindern*, der inzwischen über 150.000 Downloads (Stand November 2023) hat.

Zu Beginn des nächsten Jahres erhielt ich die erste Anfrage für ein Coaching mit einer Mutter. Seitdem wächst mein Coaching-Business kontinuierlich.

Als ich etwas später einer bestimmten Form der Energie-arbeit begegnete und erste Erfahrungen mit ihr machte, wusste ich schnell, dass ich mit dieser Methode noch einen wertvollen Baustein für meine Arbeit und mein Leben gefunden hatte. Ich begann eine Ausbildung und lernte, mich mit unterbewussten Erfahrungen und Glaubenssätzen zu verbinden und sie energe-tisch zu verändern. Diese Methode kann ich für mich selbst, aber auch für andere Menschen anwenden. Ich machte und mache immer noch wirklich magische Erfahrungen damit.

Meine erste Sitzung außerhalb der Ausbildung hielt ich für eine Freundin ab. Sie wartete schon längere Zeit auf eine zweite Schwangerschaft, die sich nicht einstellte. Ich kannte dieses Thema ja nur zu gut aus eigener Erfahrung und wollte ihr gern helfen. Wir tauchten zusammen in das »Feld« ein, das uns alle verbindet, und fanden den Glaubenssatz »Ich muss dieses Jahr noch schwanger werden, sonst bin ich zu alt«. Dieser hatte sehr viel inneren Druck und Angst bei meiner Freundin erzeugt, was wir auflösen konnten. Auch ein paar schwierige Erfahrungen während der ersten Geburt transformierten wir. Dann erschufen wir noch eine Vision von ihr mit ihrem neuen Baby. Es war un-heimlich berührend, dass wir dasselbe Bild vor unserem inneren Auge sehen konnten. Sie fuhr mit einem deutlichen Gefühl der Veränderung nach Hause und berichtete in den nächsten Tagen von einer verstärkten Energie. Zwei Monate später war sie ohne medizinische Hilfe schwanger.

Inzwischen habe ich viele Sitzungen mit dieser wunderbaren Energiearbeit durchlaufen und vielen Menschen damit weiterhelfen können. Ich konnte unterbewusste Glaubenssätze aufspüren und verändern und belastende Themen durch neue Perspektiven darauf aufarbeiten. Die Arbeit führt fast immer unmittelbar zu einem Gefühl der Erleichterung und langfristig zu einem neuen Verständnis des eigenen Lebens.

Das Wissen um all diese spirituellen Kräfte und Gesetze, die für uns wirken, wenn wir uns darauf einlassen, begleitet mich jeden Tag und hilft mir, mich immer mit meinen Zielen zu verbinden und mein Leben zu genießen.

Denn inzwischen lebe ich mein Traumleben:
- Die Beziehung zu meinem Mann ist glücklich und erfüllt.
- Meine Kinder haben Spaß, sind erfolgreich und voller Lebensfreude.
- Wir leben in einem wunderbaren, gemütlichen Haus mitten in der Natur (ich kann mir keinen schöneren Platz auf der Welt vorstellen).
- Meine Selbstständigkeit ist abwechslungsreich und spannend, ohne mich zu stressen.
- Ich liebe es, Mamas zu unterstützen und zu inspirieren, egal, ob im persönlichen Coaching, in kleinen Workshops, durch den Podcast oder jetzt gerade dich mit diesem Buch.

Ist es deswegen nur harmonisch und voller Zauber und Magie bei uns? Nein, natürlich nicht. Auch ich verliere mal die Contenance, wenn die Jungs trotz Regeln kein Ende beim Zocken fin-

den oder meine Tochter im Konsumrausch ist (»Mama, ich brauche unbedingt noch …«). Auch ich bin manchmal überreizt, von
zu vielen Terminen gestresst, ungeduldig oder einfach schlecht
gelaunt (wer kennt das nicht?). Dann werde ich auch mal laut
oder nörgelig. Aber meine Kinder können das einordnen, und
meist enden diese Episoden schnell in Gelächter und versöhn-
lichen Umarmungen.

Ich weiß inzwischen, dass ich meinen Stress auflösen kann,
indem ich bei mir anfange.

Ich liebe mein Leben und genieße die Zeit mit meinen Kindern.

Ich fühle mich oft verbunden mit allem Leben und einer höheren Weisheit, die ich nach Bedarf konsultieren kann.

Tatsächlich beschreibe ich mich als wunschlos glücklich.

Das willst du auch? Dann lies einfach weiter. In den nächsten
Kapiteln erfährst du, was es mit den Grundlagen des bewussten Familienlebens, mit der Energie und ihrer Schwingung, mit
unseren Glaubenssätzen und dem Manifestieren auf sich hat,
und wie du das alles für dich und dein Leben anwenden kannst.

KAPITEL 2

Grundprinzipien des bewussten Familienlebens

»Möchtest du die Geheimnisse des Universums erfahren,
denke in den Begriffen Energie, Frequenz und Schwingung.«
Nikola Tesla, Erfinder und Physiker, 1856–1943

Auf den folgenden Seiten stelle ich dir die wichtigsten Grundprinzipien des bewussten Familienlebens vor. Sie sind erforderlich, um zu verstehen, wie dein Familienleben entsteht und wie du bewusst darauf Einfluss nehmen kannst.

Mir ist es wichtig, diese Prinzipien und die dahinterliegenden Konzepte so darzustellen, dass du sie auch annehmen kannst, wenn du bisher wenig mit Spiritualität zu tun hattest. Ich persönlich glaube, wir müssen nicht immer ganz verstehen, wie etwas funktioniert. Wir können es trotzdem nutzen oder wenigstens ausprobieren. Schließlich benutzt du auch den Lichtschalter oder dein Smartphone – und sei ehrlich, verstehst du ganz genau, warum und wie beides funktioniert? Also lass dich einfach auf diese Ideen ein und probiere sie aus. Du wirst erleben: Es funktioniert.

Wir sind durch Energie verbunden

Das erste Grundprinzip im bewussten Familienleben lautet:
Wir sind Energie und alles ist miteinander verbunden.

Das mag erst mal seltsam klingen, aber ich möchte dir erläutern, warum das für mich auf ganz natürliche Weise nachvollziehbar ist.

Wir sind Energie

Alle Mütter, die zu mir in die Beratung kommen, wünschen sich eine Veränderung. Sie sind von ihrem Familienleben gestresst, generell ausgelaugt und sehr oft fällt der Satz: »Ich habe meine Lebensfreude verloren.« Die erste Frage, die ich dann stelle, lautet: »Wie willst du es denn stattdessen haben?« oder auch »Was wünschst du dir jetzt?«

Die Antworten auf diese Fragen sind meistens sehr ähnlich:

- »Ich möchte gelassener sein mit den Kindern, ich bin immer so gereizt.«
- »Ich wünsche mir mehr Leichtigkeit, es ist einfach alles so anstrengend.«
- »Ich will wieder zurück zu meiner Freude finden. Es soll doch auch Spaß machen.«

Die wenigsten wünschen sich einen besser bezahlten Job, ein größeres Auto oder ein schöneres Haus (eigentlich hat sich das noch nie jemand gewünscht).

Im Familienleben geht es um Stimmung, um Energie in der Familie und um Emotionen. Mütter wünschen sich Lebensfreude, Gelassenheit und Leichtigkeit. Sie wünschen sich, in Frieden und Harmonie mit sich, ihrem Partner und ihren Kindern zu sein und ihr Leben wieder genießen zu können. Sie wünschen sich »positive Energie« für den Alltag und das Gefühl, dass sie stark sind und alles schaffen können, was sie wollen. Geht es dir auch so? Ist es das, was auch du dir wünschst?

Impuls

Wann hast du dich das letzte Mal so richtig energiegeladen gefühlt? In welcher Situation war das? Was hast du da erlebt? Wer war bei dir? Gab es etwas Bestimmtes, das in dir dieses Gefühl geweckt hat? Wie könntest du diese Situation in ähnlicher Form wiederherstellen? Was braucht es dafür?

Sicher kennst du diese Tage, an denen du voller Enthusiasmus und Tatendrang bist und das Gefühl hast, alles geht dir leicht von der Hand. Oft sind das Zeiten, in denen wir etwas Neues lernen, das uns Spaß macht, einen Erfolg im Job feiern können oder natürlich, wenn wir frisch verliebt sind.

An anderen Tagen bist du vielleicht in einem tiefen Entspannungszustand, fühlst dich einfach nur wohl und bist geduldig mit dir und der Welt. Diesen Zustand erfahren wir oft im Urlaub.

An vielen Tagen sind wir jedoch in einem gehetzten Zustand, fühlen uns unruhig und unausgeglichen. Das passiert meistens, wenn wir im Alltagstrubel unterzugehen drohen.

Dann gibt es noch Tage, an denen wir müde und schlapp sind, oder die Tage, an denen wir scheinbar grundlos einfach traurig sind.

Impuls

Was für ein Tag ist heute? Wie fühlst du dich heute?

Diese Zustände beschreiben wir selbst oft mit unserer **Energie**: »Gestern hatte ich gar keine Energie« oder »Heute bin ich voller Energie«. Wir erleben also unterschiedliche Zustände unserer Energie.

Oder wir bezeichnen es als unsere **Stimmung**. Das Wort »Stimmung« finde ich in dem Zusammenhang sehr spannend, denn wir kennen es auch aus der Musik. Musikinstrumente werden in bestimmten Tonfrequenzen *gestimmt*. Was, wenn wir selbst auch in bestimmten Frequenzen schwingen? Was, wenn wir uns auf bestimmte Frequenzen »einstimmen« können? Wenn wir diese Frequenzen verändern können, so wie ein Musiker sein Instrument einstellen kann?

Hast du schon einmal die Erfahrung gemacht, dass sich deine Stimmung blitzschnell verändert hat, weil du eine bestimmte Nachricht bekommen hast, oder auch nur, weil die Sonne hinter den Wolken hervorgekommen ist? Plötzlich war alles ganz anders? Sicher kennst du diese Momente. Unsere Stimmung – oder eben unsere Schwingung – ist also durch äußere Anlässe beeinflussbar.

Aber halt, ist das wirklich so? Wenn wir genauer darüber nachdenken, verändert sich unsere Stimmung doch, weil wir etwas Bestimmtes über diesen äußeren Anlass *denken*. Eine Nachricht kann für uns positiv oder negativ sein, für andere Menschen hat sie vielleicht eine andere Wirkung. Und ob die Sonne uns erfreut, ist unter anderem abhängig davon, wie lange wir die Sonne nicht mehr gesehen haben. Unsere Stimmung verändert sich also erst durch unsere *Gedanken* über etwas, was in dem Moment geschieht.

Folglich können wir sagen, dass wir eine Art Energiefeld sind (oder zumindest eines haben), das in einer bestimmten Frequenz schwingt – wie die Saiten eines Musikinstrumentes – und sich durch unsere Gedanken verändern lässt.

Wir sind Teil eines allumfassenden Energiefeldes

Eine weitere Annahme ist, dass unser Energiefeld Teil eines fein-stofflichen Energiefeldes ist, das alles miteinander verbindet. Es ist ein spirituelles Konzept, aber es gibt inzwischen zahlreiche Forschungen, die zeigen, dass diese Verbindung existiert, auch wenn wir noch wenig darüber wissen. Dieses Energiefeld wird »Quantenfeld« oder auch »morphisches Feld« genannt.

Für mich wird dieses Konzept durch einfache Alltagserfah-rungen nachvollziehbar: Sicher kennst du das Gefühl, wenn du einen Raum betrittst und eine bestimmte Atmosphäre wahr-nimmst. Vielleicht herrscht eine fröhliche, ausgelassene Stim-mung, vielleicht spürst du aber auch, dass die Stimmung ge-drückt und schlecht ist, möglicherweise wurde hier kurz zuvor gestritten. Auch ohne mit den Menschen im Raum zu sprechen, kannst du die Energie spüren, die in diesem Zimmer herrscht.

Ebenso hast du sicher schon erlebt, dass Stimmungen blitz-schnell umschlagen können. Das ausgelassene Lachen deines Kleinkindes während des stressigen Abendessens oder der lang ersehnte Treffer deiner Lieblingsfußballmannschaft bringt sofort positive Energie. Im Gegensatz dazu können technische Schwie-rigkeiten während einer Videokonferenz oder eine angekündigte Verspätung in Flugzeug oder Zug die eigentlich neutrale oder so-gar vorfreudige Stimmung bei allen Beteiligten rasch ins Nega-tive kippen lassen. Alle Anwesenden können im selben Moment die veränderte Schwingungsfrequenz wahrnehmen.

Nachvollziehen kannst du sicher auch den Gedanken, dass du selbst solche Stimmungsschwankungen verursachen kannst: Ein gut platzierter Witz, der eine angespannte Situation auflöst, oder dein plötzlicher Wutausbruch, der dein Kind vor Schreck er-starren lässt, nachdem es gerade noch lustig gespielt hat (was du leider gar nicht lustig fandest, weil es längst im Bett sein sollte).

Beide Male kannst du durch Worte oder Taten augenblicklich die Stimmung verändern.

Du kannst also bewusst Einfluss nehmen auf deine eigene Schwingung und auf die Stimmung deines direkten Umfeldes.

Nehmen wir weiter an, dass Gedanken und Gefühle eine Art geistige Energie sind, die durch Schwingungen übertragen werden kann. Klingt esoterisch? Aber vielleicht ist es dir schon einmal passiert, dass du bei einem Treffen mit jemandem, den du noch nicht kennst, eine positive oder negative Energie gespürt hast, noch bevor ihr ein Wort gewechselt habt? Oder vielleicht hast du auch schon erlebt, dass du gerade an eine Person denkst, und im nächsten Augenblick ruft sie an. Mir passiert das ständig mit meiner Tochter. Unsere Verbindung war auch über viele tausende Kilometer, als sie ein Jahr in den USA war, so eng, dass ich oft vorher wusste, dass sie sich gleich meldet.

Oder denke doch mal an das kleines Energiebündel, das du zur Welt gebracht hast. Wie viele liebevolle Gedanken hast du ihm geschickt, als es noch in deinem Bauch war – und du bist doch auch davon ausgegangen, dass es diese empfängt, oder? Vielleicht wusstest du auch – als es dann auf der Welt war – manchmal ein paar Sekunden, bevor es Hunger bekam oder aus seinem Schläfchen aufwachte, dass es sich gleich melden würde?

Ich jedenfalls mache Erfahrungen dieser Art immer wieder, und sie haben mich davon überzeugt, dass wir durch ein energetisches Feld und durch Schwingungen miteinander verbunden sind und darüber auch mit unseren Gedanken auf unterbewusster Ebene kommunizieren.

Wenn du noch skeptisch bist, achte doch einfach mal bewusst darauf. Oft sind wir so konditioniert, dass wir diese kleinen Begebenheiten einfach nicht wahrnehmen oder sie als Zufall abtun. Wenn du deinen Fokus daraus ausrichtest, wird es dir viel häufiger auffallen.

 ### Wir sind Energie?

Wer sich mit der wissenschaftlichen Theorie hinter den Sätzen »Wir sind Energie« und »Alles ist miteinander verbunden« auseinandersetzen möchte, darf sich gern mit den aktuellen Erkenntnissen der Quantenphysik beschäftigen. Hier gibt es viele Hinweise, wie die oben beschriebenen Phänomene physikalisch zu erklären sind, auch wenn noch nicht alle Geheimnisse geklärt sind. Das Energiefeld, das uns alle verbindet, wurde von Rupert Sheldrake mit vielen Experimenten erforscht. Er nennt es das »morphische Feld« und seine Studien dazu sind absolut faszinierend.

Informative und leicht verständliche Videos auf YouTube findest du unter folgenden Titeln:

»Von Null Ahnung zu etwas Quantenphysik von Vera F. Birkenbihl« (Kanal »Maxime der Weisheit«) oder »Die morphischen Felder nach Rupert Sheldrake« (Kanal »Neue Horizonte«).

In spirituellen Kreisen wird dieses Feld auch als »Schöpferkraft«, »All-Eins«, »Universum«, »Quelle«, »Akasha-Chronik« oder auch »Gott« bezeichnet. In der chinesischen Philosophie finden wir den Begriff »Chi« oder auch »Qi«, in der Yoga-Tradition spricht man von »Prana«. Im Kybalion, einem Buch über die universellen »hermetischen Gesetze«, wird die allem zugrunde liegende Energie schlicht »Geist« genannt. Es gibt also viele alte Quellen, die dieses Thema beschreiben.

Ich persönlich schicke meine Manifestationswünsche ans »Universum«, und wenn ich mit Müttern im Coaching arbeite, verbinden wir uns oft mit dem »Feld« oder der »Akasha-Chronik«, was immer zu wunderbaren Impulsen führt. Ich habe mich entschieden, daran zu glauben, weil mich dieser Glaube positiv unterstützt. Was möchtest du glauben?

Die Schwingungsfrequenzen unseres Bewusstseins

Wir haben uns nun also damit beschäftigt, dass wir durch ein feinstoffliches Feld miteinander verbunden sind.

Was bedeutet das nun für deinen Alltag mit deinen Kindern?

Für mich erklärt das zum einen, warum wir mit unserer Stimmung und inneren Grundhaltung so einen großen Einfluss auf das Geschehen um uns herum und also auch in unserer Familie haben. Vielleicht ist dir auch schon einmal der Zusammenhang zwischen deinem eigenen Befinden und der Stimmung deiner Kinder aufgefallen: Wenn du entspannt und im Frieden mit dir und der Welt bist, dann sind deine Kinder ausgeglichen und fröhlich. Wenn du hingegen im Stress bist, sind sie besonders nörgelig und nervig. Wir können also dadurch, dass wir auf unsere eigene Schwingungsfrequenz achten, den Familienalltag maßgeblich beeinflussen. Das ist eigentlich ganz simpel, leider aber nicht immer so einfach umzusetzen, stimmt's?

Noch tiefer verstanden habe ich diese ganze Theorie, als ich den **Ebenen des Bewusstseins** begegnet bin. Diese setze ich inzwischen viel in meinen Coachings und Workshops ein, weil sie so schön erläutern, worum es wirklich gehen sollte in unserem Leben.

David R. Hawkins, ein US-amerikanischer Psychiater, spiritueller Lehrer und Autor, hat dieses Konzept entwickelt. Es beschreibt verschiedene Ebenen des Bewusstseins, deren Schwingungsfrequenz (gemessen in Hz) er über seine kinesiologische Forschung abgeleitet und auf einer Skala abgebildet hat. Auf den unterschiedlichen Ebenen dominieren bestimmte Emotionen, die er ebenfalls benennt.

Je höher die Zahl, desto »höherschwingend« das Bewusstsein und desto positiver die Energie. Diese Skala lässt sich wunderbar auf unsere Energiezustände im Alltag anwenden, und wir können uns damit immer wieder neu ausrichten auf die höheren Energien und Emotionen, die wir in unserem Leben erfahren wollen.

Die »Skala der Ebenen des Bewusstseins« sieht folgendermaßen aus:

	Erleuchtung	700–1000
	Frieden	600
	Freude	540
Schöpfermodus	Liebe	500
Fülle, lebensbejahend, sich	Einsicht	400
ausdehnendes Bewusstsein	Akzeptanz	350
	Bereitschaft	310
	Neutralität	250
	Mut	200
	Stolz	175
	Wut	150
Überlebensmodus	Verlangen	125
Mangel, lebensverneinend,	Angst	100
kontrahiertes Bewusstsein	Trauer	75
	Apathie	50
	Schuld	30
	Scham	20

Bewusstseinsebenen[5]

Folgende Emotionen werden den jeweiligen Ebenen zugeordnet:

1. **Scham:** Schande und Erniedrigung
2. **Schuld:** Schuldgefühle, tiefe Selbstzweifel, Reue und Selbstanklage.
3. **Apathie:** Verzweiflung, Hoffnungslosigkeit, Leiden, Resignation
4. **Trauer:** Traurigkeit, Verlustgefühl, Verlassenheitsgefühl, Niedergeschlagenheit, Depression
5. **Angst:** Ängstlichkeit, Sorgen, Furcht und Unsicherheit
6. **Verlangen:** Begehrlichkeit (hauptsächlich materiell), unstillbare Begierde, Süchte
7. **Wut:** Zorn und Abneigung gegenüber anderen, Rachsucht
8. **Stolz:** Stolz sein auf Erreichtes und auf persönliche Entwicklung, aber auch Verachtung anderer, Angeberei
9. **Mut:** Bejahung, Kraft, Selbstbewusstsein, Selbstvertrauen und Zuversicht
10. **Neutralität:** grundsätzliches Vertrauen ins Leben, annehmen können, Flexibilität und Urteilsfreiheit
11. **Bereitschaft:** Gutwilligkeit, Offenheit, positive Einstellung zum Leben und den darin enthaltenen Chancen, Selbstwertgefühl
12. **Akzeptanz:** Verständnis für die eigene Schöpferkraft, die Verantwortung für das Leben, das

Annehmen des Lebens in innerer Ruhe, die Wahrnehmung der Dinge, wie sie sind

13. **Einsicht:** Klugheit, Intelligenz, Wissenschaft, aber auch spirituelles Verständnis

14. **Liebe:** bedingungslose Liebe, Hingabe, Liebe als Seinszustand, Glück

15. **Freude:** Liebe als innere Freude, Freude aus dem Augenblick des Seins, Heilen, Geduld, Mitgefühl

16. **Frieden:** innerer Friede, spirituelle Ruhe, Transzendenz, Selbsterkenntnis, Gottesbewusstsein

17. **Erleuchtung:** spirituelle Erleuchtung, vollständige Verbindung mit dem Universum und dem Göttlichen

Natürlich kann man viel über die Details dieser Skala diskutieren. Auf mich wirkt sie aber grundsätzlich verständlich und hilft mir, die Existenz dieser verschiedenen Bewusstseinsebenen zu begreifen. Sie verdeutlicht mir außerdem, dass wir die Möglichkeit haben, gezielt höhere Frequenzen im Bewusstsein zu erreichen, und worauf wir dafür unseren Fokus richten können.

 Impuls

Welche Emotionen kennst du aus deinem Alltag? In welchen hältst du dich vorwiegend auf? Welche möchtest du mehr erleben?

Du kannst sehr gut erkennen, dass auf den untersten Ebenen, auf den niedrigen Frequenzen, Gefühle wie Schuld und Scham angeordnet sind. Das sind leider Emotionen, in denen wir Mütter immer wieder stecken bleiben. Oft haben wir ein schlechtes Gewissen den Vorgesetzten gegenüber, wenn wir mit krankem Kind zu Hause bleiben müssen, oder alternativ den Kindern gegenüber, wenn das Meeting mal wieder länger gedauert hat und es nur TK-Pizza zum Abendessen gibt (was die Kinder in der Regel überhaupt nicht stört). Auch wenn wir mal wieder ungeduldig waren oder laut geworden sind, plagen uns Selbstvorwürfe.

Schuld und Scham sind ständige Begleiter in einer Mütterwelt, in der wir so hohe Ansprüche an uns selbst stellen, dass wir sie nie werden erfüllen können.

Aber wie sollen wir auf die Frequenz von Freude oder Liebe kommen, wenn wir da unten feststecken?

 Impuls
Wie oft und bei welchen Themen überkommen dich Gedanken und Gefühle von Schuld oder Scham am Tag?

Auch die negativen Bewusstseinszustände von
- Apathie: »Ich kann nicht mehr, es ist alles zu viel«,
- Trauer: »Ich habe einfach keine Freude mehr«,
- Furcht: »Ich mache mir Sorgen, dass ...« und
- Zorn: »Ich könnte mich schon wieder ärgern ...«
sind ständige Begleiter im Leben einer Mutter.

Wie oft hingegen sind wir in einem Zustand
- der Akzeptanz: »Ich nehme das jetzt erst mal an, das findet sich schon«,

- der Einsicht: »Realistisch betrachtet ist es gar nicht so schlimm«,
- der Liebe: »Ich liebe mein Leben, es ist einfach wundervoll«,
- der Freude: »Ich freue mich auf diesen Tag. Er wird einfach großartig mit all seinen wunderbaren Momenten«
- oder des inneren Friedens: »Alles ist genau richtig so, wie es ist«?

Wie ungewohnt klingen die Gedanken aus den oberen Frequenzen für dich? Eventuell sind sie ganz neu, vielleicht denkst du das auch ab und zu. Aber mit großer Wahrscheinlichkeit und wenn du ganz ehrlich bist, verbringst du einen großen Teil des Tages in den niedrigen Schwingungen, oder?

Du kannst die Energielevel auch gut bei deinen Kindern erspüren. Kinder sind viel häufiger als wir in den hohen Energien von Spaß, Freude und bedingungsloser Liebe unterwegs. Bei meinen beiden Jungs, die wirklich viel Zeit zusammen verbringen, entsteht oftmals ein Energiefeld aus purer Lebensfreude und Spaß, das dann fast greifbar ist. Sie lachen, blödeln, toben und manchmal rasten sie komplett aus. Sobald sie dann den Raum verlassen, merke ich, wie die Energie augenblicklich sinkt.

Kinder können auch sehr schnell von einer guten in eine schlechte Frequenz umschalten und umgekehrt. So schnell kommen wir oft gar nicht mit. Wir selbst sind dann noch in unserem Trauer-Ärger-Wut-Energiefeld unterwegs, während die Kinder schon längst wieder voller Freude und Liebe sind. In diesen Momenten dürfen wir uns einfach anstecken lassen und den Ärger oder Frust über die vergangene Situation ebenso schnell hinter uns lassen, wie das unsere Kinder tun. Wir können so viel von unseren Kindern lernen!

Impuls

Beobachte diese Veränderungen der Energie, die durch deine Kinder entstehen. Wie schnell können sie dich zum Lachen bringen, wenn du eigentlich gestresst bist, oder in dir die allergrößte Liebe auslösen, auch wenn du gerade vollkommen fertig bist?

Um ein Leben voller Liebe, Freude und Frieden zu erschaffen, sollten wir also unsere Schwingungsfrequenz möglichst konstant erhöhen. Ich glaube, das ist tatsächlich das Wichtigste, was wir als Mutter tun können. Denn wenn wir in diesen positiven Schwingungen sind, agieren wir auch aus Liebe und Freude heraus mit unseren Kindern. Das Feld, das uns alle verbindet, wird mit diesen Energien erfüllt und schafft die Basis für unser Familienleben. Und in einem Feld voller Liebe gibt es nur wenig Raum für seelische Verletzung, Traurigkeit, Konflikte und auch nicht für negativen Stress. Das ist wohl die wertvollste Botschaft für dich.

Im Kapitel 3, »Fünf Strategien für ein Familienleben in hoher Schwingung«, erfährst du die fünf Strategien, die dir helfen, ein Leben in einer hohen Schwingung zu führen.

Unsere Gedanken gestalten unsere Realität

Im letzten Abschnitt hast du viel über unsere Stimmung gelesen. Unsere Stimmung wird von unseren Gefühlen beeinflusst. Die meisten Menschen glauben, dass sie ihren Gefühlen und der daraus resultierenden Stimmung schlicht ausgeliefert sind. Sie erleben einen schönen Moment und freuen sich über die Glücksgefühle, die dies in ihnen auslöst. In deinem Alltag sind das sicher solche Momente, wenn du mit deinem Kind kuschelst und es dir ins Ohr haucht: »Du bist die beste Mama der Welt!« Das macht dich glücklich, oder?

Wenn sie jedoch etwas anstellen, ausrasten oder einfach nicht hören wollen, dann überwiegt das Gefühl von Ärger oder Wut. Das könnte dir in deinem Alltag unter Umständen so gehen, wenn dein Kind mal wieder seine Sachen im Flur herumliegen lässt oder im Supermarkt einen Wutanfall bekommt, weil du ihm kein Schokoladenei kaufen möchtest. Dann bist du in schlechter Stimmung, oder?

Es liegt also die Schlussfolgerung nahe, dass unsere Gefühle eine Reaktion auf das sind, was wir erleben. Aber: **Wenn du das glaubst, wirst du tatsächlich zum *Opfer* deiner Gefühle.** Das muss nicht sein.

Die folgende Grafik erklärt einen anderen Zusammenhang:

Die Macht der Gedanken

Alles beginnt mit unseren Gedanken. Sie beeinflussen unsere Gefühle und Emotionen: Positive Gedanken führen zu positiven Gefühlen und negative Gedanken zu negativen Gefühlen. Unsere Gefühle und Emotionen beeinflussen wiederum unsere Handlungen und Verhaltensweisen. Wir reagieren und handeln entsprechend unseren Gefühlen und beeinflussen damit das, was passiert. Das *Ergebnis* ist unsere Realität, die wir jeden Tag erleben.

Dieser Kreislauf macht deutlich, dass unser Denken und Verhalten eng miteinander verbunden sind und dass es möglich ist, unsere Ergebnisse, also unsere Realität, unseren Alltag, durch bewusstes Steuern unserer Gedanken zu verändern.

Selbsterfüllende Prophezeiung

Sicher hast du schon mal vom Konzept der »selbsterfüllenden Prophezeiung« gehört. Es beschreibt genau diesen Effekt: Du erwartest, dass etwas Bestimmtes eintritt, und, schwupps, passiert genau das. Dies geschieht, weil wir aufgrund unserer Erwartungen oder Überzeugungen in diesem Moment bestimmte Verhaltensweisen an den Tag legen, die letztendlich dazu führen, dass die Vorhersage in Erfüllung geht.

Wie oft denkst du so etwas wie »Oh, hoffentlich fällt mein Kind nicht gleich hin!«? Dann sagst du laut zum Beispiel: »Achtung, fall nicht hin!« und, tja, was passiert (sehr oft) als Nächstes ...?

Das liegt daran, dass unser Gehirn gern in Bildern denkt und dazu neigt, sich auf das zu fokussieren, worauf es ausdrücklich hingewiesen wird, selbst wenn es eine Verneinung beinhaltet.

Versuch doch einmal, *nicht* an einen rosa Elefanten zu denken. ☺

Durch den Ausruf »Fall nicht hin!« erschaffst du automatisch Bilder vom hinfallenden Kind in deinem Kopf und reagierst auf emotionaler Ebene entsprechend. Diese Emotionen übertragen sich dann über das »Feld«. Dein Kind muss deine Worte nicht einmal hören oder verstehen können, die Frequenz von Angst kommt trotzdem an, und häufig passiert dann genau das, was wir eben *nicht* wollten.

Das gilt übrigens auch für deine Sorgen um das weiße T-Shirt, wenn Nudeln mit Tomatensoße auf dem Tisch stehen, oder beim Gedanken »Werd jetzt bloß nicht krank!«.

Wir Eltern dürfen also sehr genau überlegen, was wir denken und wie wir mit unseren Kindern kommunizieren.

Achte in Zukunft einfach auf positive Formulierungen wie: »Sei vorsichtig, halt dich fest«, »Wie toll du schon essen kannst« oder »Wie schön, dass wir immer so gesund sind«.

Ein Beispiel: Dein Kind lässt eine Jacke im Flur herumliegen. Nun kannst du dich entweder innerlich oder auch laut aufregen und Worte denken oder rumbrüllen wie: »Das kann doch nicht wahr sein! Ständig bleibt alles einfach liegen. Ich hab's doch schon so oft gesagt. Wann lernt er/sie das endlich mal? Das gibt's doch gar nicht!« Vermutlich ist es das, was dir als Erstes dazu einfällt, oder?

Du könntest aber auch darüber schmunzeln und denken: »Na, da hat es jemand aber wieder sehr eilig gehabt. Was wohl der Grund dafür ist? Immer hat er/sie so viel im Kopf. Egal, dann räumt er/sie die Jacke nachher weg.«

Spürst du den Unterschied? Das machen die bloßen Gedanken mit deinen Gefühlen und vor allem deiner Energie.

Also beginnt alles mit unseren Gedanken, die unsere Gefühle beeinflussen. Von unseren Gefühlen lassen wir uns zu Handlungen verleiten – zum Schimpfen und Sich-Ärgern oder eben zum Schmunzeln und Nachsichtig-Bleiben.

Aus unserem Verhalten und unseren Aktionen entstehen die Ergebnisse – das Kind nörgelt zurück, wir sind gestresst und werden noch lauter. Oder wir sprechen das Kind später liebevoll auf die Jacke an und es hängt sie dann kurz weg.

Der Satz »Du bist, was du denkst« bedeutet also, dass wir die Schöpferin unserer eigenen Realität sind. Wir können über unsere Gedanken *aktiven* Einfluss nehmen auf unser Erleben und vor allem auf die Stimmung, in der wir uns befinden.

Was sind Gedanken?

Aber was sind unsere Gedanken eigentlich? Mit unseren fünf Sinnen (Sehen, Hören, Fühlen, Riechen, Schmecken) nehmen wir unsere Umwelt wahr. In einem kognitiven Prozess werden diese Wahrnehmungen in unserem Gehirn verarbeitet. Dabei werden sie von unseren bewussten und unterbewussten Überzeugungen über uns selbst und die Welt um uns herum beeinflusst.

Daraus entstehen unsere Gedanken. Gedanken entsprechen also nicht der Realität, sondern sind unsere Interpretation der Wahrnehmung.

Forschungen haben gezeigt, dass wir etwa 60 000 bis 80 000 Gedanken am Tag denken (das erklärt so einiges, oder?). In der Regel wird davon gesprochen, dass nur ungefähr fünf Prozent dieser Gedanken *bewusst* sind, neuere Forschungen gehen teilweise von einem noch viel geringeren Anteil aus. Der größte Teil wird durch unser Unterbewusstsein gesteuert. Diese unterbewussten Gedanken können wir nicht kontrollieren, sie laufen automatisiert ab.

Das können wir gut anhand eines bekannten Beispiels verstehen: Als du Autofahren gelernt hast, hast du über jede einzelne Handlung nachdenken müssen: Schalten, Lenken, Gasgeben, Bremsen, Blinker, Schulterblick und so weiter. Nach Jahren der Erfahrung mit dem Autofahren kommst du vermutlich an deinem Ziel an, ohne über das Fahren auch nur eine Sekunde nachgedacht zu haben, und wenn es eine gewohnte Strecke war, hast du nebenbei noch Radio gehört oder mit deinem Kind auf dem Rücksitz geredet oder sogar beides gleichzeitig. Das Autofahren ist komplett durch dein Unterbewusstsein gesteuert worden.

Was wir unbewusst denken, folgt also Mustern und Regeln, die wir erlernt haben. Löst eine herumliegende Jacke Gefühle des Ärgers in dir aus, wurdest du vermutlich als Kind auch ausgeschimpft, wenn du deine Sachen herumliegen ließest. Es ist einfach eine abgespeicherte Reaktion darauf.

Vielleicht erwischst du dich manchmal bei folgendem Gedanken: *Das hat doch meine Mutter immer gesagt. Ich wollte das nie zu meinem Kind sagen.* Jetzt weißt du, woher das kommt.

Forschungen zeigen, dass 90 Prozent der Gedanken, die wir an einem Tag haben, dieselben Gedanken sind, die wir auch am Tag davor gedacht haben. Da ein Großteil dieser Gedanken unbewusst bleibt, gestalten wir also jeden Tag das gleiche Leben. Weil wir immer gleich reagieren, erschaffen wir immer im schlechtesten Falle wieder die gleichen Konflikte, den gleichen Stress, dieselben Sorgen und die gleiche schlechte Laune, denn wir bleiben in unserem Denken den alten Mustern treu. Wenn wir an all dem etwas ändern wollen, müssen wir uns also ein neues Denken erlauben und es unserem Unterbewusstsein antrainieren.

> »Die größte Entscheidung deines Lebens liegt darin,
> dass du dein Leben ändern kannst,
> indem du deine Geisteshaltung änderst.«
> Albert Schweitzer

Also könnte alles ganz einfach sein? Wir entscheiden uns, neue, freundliche Gedanken zu denken und dann sind wir ganz gelassen und voller Freude? Juhu? Tatsächlich ist es nicht ganz so einfach, denn es ist ein Prozess. Wir müssen das Umdenken lernen und trainieren.

Ich vergleiche diese unterbewussten Glaubensmuster mit Autobahnen im Gehirn. Sie sind stark befahren, weil wir ja immer wieder das Gleiche denken. Denken wir ganz neu, ist das vergleichbar mit einem Trampelpfad im Urwald, den du dir erst mal mit einer Machete frei räumen musst. Aber je häufiger du diesen Weg nutzt, desto mehr läuft er sich ein. Er wird immer breiter und auch leichter zu begehen. Schließlich wird er asphaltiert und die ersten Fahrzeuge können darauf entlangfahren. Das heißt, er bietet auch immer schnellere Nutzungsmöglichkeiten.

Als ich das einmal meinem Sohn erklärt habe, war seine Assoziation: »Dann baue ich jetzt ein paar Häuser an die Straße.« Ein tolles Bild. Diese Route wird also immer belebter und gewohnter und schließlich wird aus dieser Strecke auch eine Autobahn. Wenn es so weit ist, denkst du die neuen Gedanken der Gelassenheit und Freude ganz automatisch.

Aber du verstehst jetzt, dass das etwas Übung und vor allem Zeit benötigt. Wenn du also damit loslegst, hab Geduld mit dir und deinem Trampelpfad.

Der Spiegel unserer unbewussten Glaubenssätze

Vielleicht fragst du dich jetzt, wie du herausfinden sollst, was deine unterbewussten Glaubensmuster sind? Das ist ganz einfach: Schau dir an, wie du lebst und was dir jeden Tag widerfährt. Das ist quasi der Umkehrschluss. Da du deine Realität nach deinen unterbewussten Gedanken erschaffst, zeigt sie dir genau, was in deinem Unterbewusstsein an Mustern gespeichert ist.

Was denkst du über Partnerschaft, über Ehe, über Kindererziehung, über das Muttersein? Schau einfach, wie du es erlebst und auslebst, und du erkennst, was in deinem Unterbewusstsein dazu gespeichert ist.

Sehr spannend wird es, wenn du das auf dein Familienleben überträgst. Deine Kinder und natürlich auch dein Partner spiegeln dir deine eigenen Themen und Gedanken – oft durch ihr Verhalten. Vielleicht hat dein Kind oft Wutanfälle oder Einschlafprobleme, es ist wenig selbstbewusst oder manchmal aggressiv? Dann schau einfach mal, was davon *deine* Herausforderung sein könnte:

- Auf wen oder was bist du wütend?
- Was macht dir Sorgen und hält dich nachts wach?
- Inwiefern darfst du selbstbewusster werden?
- Wie gut kannst du mit Aggressionen umgehen?

Wenn dein Kind ständig fernsehen oder »zocken« will, frage dich, wie viel Zeit du selbst sinnlos am Handy oder vor anderen Bildschirmen verbringst.

Wenn dein Kind nicht aufräumen will, achte einmal darauf, wo du dich selbst vor Dingen drückst, die du eigentlich erledigen müsstest.

Wir können praktisch jedes Verhalten bei uns selbst wiederfinden. Kinder sind unsere Spiegel. Und es ist viel einfacher, diese Herausforderungen mit dir selbst zu klären, als dein Kind verändern zu wollen. Wenn wir das verstehen, dürfen wir noch dankbarer für unsere Kinder sein, denn dann, so sage ich immer, sind sie der Turbo für unsere eigenen Persönlichkeitsentwicklung.

Glaub mir, wenn du es bei dir auflöst, klärt es sich auch bei deinem Kind. Ihr seid ja durch das »Feld« energetisch miteinander verbunden.

Es ist ein gewaltiger Schritt, diesen Weg zu gehen und immer bei sich selbst anzufangen. Aber meine Erfahrung mit dem Essverhalten meines Sohnes, die ich schon geschildert habe, hat mir diesen Zusammenhang deutlich gemacht und ich konnte dieses Verständnis inzwischen noch oft in meinem eigenen Familienleben anwenden und dadurch einige Herausforderungen meistern.

Also, es ist deine Entscheidung, deine Glaubens- und Denkmuster zu verändern und damit zur Schöpferin einer neuen Realität zu werden. Im Kapitel 5 erfährst du im Abschnitt »Wie Glaubenssätze deine Realität beeinflussen«, wie du dabei genau vorgehen kannst.

Wir manifestieren mit dem Gesetz der Anziehung

Jetzt kommen wir zu einer spannenden Schlussfolgerung, die die ersten beiden Annahmen miteinander verbindet. Denn wenn du mit dem allumfassenden Energiefeld verbunden bist und mit deinen Gedanken deine Realität erschaffst, dann ist es nur logisch, dass du ganz gezielt Veränderungen in deinem Leben herbeiführen kannst. Diesen Prozess nennt man **Manifestieren** und er wird durch das »**Gesetz der Anziehung**« beschrieben. Da kommen die Parkplätze ins Spiel.

Historie des Gesetzes der Anziehung

Das Gesetz der Anziehung ist auch als »Gesetz der Resonanz« oder auf Englisch »*Law of Attraction*« bekannt. Das Gesetz ist in den letzten Jahren sehr bekannt geworden, ist aber keineswegs eine Modeerscheinung. Zahlreiche Zitate aus frühen Zeiten zeigen, dass sich die Menschen schon damals darüber klar waren, welche Kraft Gedanken in unserem Leben haben können.

- »Alles, was ihr bittet in eurem Gebet, glaubet nur, dass ihr's empfangen werdet, so wird's euch werden.« – Bibel, Markus, Kapitel 11, Vers 24
- »Das Glück deines Lebens hängt von der Beschaffenheit deiner Gedanken ab.« – Marcus Aurelius
- »Alles, was wir sind, ist ein Ergebnis dessen, was wir gedacht haben.« – Buddha

Ausführlicher erwähnt und beschrieben wurde das Gesetz der Anziehung ab Ende des 19. Jahrhunderts in Büchern verschiedener Autoren der »New Thought«-Bewegung. Eines der wichtigsten Bücher zum Thema stammt aus den 1930er-Jahren: Napoleon Hill schrieb *Think and Grow Rich* (im Deutschen: *Denke nach und werde reich*), nachdem er die reichsten Männer der damaligen Zeit interviewt und ihre Erfolgsstrategien analysiert hatte. Es ist der Klassiker in der Erfolgsliteratur, den ich wirklich jedem empfehlen kann, der im Leben große Ziele erreichen will.

Ab den 1960er-Jahren wurde es immer populärer, sich mit bewussten Manifestationen zu befassen.

Auch NLP (neurolinguistisches Programmieren), das in den 1970er-Jahren entstand, zielt auf die positive Veränderung der Gedanken und damit der eigenen Lebenswelt ab. In diese Zeit fällt auch das Erscheinen der Bücher von Jane Roberts mit den Texten von der spirituellen Wesenheit »Seth«, von denen ich schon gesprochen habe.

In den 1980er-Jahren wurden Esther und Jerry Hicks mit ihrem ebenfalls von einer spirituellen Quelle namens »Abraham« gechannelten Buch über das Gesetz der Anziehung bekannt.[6] Es gibt auf YouTube unzählige Videos, die Esther bei den Durchsagen von Abraham zeigen.

2006 erschien der Film und später das Buch *The Secret*[7] von Rhonda Byrne, womit sogenannte »Bestellungen beim Universum« auf einmal große mediale Aufmerksamkeit erfuhren. Bekannt wurde vor allem das Beispiel der »Parkplatzbestellung«, von dem ich ja schon berichtet habe. In den letzten Jahren hat dieses Konzept einen rasanten Aufstieg erlebt und wird in vielen Büchern und Coachingprogrammen beschrieben und gelehrt.

Das »Gesetz der Anziehung« besagt, dass Gleiches Gleiches anzieht, das heißt, dass Energien, die auf ähnlichen Frequenzen schwingen, miteinander in Resonanz gehen (daher wird es auch »Gesetz der Resonanz« genannt).

Auf das bezogen, was du nun schon gelesen hast, bedeutet das: Das, was du an Energie durch einen Gedanken ausstrahlst, ziehst du als Energie mit dieser Schwingungsfrequenz in dein Leben.

Ich stelle mir das so vor, dass unsere Gedanken ständig kleine Energie-Impulse ins »Feld« senden. Ähnlich wie Wellen, die sich auf einem See ausbreiten, wenn man einen Stein hineingeworfen hat, verbreiten sich diese Impulse in diesem Schwingungsfeld. Das Universum reagiert darauf, indem es die gleiche Energie zurücksendet. Diese zurückkehrende Energie manifestiert sich in unserer Realität sowohl durch Gedanken als auch durch Ereignisse und Erlebnisse. Diese kleinen Ereignisse und Erlebnisse nenne ich gern »Impulse, die uns das Universum schickt«. Das können inspirierende Ideen, unerwartete Gelegenheiten, wertvolle Kontakte, überraschende Hinweise sein oder das, was wir oft als »Wunder«, »Zufall« oder »Glück« bezeichnen.

Unser Gedanke erzeugt also eine Resonanz, die zu uns zurückschwingt und einen Einfluss auf die Art und Weise hat, wie sich unsere Realität entfaltet.

Konkret bei der Parkplatzsuche bedeutet das: Wenn wir die feste Überzeugung, einen passenden Parkplatz zu finden, als positive Energie bewusst in das kollektive »Feld« senden, öffnen wir uns für die unterstützende Kraft des Universums und werden für positive Möglichkeiten empfänglich. Dieses Vertrauen kann dazu führen, dass wir intuitiv die richtigen Entscheidungen bei der Auswahl der Strecke treffen oder subtile Hinweise auf einen verfügbaren Parkplatz wahrnehmen. Die bewusste Lenkung unserer Energie und das Vertrauen in die positiven Kräfte des Universums führen uns am Ende zum gewünschten Ergebnis – in dem Fall einem freien Parkplatz.

Im Buch *The Law of Attraction* von Esther und Jerry Hicks heißt es dazu: »Ob du dich an etwas aus der Vergangenheit erinnerst, etwas in der Gegenwart beobachtest oder dir etwas Künftiges vorstellst, immer ruft der Gedanke, auf den du dich in deinem mächtigen Jetzt konzentrierst, eine Schwingung in dir hervor – und das Gesetz der Anziehung reagiert sofort darauf.«[8] Es ist im Prinzip ein universelles Gesetz, das auch in der Physik erlebbar ist bei Magneten, die sich anziehen, oder bei Stimmgabeln, die in der gleichen Frequenz und damit demselben Ton miteinander schwingen.

Möchtest du dir also eine neue Wirklichkeit, ein anderes Leben erschaffen, dann kannst du mit neuen Gedanken deine Energieschwingung verändern und dadurch mehr der neuen Energie in dein Leben ziehen. Albert Einstein sagt dazu:

> *»Alles ist Energie, und dazu ist nicht mehr zu sagen. Wenn du dich einschwingst in die Frequenz der Wirklichkeit, die du anstrebst, dann kannst du nicht verhindern, dass sich diese manifestiert. Es kann nicht anders sein. Das ist nicht Philosophie. Das ist Physik.«*

Und wer wollte Einstein nicht Glauben schenken?

Es ist wichtig zu verstehen, dass das Gesetz der Anziehung ein universelles Gesetz ist und daher immer wirkt. **Du manifestierst ständig, jeder Gedanke, auch ein unbewusster, erzeugt Realität. Und alles, was dich umgibt oder dir passiert, ist durch Manifestation entstanden.**

Da sind wir wieder bei »Du bist, was du denkst«.

Kritik am Gesetz der Anziehung

Einer der größten Kritikpunkte am Gesetz der Anziehung ist, dass damit quasi alle Erfahrungen, die wir im Leben machen, selbst verschuldet scheinen. Vielleicht hast du eben auch schon gedacht: »Was? Aber meine Erkrankung/die Gewalterfahrung in meiner Kindheit/meine finanzielle Notlage – das habe ich mir doch nicht selbst erschaffen. Das wollte ich doch nicht.«

Natürlich kannst du denken, dass das, was dir passiert, Schicksal ist, oder diese Erlebnisse als eine Art Aufgabe betrachten, die das Leben dir stellt. Du kannst sie auch einfach als Pech, Leid und Unglück beschreiben. Es gilt auch hier: Es ist, was du glaubst!

Für mich ist es so, dass das Unterbewusstsein unendlich groß ist und auch sehr alte negative Glaubensmuster mit einer niedrigen Energieschwingung aus früheren Generationen darin abgespeichert sein können, die dann unser Leben herausfordernd gestalten können.

> Ich persönlich finde den Gedanken, dass alles mit mir zu tun hat und ich durch eine Veränderung meines Glaubenssystems auch eine Veränderung dieser Umstände bewirken kann, sehr tröstlich.
> Letztendlich ist die Frage immer:
> • Wie willst du mit dem, was geschehen ist oder was dich gerade herausfordert, umgehen?
> • Was nimmst du für dein Leben daraus mit?
> Also: Was willst du über Schicksalsschläge glauben?

Das alles lässt sich relativ pragmatisch erklären: Manifestation lässt Ideen oder Gedanken, die du im Kopf hast, Wirklichkeit werden. Wie stimmig es ist, dass alles Manifestation ist, kannst du schnell verstehen. Schau dich um: Das Gebäude, in dem du dich befindest, der Stuhl, der Sessel oder das Sofa, auf dem du gerade sitzt, das Buch oder das Lesegerät, das du in der Hand hältst ... All das war zunächst ein Gedanke eines Menschen (so wie dieses Buch mein Gedanke war). Eine Idee, die dann mit entsprechenden Schritten verwirklicht und zur Realität wurde.

Ein Sofa zum Beispiel wird durch den Designer entworfen und von einem Produzenten wird die Herstellung geplant und durchgeführt. Dafür kommen Maschinen und Menschen so lange zum Einsatz, bis das fertige Sofa in den Verkauf geht. Durch deine zielgerichteten Gedanken (»Ich kaufe mir ein Sofa«) wurde es Teil deiner eigenen Realität. Du hast es im Laden oder online ausgewählt, bestellt und schließlich wurde es in dein Wohnzimmer geliefert. Das ist Manifestieren (in seiner einfachsten Form).

Wenn wir eine Idee oder einen Plan verfolgen, manifestieren wir meist bewusst. Ein Großteil unserer Manifestationen läuft aber unbewusst ab. Wir manifestieren automatisch das, was wir an Glaubenssätzen über uns und über die Welt im Unterbewusstsein gespeichert haben und als Gedanken ins »Feld« senden.

Warum ist das so? Unser Gehirn funktioniert so, dass wir verstärkt das wahrnehmen, worauf wir bewusst und unbewusst unseren Fokus richten. Da wir nicht alle Informationen bewusst verarbeiten können, die mit den fünf Sinnen ständig aufgenommen werden, findet ein Großteil der Verarbeitung – wie bereits beschrieben – unbewusst statt. In unser Bewusstsein werden nur die Informationen durchgelassen, die für uns »überlebenswichtig« sind. Welche Informationen das sind, entscheidet ein spezieller Filter im Gehirn, das retikuläre Aktivierungssystem (RAS). Das RAS wird von unseren unterbewussten Einstellungen und Glaubenssätzen beeinflusst.

Bis zu einem gewissen Grad können wir aber bewusst entscheiden, was für uns gerade wichtig ist und worauf wir den Fokus richten wollen. Das nehmen wir dann verstärkt wahr.

Vielleicht erinnerst du dich daran, wie viele Schwangere und Mütter mit Kinderwagen du plötzlich gesehen hast, nachdem du erfahren hattest, dass du selbst schwanger bist. Wo waren die vorher alle? Natürlich waren sie auch da, aber du hast sie nicht wahrgenommen, weil dein Fokus nicht darauf ausgerichtet war. Oder such doch mal auf einer Autofahrt mit deinen Kindern nach grünen oder rosafarbenen Autos. Ihr werdet überrascht sein, wie viele es zu entdecken gibt. Das ist dann der bewusste Fokus. Deine Wahrnehmung wird also durch deinen Fokus beeinflusst.

Bewusstes Manifestieren funktioniert durch konsequentes Fokussieren deiner Aufmerksamkeit auf bestimmte Wünsche, also dein Ziel. Durch diesen Fokus nimmst du verstärkt Möglichkeiten wahr, diese Ziele Wirklichkeit werden zu lassen. Wenn du diese Impulse nutzt, kannst du die gewünschten Ergebnisse leicht erzielen. Der US-amerikanische Erfolgstrainer Tony Robbins hat dafür das Zitat geprägt: »*Where focus goes, energy flows*« (Deutsch in etwa: »Die Energie fließt dorthin, worauf der Fokus gerichtet ist«).

Leider haben wir oft den Fokus auf die negativen Aspekte unseres Lebens ausgerichtet. Wir jammern, beschweren uns oder zerbrechen uns den Kopf, wie wir in dieses oder jenes Dilemma gekommen sind. Dadurch fließt die Energie in diese Themen und – Gesetz der Anziehung – du ziehst immer mehr davon in dein Leben. Richtest du den Fokus jedoch darauf aus, was du **stattdessen** willst, darf die Energie dorthin fließen.

Einfaches Beispiel: Bist du überzeugt davon, dass alles anstrengend ist, wirst du viele Situationen am Tag wahrnehmen, die dich besonders herausfordern. Richtest du dein Bewusstsein darauf aus, gelassen zu bleiben, erschaffst du dir automatisch Situationen, in denen du Entspannung findest.

Vielleicht verstehst du jetzt, warum du dich wie im Hamsterrad fühlst und warum du jeden Tag den gleichen Stress erlebst? Es ist leider eine Gewohnheit, dass wir viel darüber nachdenken, was alles nicht funktioniert, was uns stresst und ärgert. Je mehr Energie wir den negativen Aspekten des Familienalltags widmen, desto mehr negative Energie bekommen wir zurück.

Wenn du dein Familienleben ganz neu erleben möchtest, geht es darum, auf der einen Seite den unterbewussten Filter (dein Glaubenssystem) zu verändern und auf der anderen den Fokus bewusst auf das Positive auszurichten. Dadurch schwingst du in einer anderen Frequenz und ziehst immer mehr deiner Wünsche in dein Leben.

Ein typisches Familienszenario

Melanie denkt, dass ihre Tochter Lina (zwei Jahre alt) sehr mäkelig beim Essen ist. Melanie hat sehr oft gehört, dass Kinder kein Gemüse essen, und glaubt, dass dies bei ihrer Tochter auch zutrifft. Ihr Gehirn sucht nun ständig eine Bestätigung dafür und sie deutet jede Grimasse und jedes Zögern ihres Kindes beim Essen als Bestätigung dafür. Darauf reagiert Melanie schnell genervt, wobei sie sich eigentlich Sorgen macht. Oft versucht sie, Lina mit Tricks oder Manipulationen doch noch zum Essen zu bewegen: »Wenn du jetzt noch ein Stück Gurke isst, gibt es hinterher den Fruchtzwerg.« Den aufgebauten Druck spürt Lina. Sie ist erst recht verunsichert und verweigert sich noch mehr. Die negativen Gefühle bei beiden werden immer weiter verstärkt. Melanie richtet daher irgendwann die Essensauswahl nach den eingeschränkten Wünschen von Lina aus, weil sie den Stress vermeiden will. Unbewusst bestärkt sie damit das, was sie eigentlich vermeiden will: »Lina ist total schwierig beim Essen.«

Würde Melanie jedoch davon ausgehen, dass Kinder einfach nicht gleich alle Lebensmittel mögen und das ganz natürlich ist, wäre sie viel entspannter. Sie könnte verstehen, dass Kinder den Geschmack der Lebensmittel erst kennenlernen müssen und es manchmal eine Weile dauert, bis sie sich daran gewöhnt haben. Komische Grimassen würden sie dann zum Lächeln bringen. Mit Spaß könnte sie Lina liebevoll dazu anregen, alles zu probieren (»Huuuuiiii, da kommt das Stück Gurke geflogen, brrrrrräääähhhmmmmm«) … Oder einfach gelassen bleiben. Wenn sie als Mutter selbst »gesund und munter« isst, lebt sie es ihrer Tochter vor und Lina wird es bald nachahmen. Wenn Lina sich traut, etwas

Neues zu probieren, könnte sich Melanie mit ihr über die neuen Geschmackserlebnisse freuen und diese so positiv verstärken. Lina könnte so immer mehr spannende Erlebnisse mit Essen machen und eine gesunde Neugier dafür entwickeln.

In beiden Fällen sind die Gedanken über das Essverhalten des Kindes die Ursache für das Ergebnis. Mit den negativen Gedanken verstärkt Melanie das Problem, mit den positiven löst sie es allmählich auf. Entscheidend ist der Fokus, den wir auf das Thema richten, und die daraus entstehende Energie. Was ist wohl die bessere Wahl?

Um bewusst zu manifestieren, brauchst du also **einen Wunsch bzw. ein Ziel, auf den oder das du deinen Fokus ausrichtest**. Der Wunsch sollte eine wirklich konkrete Vorstellung davon sein, was oder wie du es haben willst (im Restaurant bestellst du ja auch konkret dein Lieblingsessen und nicht einfach »ein Hauptgericht«. Und im Onlineshop wählst du konkret die Farbe und Größe deines Wunschkleidungsstückes aus, stimmt's?). Dann nimmst du verstärkt die Möglichkeiten wahr, die das Leben (oder das Universum, wenn du das glauben möchtest) dir bereitstellt, um deinen Wunsch zu erfüllen.

Du kannst den Fokus verstärken, indem du mehr Energie hineingibst. Das erreichst du, **indem du dich gedanklich immer wieder so in die Situation hineinversetzt, als ob du das Gewünschte schon erreicht hättest,** und dich freust und dankbar bist, dass alles so gekommen ist, wie du es dir vorgestellt hast.

Ich erzähle dir eine kleine Anekdote zur Verdeutlichung, was ich damit meine: Vor kurzem waren wir mit unserem Boot auf der Elbe unterwegs (das Boot haben wir uns übrigens auch manifestiert). Wir ankerten, und als wir wieder losfahren wollten, sprang der Motor nicht an. Früher wäre ich ausgerastet, hätte Angst gehabt und vermutlich meinem Mann irrationale Vorwürfe gemacht. Diesmal beschloss ich, ruhig zu bleiben und mich auf das Universum zu verlassen. Während mein Mann im Motorraum herumwurschtelte und meinem Sohn immer wieder die Anweisung gab, den Motor zu starten, schloss ich die Augen und stellte mir vor, wie der Motor gleich BRRRMMM machen würde und wir alle erleichtert lachen würden. Wieder und wieder stellte ich mir das vor und es wurde gefühlt immer realer. Dann kam dieser Moment, in dem ich einfach wusste: Jetzt ist es gleich so weit! Ich fing an zu lächeln. Und in diesem Moment machte es wirklich »BRRRMMM«. Du kannst es Zufall nennen, ich nenne es »Instant-Manifestation«.

Das funktioniert, weil dein Unterbewusstsein auf einer emotionalen und bildhaften Ebene arbeitet und tatsächlich nicht unterscheiden kann, ob etwas, woran du denkst, wirklich stattfindet oder ob du es dir nur vorstellst. Das können wir mal wieder gut an unseren Kindern beobachten, die diese Unterscheidung auch noch nicht wahrnehmen können. Wenn sie an einer Leine einen imaginären Hund spazieren führen, dann IST da ein Hund. Manche kleinen Kinder haben auch einen imaginären Freund oder eine fantastische Freundin. Für sie sind diese Wesen Realität – das gilt übrigens auch für die Monster unter dem Bett.

Wenn du dich also intensiv damit beschäftigst, wie großartig es sein wird, wenn dein Wunsch in Erfüllung gegangen ist, dann sendest du genau diese Energie ins »Universum« und dort kann sie wirken und dir die entsprechenden Ereignisse senden.

Drei Übungen fürs Manifestieren

Erste Übung: Sende folgenden Gedanken intensiv ins »Universum«: »Danke, dass ich innerhalb der nächsten 48 Stunden ein Geschenk erhalte!« und freue dich schon einmal darüber (»Wow, das ist so cool, dass ich ein Geschenk bekomme!«). Du wirst überrascht sein, in welcher Form das »Universum« dir Geschenke schickt. Bei meinem ersten Test damals bin ich innerhalb von 24 Stunden gleich zweimal zum Essen eingeladen worden.

Tipp: Du kannst das auch zu einer täglichen Routine machen. Eine Freundin erzählte mir, dass sie sich jeden Abend vor dem Einschlafen an die Wunder und Geschenke des vergangenen Tages erinnert und sich auf die freut, die der nächste Tag für sie bereithalten wird.

Zweite Übung: Sende folgenden Gedanken intensiv ins »Universum«: »Großartig, in den nächsten 48 Stunden sehe ich einen blauen Schmetterling« oder etwas ähnlich Abwegiges. Dann achte darauf, wo dir das Bestellte begegnet. Bei meinem Test habe ich damals ein »rotes Pferd« bestellt. Am Abend des zweiten Tages füllte ich gerade mit meinem Sohn das Freundebuch eines Mädchens aus seiner Klasse aus, als mir die Bestellung einfiel. Ich blickte auf die Seite, die wir gerade bearbeiteten … Unten rechts war ein rot-braunes Pferd abgebildet!

Dritte Übung: Willst du wissen, wie du einen Parkplatz bestellst? Bevor du von zu Hause losfährst, stellst du dir einfach ganz genau vor, wo du parken willst, wie groß die Parklücke sein soll und dass genau dieser Parkplatz frei ist (oder wird), wenn du ankommst. Wenn du nicht weißt, wie die Gegend aussieht, wo du hinfährst, stellst du dir trotzdem vor, wie du dich freust, wenn du lässig in eine große, bequeme Parklücke fährst. Freu dich auf deinen schönen Parkplatz und dann fahr los. Das ist alles.

Nun wird Manifestieren in einschlägigen Büchern, YouTube-Videos und Online-Kursen oft als Methode angepriesen, mit der du dir jeden Wunsch erfüllen kannst. Das fängt bei freien Parkplätzen an und endet bei der Million, die du auf deinem Konto haben möchtest. Oft wird dann erzählt, dass du nur intensiv genug den Wunsch ins »Universum« senden musst, du dich ein bisschen fühlen sollst »als ob« und schon geht das alles in Erfüllung. So ist es natürlich nicht. **Denn der entscheidende Punkt ist: Tun.** Du findest auch keinen Parkplatz, wenn du nicht losfährst und einen suchst. So einfach ist das. Und wie meine Tochter an ihre Traumrolle beim Fernsehen gekommen ist, habe ich ja schon erzählt. Auch da mussten wir ins Tun kommen und den Workshop buchen.

Aus meinem Familienleben

Mein Mann und ich sind früher im Sommer gelegentlich mit dem Cabrio »aufs Land« rausgefahren, als wir noch in der Stadt wohnten. Dabei entdeckten wir eine wundervolle Gegend mit schönen, alten Reetdachhäusern am Deich, die mich sehr begeisterte. Während wir mit toller Musik und dem Wind um die Ohren die Landschaft erkundeten, stellte ich mir vor, wie es wäre, hier zu leben, und fühlte, dass ich das wirklich wollte. Ein Jahr später, auf der Suche nach einer neuen Bleibe »weiter draußen«, stolperte ich über eine Wohnungsanzeige: »Großzügige Wohnung in alter Reetdachkate direkt am Deich«. Es stellte sich heraus, dass sie genau in dieser Gegend lag. Wenige Wochen später zogen wir um und mein Traum wurde Realität. Die freie Traumwohnung zu genau dem Zeitpunkt habe ich, dem Gesetz der Anziehung entsprechend, energetisch angezogen. Da bin ich ganz sicher. Ich glaube auch gern, dass uns das Universum dabei geholfen hat. Aber ohne diese bewusste Träumerei im Cabrio hätte ich die Anzeige vielleicht nicht so gezielt wahrgenommen.

 Impuls

Was hast du dir schon alles im Leben erschaffen, also manifestiert? Was davon hast du dir bewusst vorher »erträumt« und dann Realität werden lassen? Denke an Urlaube, Jobs, Wohnsituationen, Partnerschaften, schöne Dinge in deinem Leben oder einfach tolle Erlebnisse.

Natürlich kannst du dir auch eine Million Euro manifestieren. Dafür ist dann ein weiterer wichtiger Faktor relevant: **Durchhaltevermögen**. Wenn du wirklich viel Geld verdienen willst, dann wirst du einen Weg dahin finden. Aber in der Regel wird das nicht innerhalb von 14 Tagen gelingen, sondern braucht den geduldigen Aufbau eines florierenden Unternehmens, was ein paar Jahre benötigen kann.

Manifestieren ist immer ein Prozess, das »Universum« kennt keine Zeit. Es liefert, wenn du so weit bist und alle unterbewussten Glaubenssätze, die der Erfüllung des Traumes im Wege stehen, aufgelöst hast. Denn die wirken immer mit. Beim Wunsch nach Geld oder Reichtum finden sich oft tiefergehende Glaubensmuster wie etwa »Geld allein macht nicht glücklich«, »Reiche Menschen sind Betrüger/machthungrig« etc., die uns von der Wunscherfüllung abhalten. Und beim Bedürfnis nach einem leichten, glücklichen Muttersein … Nun, über die Glaubenssätze, die uns über das Muttersein eingetrichtert werden und wurden und die uns bei der Erfüllung unseres Wunsches im Wege stehen, habe ich ja schon einiges geschrieben.

Bei all unseren Wünschen, die nicht (schnell) in Erfüllung gehen, dürfen wir also hinschauen, was wir wirklich über unseren Wunsch und seine Erfüllung glauben. Oft finden sich auch allgemeine hinderliche Glaubenssätze, die uns davon abhalten, wirklich an die Erfüllung eines Wunsches zu glauben, wie »Das schaffe ich eh nicht«, »So einfach ist das nicht« oder »Das kann ja gar nicht funktionieren«. Wie soll aus einem solchen Mangeldenken Fülle entstehen?

Hier wird nun auch der letzte wichtige Faktor beim Manifestieren deutlich: **Vertrauen.** Vertrauen in das Leben an sich, Vertrauen in uns und unsere Fähigkeiten und Möglichkeiten und letztendlich das Vertrauen in die Schöpferkraft, also das »Universum«. **Wir dürfen vertrauen und loslassen** und die Erfüllung unserer Wünsche dem »Universum« überlassen

Manifestation funktioniert besonders gut, wenn du einen Zustand erreichst, in dem du einfach *weißt*, dass sich dein Wunsch erfüllen wird, so wie ich es bei unserem Bootsausflug erlebt habe, von dem ich eben berichtete.

Stelle es dir so vor, dass das Gesetz der Anziehung so wirksam ist wie das Gesetz der Gravitation. An Letzterem zweifeln wir doch auch nicht, wir wissen einfach, dass der Apfel, wenn er vom Baum fällt, auf den Boden fällt.

Sammle Erfahrungen mit dem Gesetz der Anziehung, mache dir immer wieder bewusst, wie und warum du etwas erschaffen hast, entdecke die Wunder und Geschenke in deinem Alltag. Damit baust du immer mehr Vertrauen in die Wirksamkeit des Gesetzes auf und es wird immer schneller für dich funktionieren.

Manifestieren mit dem Gesetz der Anziehung ist eine Methode, dein Leben aktiv zu gestalten. Es ist die Anleitung zum Kuchenbacken. Du findest dadurch wieder zu deiner Selbstbestimmung und findest aus der Opferrolle heraus. Nicht irgendwelche Umstände, Eigenschaften oder unpassendes Verhalten deiner Familienmitglieder sind »schuld« an deinem stressigen Familienleben.

Manifestieren bedeutet, dass du mit *deinem* Willen deine Realität bewusst verändern kannst. Das »Universum«, deine Schöpferkraft, unterstützt dich dabei.

Wichtig dabei ist: Wir können die äußere Welt, die Menschen um uns herum und die Umstände durch Manifestation nicht vollständig kontrollieren. Aber wir können entscheiden, wie wir auf das, was im Außen geschieht, reagieren wollen. Dadurch können wir das Ergebnis beeinflussen und die äußere Welt verändert sich automatisch mit. Du kannst auch das Verhalten deiner Kinder oder deines Partners nicht direkt verändern, aber positiv beeinflussen. Dadurch verwandelt es sich oft sehr schnell – ganz ohne Manipulation, Belohnungssysteme oder Strafen.

Nun wird dir sicher langsam klar, dass du Situationen in deinem Familienleben, die bisher voller Stress und Hektik waren, in Zukunft mit mehr Liebe und Gelassenheit gestalten kannst. Wie du sie konkret veränderst, erfährst du im Kapitel 4, »Manifestieren im Alltag: Die vier Schritte zu mehr Entspannung und Harmonie«.

Abschließende Gedanken zu diesem Kapitel

Wie beschrieben, kannst du mit dem Gesetz der Anziehung Wünsche wahr werden lassen. Ich persönlich wende es auch für einzelne Wünsche immer wieder an, unter anderem für spektakuläre Ferienhäuser oder wunderschöne Erlebnisse mit der Familie. Es ist einfach total entspannend, wenn man weiß, dass sich genau das Richtige finden wird oder eine Unternehmung auf jeden Fall großartig wird, egal, was passiert.

Aber es ist zu kurz gedacht, wenn man sich auf die Erfüllung rein »materieller« Wünsche versteift. Und da wir sowieso nicht all unsere Gedanken kontrollieren können, funktioniert auch die bewusste Manifestation immer nur bis zu einem gewissen Grad.

Viel wichtiger ist es daher aus meiner Sicht, den Grundgedanken zu verstehen, dass du mit deiner *Schwingungsfrequenz* manifestierst. Je mehr du also darauf achtest, möglichst viel in einer hohen Schwingung zu sein, desto mehr liefert das »Universum« automatisch all das, was zu deiner Frequenz von Liebe, Freude, Mut oder Frieden passt. Die materiellen Erfüllungen gehören dann entweder dazu oder sind gar nicht mehr wichtig. Denn glücklich werden wir ja, wie gesagt, nicht vorrangig durch ein neues Auto oder ein größeres Haus, sondern durch die gute Schwingung in und mit der Familie.

Mit welchen Strategien du deine Schwingung im Familienalltag erhöhen kannst, erfährst du im nächsten Kapitel.

KAPITEL 3

Fünf Strategien für ein Familienleben in hoher Schwingung

»Was du denkst, bist du. Was du bist, strahlst du aus.
Was du ausstrahlst, ziehst du an.«
Buddha

Stell dir dein Familienleben vor, das von Liebe, Dankbarkeit und Freude getragen wird. Wie geht es dir mit diesem Gedanken? Kannst du fühlen, wie deine Sorgen und dein Stress nachlassen, wenn du dir diese Gefühle vorstellst?

In diesem Kapitel stelle ich dir verschiedene Wege vor, wie du deine Schwingung immer wieder erhöhen kannst. Es ist nicht realistisch, anzunehmen, wir könnten permanent im Frieden mit uns, unserer Familie und der ganzen Welt sein. Aber wir können uns bewusst dazu entscheiden, uns immer wieder auf unsere Vision auszurichten und unsere Energie positiv zu gestalten.

Probiere einfach aus, welche Wege am besten zu dir und deinem Alltag passen.

Gesund leben

Wie elementar Gesundheit – also der Zustand, voller Energie, unversehrt und fit zu sein – für unser Leben ist, wird uns meist erst klar, wenn wir (schwer) erkranken. Eine grundsätzlich gesunde Lebensweise ist der beste Weg, um gesund zu bleiben. Trotzdem vergessen wir diesen Aspekt im Familienalltag mit kleinen Kindern schnell für uns selbst. Daher ist dieser Abschnitt als Erinnerung gedacht, deiner Gesundheit den Stellenwert zu geben, den sie wirklich verdient.

Grundbedürfnisse erfüllen

Menschen sollten sich zunächst ihre Grundbedürfnisse erfüllen, bevor sie sich mit ihrer Weiterentwicklung beschäftigen. Grundlegende Bedürfnisse, die im Mamadasein schnell mal zu kurz kommen, sind Schlaf, Essen und Trinken.

Als junge Mutter ist es auch sicherlich eine größere Herausforderung, ausreichend zu schlafen. Glaub mir, ich weiß, wovon ich rede: Wegen der Schwangerschaften und der Geburten meiner Jungs im Abstand von nur knapp 14 Monaten habe ich fast zweieinhalb Jahre lang nicht eine Nacht durchgeschlafen, weil die Babys mich natürlich auch nachts immer wieder gebraucht haben.

Es ist jedoch wirklich wichtig, dass du in der ersten Zeit mit Baby deinem Schlaf eine hohe Priorität einräumst und jede Gelegenheit nutzt, um ein paar Minuten die Augen zuzumachen. Der Haushalt kann warten, und du musst auch keine Freundinnen oder deine Mutter empfangen, es sei denn, sie kommen, um sich um das Baby zu kümmern, während du schläfst.

Auch das bewusste Essen kommt in den ersten Jahren mit Kind häufig zu kurz. Wie oft »ernährst« du dich von den Resten des Babybreis, die ja noch wegmüssen, oder isst Nudeln mit

Tomatensoße, obwohl du eigentlich Lust auf einen schönen Gemüseauflauf hast? Höre auf deine Bedürfnisse, sonst wirst du in einer schlechten Energie sein. Wie soll es dir gut gehen, wenn du dich nicht ausgewogen ernährst?

Es gibt heute viele Möglichkeiten, sich ohne großen Aufwand gesund zu ernähren. Auch dieses Thema solltest du auf der Prioritätenliste nach oben setzen.

Häufig erlebe ich auch, dass Mütter tagsüber das Trinken vergessen. Wasser ist aber lebenswichtig für unseren Körper, da es essenzielle Funktionen unterstützt, Nährstoffe transportiert und die Körpertemperatur reguliert. Wir brauchen folglich dringend Wasser, damit »unsere Energie fließen« kann. Achte also unbedingt auf ausreichende Flüssigkeitszufuhr über den Tag. Am besten und einfachsten ist, eine richtige »Trinkroutine« für sich zu entwickeln. Zum Beispiel könntest du morgens nach dem Aufstehen als Erstes ein großes Glas Wasser trinken. Immer, wenn du in die Küche kommst, gönnst du dir ein weiteres Glas, und sobald dein Baby eingeschlafen ist, könntest du eine Tasse Tee trinken.

Impuls

Was kannst du konkret in Zukunft für deine Gesundheit tun?

Hier ein paar Ideen: Wie kannst du dafür sorgen, dass du mehr Schlaf bekommst? Wie kannst du dich (noch) besser mit deinem Partner bei der Babybetreuung abwechseln? Wer könnte die Kinderbetreuung zeitweise übernehmen? Zu welchen Zeitpunkten im normalen Alltag kannst du dir eine kleine Schlafpause gönnen (statt Haushalt oder andere Dinge zu erledigen)? Welche »Trinkroutine« kannst du ab sofort einführen, die in deinen Alltag passt?

Schreibe zehn einfache, schnelle und gesunde Rezepte auf, die du sehr gern magst, und plane drei Tage in der Woche ein, an denen du sie für dich kochst.

Sorge dafür, dass du ab sofort immer Lebensmittel im Haus hast, um dir schnell etwas Gesundes zu gönnen (Obst, Rohkost, Nüsse, Vollkornbrot, Hüttenkäse, Jogurt etc.).

Bewusst atmen

Das wahrscheinlich wichtigste Werkzeug im Kampf gegen akuten Stress und Überforderung ist unser Atem. Der Atem ist unser Leben. Er ist immer da und sorgt für die Sauerstoffversorgung unseres Körpers. Wie oft am Tag machst du dir deinen Atem bewusst?

Bewusstes Atmen entstresst sofort, denn ein ruhiger Atem signalisiert dem Gehirn, dass alles in Ordnung ist. Im Umkehrschluss versetzt ein angehaltener oder hektischer Atem den Körper in einen Alarmzustand. Daher ist tiefes, bewusstes Atmen die beste Notfallmedizin, wenn es mal wieder hektisch wird.

Dabei geht es nicht darum, komplizierte Atemtechniken zu erlernen. Bewusstes Ein- und Ausatmen reicht vollkommen aus, um entspannen zu können.

Aber tiefes Atmen in den Bauch kann noch mehr, als in Akutsituationen beruhigen. Regelmäßig praktiziert, stimuliert es deine inneren Organe, verbessert den Zellstoffwechsel, die Durchblutung, die Verdauung, dein Immunsystem und beeinflusst deine seelische Verfassung positiv. Großartig, oder?

Zwei Atemübungen

1. Atem beobachten

Halte mehrmals am Tag inne und nimm deinen Atem bewusst wahr. Beobachte ihn einfach, nimm ihn wahr. Nimm wahr, dass du nichts tun musst. Du atmest, bzw. du »wirst geatmet«. Nimm wahr, welchen Unterschied es für dich macht. Nimm die Entspannung wahr. Das Beobachten deines Atems führt dich in den Augenblick, in das Hier und Jetzt und hilft dir, achtsam zu sein.

Das kannst du während einer kurzen Pause tun, während du duschst, mit deinem Kind knuddelst, einen Kaffee trinkst.

2. Tiefes Bauchatmen

Atme drei- bis viermal tief in den Bauch ein. Atme dabei durch die Nase ein und dann langsam und konzentriert wieder aus, ebenfalls durch die Nase. Spüre, wo du den Atem wahrnehmen kannst. Im Bauch, an den Nasenflügeln? Spüre die Energie, die du mit dem Atem aufnimmst und lass in Gedanken alles los, was dich stresst, während du ausatmest.

Beim Ausatmen kannst du in Gedanken auch langsam eine Affirmation sprechen, wie etwa »Ruhe« oder »Alles ist gut«.

Wiederhole das, sooft du daran denkst, den ganzen Tag über. So wird es zu einer Routine, auch für dein System.

Es hilft dir, dich in akuten Stresssituationen (Wutanfall deines Kindes, Streit etc.) sofort zu beruhigen. Aber auch langfristig hat es die oben beschriebene wohltuende Wirkung, wenn du es regelmäßig praktizierst.

In die Natur gehen

Die Natur ist sicherlich eine der schönsten Energiequellen für uns.

Natur ist einfach. Sie will nichts, sie fordert nichts. Sie unterliegt (zumindest in unseren Breitengraden) einem natürlichen Rhythmus, der durch nichts zu beeinflussen ist. Im Frühjahr erwacht die Natur aus ihrem Winterschlaf, ohne dass jemand sie wecken muss. Alles fängt an zu wachsen und zu blühen. Es bilden sich Blätter und schließlich Früchte. Wir dürfen ernten und anschließend fallen die Blätter wieder zu Boden. Die Natur kommt im Winter zur Ruhe bis zum nächsten Erwachen.

Dieser natürliche Rhythmus zeigt uns, dass alles seine Zeit und auch seine Berechtigung hat und nach jedem Tief auch wieder ein Hoch folgt.

Auch von dem schönen Sprichwort »Gras wächst nicht schneller, wenn man daran zieht« können wir Eltern viel lernen. Alles unterliegt einer individuellen Entwicklung – auch und besonders unsere Kinder. Im Prinzip lebt die Natur uns vor, wie wir unser Familienleben gestalten können. Wir können einen Rahmen schaffen und es sich dann entwickeln lassen. Es ist ein Prozess, aber es entwickelt sich von ganz allein. Wenn wir bewusst wahrnehmen, wie sich unser Familienleben entwickelt, werden wir sogar die natürlichen Rhythmen erkennen können, denen es unterliegt. »Es ist nur eine Phase«, ist zwar ein Spruch, den wir oft nicht mehr hören können. Aber letztendlich steckt viel Wahrheit darin, und wenn wir das verstehen, können wir uns einige Sorgen, die wir uns um die Kinder machen, ersparen.

Ein Spaziergang in der Natur ist in jeder Hinsicht heilsam. Die Bewegung und die frische Luft versorgen das Gehirn mit Sauerstoff, die Durchblutung wird angekurbelt, und dass Bewegung grundsätzlich gesund ist, sollte kein Geheimnis mehr sein. Zusätzlich hilft uns der Kontakt mit der Natur, ihre Lehren zu verstehen und zu verinnerlichen. Während wir über blühende Rapsfelder oder eine herbstliche Parklandschaft blicken, einen alten Baum umarmen oder kleine Gänseblümchen bewundern, können wir uns an die Weisheit und Unendlichkeit erinnern, die in der Natur spürbar sind. Das erdet uns und verbindet uns wieder mit unseren Sinnen, Gefühlen und allem, was ist.

 Impuls
Wie sieht ab sofort deine Routine aus, um dich häufiger mit der Natur zu verbinden?

Musik erleben

Musik hören ist eine wunderbare Methode, um dir Energie zu geben. Sicher kennst du die Power, die dein liebster Partysong in dir freisetzt, oder die melancholischen Gefühle, wenn du alte Kuschelrock-Songs hörst (du kannst es ruhig zugeben, wir alle haben sie gehört, oder nicht?). Musik, die wir aus unserer Vergangenheit kennen, erinnert uns an die Gefühle, die wir mit ihr verbinden. Das kannst du sofort nachvollziehen, wenn du Songs aus der Zeit einer großen Liebe oder des ersten Liebeskummers hörst. Du fühlst dich zurückversetzt und kannst die euphorischen oder traurigen Gefühle wieder spüren. Vielleicht erinnern dich bestimmte Lieder an die besondere Zeit der Schwangerschaft oder die ersten Monate mit deinem Baby? Vielleicht hast du sogar Bilder zur Musik aus der jeweiligen Zeit vor Augen.

Musik hat einen Einfluss auf bestimmte physikalische Vorgänge im Körper: Sie kann deinen Herzschlag, die Atemfrequenz und sogar den Blutdruck erhöhen. Auch Hormone wie Adrenalin werden im Körper freigesetzt und können direkt auf deine Stimmung Einfluss nehmen. Das für Gefühle zuständige limbische System im Gehirn wird durch Musik angeregt.

Du siehst, viele physische Reaktionen werden durch Klänge ausgelöst. Das können wir uns zunutze machen und Musik bewusst einsetzen, um uns in gute Stimmung zu versetzen.

Playlisten für die Schwingungserhöhung

Meine Ideen dazu:
Playlist Tiefenentspannung
Eine Playlist mit ruhigen Melodien oder Liedern, die in dir eine entspannte und ruhige Stimmung auslösen. Diese Playlist hörst du am besten anfangs in Momenten, in denen du wirklich gelassen bist, um diese Emotion auch wirklich mit dieser Musik zu verbinden. Später, wenn du die Klänge verinnerlicht hast, kann die Playlist dir in stressigen Zeiten helfen, sehr schnell loszulassen und zu deiner inneren Ruhe zu finden.

Playlist Power

Eine Sammlung von Musikstücken, die dich wirklich vom Stuhl reißen. Die Partykracher deiner Jugend, die aktuellen Radiohits, Rock, Punk, Techno? Was ist es bei dir, was sofort zur Adrenalinausschüttung führt und dir Kraft und Energie verleiht? Mit dieser Playlist kannst du dich in müden Momenten aufmuntern und motivieren.

Playlist Kinderspaß

Finde Songs, die dir *und* den Kindern Spaß machen. Du musst nicht nur auf typische Kindermusik setzen, auch wenn es da Komponisten gibt, die wirklich Spaß machen (bei mir war es früher Volker Rosin und sein »Singendes Känguru«). Bei meinen Kids waren aber auch schon früh meine Lieblingsbands »Die Fantastischen Vier« und »The BossHoss« hoch im Kurs und mein Mann hört auch mal Heavy Metal mit ihnen auf dem Weg zur Schule.

Finde Stilrichtungen oder Bands, die euch gemeinsam Spaß machen und auf die ihr richtig abfeiern könnt. Diese Playlist hilft dir bei Regennachmittagen, Nörgelphasen oder einfach, wenn es mal eine Runde »Rumtoben« braucht.

Weitere Ideen für Playlists: Schöne Erinnerungen, Meditation/Morgenroutine, Mutmach-Songs, Entspannte Autofahrt etc.

In Bewegung bleiben

Puh, jetzt kommt der unangenehme Teil. Na ja, vielleicht auch nicht. Möglicherweise bist du eine Sportskanone und liebst es, mit dem Kinderwagen joggen zu gehen oder abends trotz (mentaler) Erschöpfung noch deine Runden im Park zu drehen, zum Bauch-Beine-Po-Kurs zu gehen oder eine Session auf der Yoga-matte abzuhalten. Für mich ist es jedenfalls immer ein ziemlicher Angang und nur mit klaren Routinen oder 30-Tage-Challenges (am Ende darf ich mich belohnen) schaffe ich es, wirklich dranzubleiben.

Aber etwas weiß ich genau: Bewegung ist für unseren Körper lebenswichtig und nur mit einem ausreichenden Maß davon kann er gesund bleiben. Daher finde etwas, das dir Spaß macht und dem du ohne großen Aufwand nachgehen kannst. Das ist definitiv das Wichtigste. Ich habe beispielsweise vor kurzem nach 30 Jahren wieder mit Modern Dance in einer Tanzschule angefangen. Das ist immerhin eine Stunde pro Woche, in der ich wirklich Freude an der Bewegung empfinde. Eine Weile war ich außerdem beim Zumba und eine Viertelstunde Online-Yoga geht eigentlich auch immer mal.

Impuls
Welche Bewegung oder welcher Sport macht dir Spaß? Was hat dir früher Spaß gemacht? Welche Sportart wolltest du schon immer mal lernen?

Achtsam leben

Ehrlich gesagt war ich eine Weile vom Trendwort »Achtsamkeit« abgeschreckt, es wirkte auf mich einfach zu abgedroschen. Erst als ich verstanden hatte, wie wertvoll die Momente des Hier und Jetzt im Zusammenleben mit meinen Kindern sind, habe ich das Thema für mich entdeckt und integriert. Warum das so wertvoll ist und wie auch dir das gelingt, erfährst du jetzt.

Achtsamkeitsmomente in den Alltag einbauen

Unser Leben findet im Hier und Jetzt statt – nicht gestern, nicht morgen. Unsere Gedanken sind aber zu einem Großteil mit der Vergangenheit und der Zukunft beschäftigt. Wir ärgern uns über etwas, das früher einmal passiert ist, wir gehen die To-do- oder die Einkaufsliste durch oder uns plagen Ängste um die Zukunft der Kinder oder unserer Partnerschaft. Wir mutmaßen, warum die Kollegin heute morgen so unfreundlich war, und überlegen, was es zum Abendessen geben soll, spekulieren, wie die Mathearbeit des Kindes gelaufen ist, und fragen uns, wann wir endlich mal Zeit für das Putzen des Bads finden sollen. Gern machen wir uns auch gedanklich klein und denken darüber nach, warum wir schon wieder dies oder jenes *nicht* geschafft haben, wie wir eigentlich wieder aussehen und wann wir endlich die fünf Kilo wieder verlieren, die wir zugelegt haben.

Achtsamkeit ist das Gegenteil dieses Gedankenkarussells. Achtsamkeit bedeutet, dass du den Moment, der jetzt gerade stattfindet, wahrnimmst. Du richtest deine Aufmerksamkeit ausschließlich auf dich, die eigenen Emotionen und auf dein körperliches Befinden in diesem Moment. Außerdem betrachtest du deine Umwelt, in der du dich gerade aufhältst. Es geht darum, all das, was du bist und was dich umgibt, zu erfassen und anzunehmen, ohne es zu bewerten. Du nimmst den Augenblick an, wie er ist, beobachtest einfach nur. In diesem Moment darfst du einfach nur sein. Alles ist okay so, wie es ist.

Jiddu Krishnamurti beschrieb es so: »*Achtsamkeit ist ein aufmerksames Beobachten, ein Gewahrsein, das völlig frei von Motiven oder Wünschen ist, ein Beobachten ohne jegliche Interpretation oder Verzerrung.*«

Diese bewusste Wahrnehmung unserer Sinne entschleunigt und lässt uns tief entspannen. Wenn wir im Augenblick bewusst sind, haben wir die Möglichkeit, zu erkennen, dass alles, was ist, richtig ist an diesem Moment. Wenn wir noch weiterdenken, ist alles, was ist in diesem Moment, ein Wunder. Wir sind ein Wunder, die Natur oder das Haus, in dem du gerade bist, ist ein Wunder. Wir können unsere Gedanken darauf richten, wie wunder-voll die Welt ist in diesem Moment.

Wenn wir Achtsamkeit bewusst regelmäßig praktizieren, führt sie zu mehr Zufriedenheit, Gelassenheit und vor allem Selbst-Bewusstsein und wir lernen uns selbst besser kennen.

Achtsamkeit üben

Achtsamkeit können wir in jeder Situation im Alltag üben. Öffne deine Sinne für alles, was du wahrnehmen kannst, zum Beispiel während

- du deinen ersten Kaffee oder Tee am Morgen trinkst
- deine Kinder um dich herumtoben (sind sie nicht wirklich ein Wunder?)
- dein Kind sich an dich kuschelt oder gerade einge-schlafen ist
- du auf dem Weg zur Arbeit im Verkehrsstau oder in der Straßenbahn bist
- du im Büro drei Minuten Pause machst
- du isst (nimm genau wahr, was du isst und wie es dir schmeckt)

- du in der Natur einen kleinen Spaziergang machst
- Nimm für mindestens drei Minuten einfach nur wahr, bewerte nicht. Was spürst du, welche Emotion kannst du wahrnehmen, wie geht es dir? Was passiert um dich herum?

Meditation erleben

Meditation war für mich tatsächlich ein echter Gamechanger. Früher habe ich immer geglaubt, Meditation wäre nichts für mich. Die wenigen Versuche endeten in sehr verwirrtem Zustand und der Frage, wie ich das bloß schaffen soll, nichts zu denken.

Tatsächlich hatte ich überhaupt nicht verstanden, worum es bei der Meditation geht. Erst im Zuge der Beschäftigung mit der Spiritualität entdeckte ich einen leichteren Zugang über geführte Meditationen, die es zu tausenden auf YouTube und Spotify gibt.

Ich begriff, dass es darum geht, die Gedanken zu fokussieren. Auf den Atem, eine Kerze oder eben eine Stimme, die dich mitnimmt auf eine schöne Gedankenreise.

Für mich gibt es auch keine bessere oder schlechtere Meditationsmethode. Du kannst sogar beim Bügeln in einen meditativen Zustand kommen oder natürlich in der Natur beim Spazierengehen. Auch die oben beschriebenen Achtsamkeitsmomente sind im Prinzip wie Meditation. So habe ich es jedenfalls für mich interpretiert und du weißt ja: Es ist, was du glaubst. Alles, was dir hilft, dein Gedankenkarussell abzustellen, ist erlaubt.

Für mich war der Einstieg über die geführten Meditationen am einfachsten. Jeden Morgen, wenn mein Wecker geht, mache ich mir eine Meditation an und höre diese noch kuschelig im Bett. Es ist ein sehr entspannter Einstieg in den Tag, und ich nutze diese Meditationen, um Dankbarkeit zu praktizieren, meine Achtsamkeit zu schulen oder auch bewusst den Tag zu manifestieren. So kann ich den Trubel, den jeder Morgen mit sich bringt, meistens entspannt genießen. Aber auch langfristig hat mich diese Meditationserfahrung verändert. Ich wurde dadurch ruhiger. Ich finde jetzt schneller zu mir selbst zurück und rege mich nicht mehr über unnötige Dinge auf. Tatsächlich ist es so, als würde sich dadurch mein Fokus generell auf das Gute im Leben richten.

Oft mache ich mir auch, wenn alle aus dem Haus sind, meine Meditationsplaylist an, setze mich auf meinen Lieblingssessel und entspanne mich. Dann verbinde ich mich in Gedanken mit dem »Feld«. Dazu stelle ich mir eine Frage, die in meinem Leben gerade aktuell ist, und lausche einfach, was als Antwort in meine Sinne kommt. Gelegentlich schreibe ich auch intuitiv auf, was mir gerade einfällt.

Diese Übung hilft mir oft, Lösungen zu aktuellen Herausforderungen zu finden, oder ich manifestiere mir bei der Gelegenheit einen schönen Urlaub oder eine berufliche Weiterentwicklung (wie dieses Buch).

Natürlich gibt es auch tolle Kurse, live oder online, und inzwischen auch eine Menge Apps, mit denen man das Meditieren lernen und praktizieren kann. Sicher findest du die Variante, die am besten zu dir passt. Probiere es doch einfach mal aus.

Meditieren für Anfänger

Welches Gefühl wünschst du dir gerade für dein Leben (Freude, Frieden, Dankbarkeit)? Suche bei YouTube unter »Meditation + dein Gefühl« eine passende, geführte Meditation heraus, höre dabei auf deine Intuition, welches der Videos dich am meisten anspricht. Mache diese Meditation (wenn sie dir wirklich gefällt, sonst suche eine Alternative aus) an mindestens drei Tagen hintereinander einmal am Tag. Nimm wahr, was sich beim Hören der Meditation von Tag zu Tag verändert.

Sich auf positiven Medienkonsum fokussieren

Hand aufs Herz – wie viel Zeit verbringst du jeden Tag am Handy? Mit Nachrichten, WhatsApp-Geplauder oder Social Media? Wie viel Zeit davon tut dir wirklich gut, gibt dir Energie und Zuversicht? Und wie viel Zeit davon raubt dir einfach nur deine Energie? Eine ehrliche Bestandsaufnahme ist der erste Schritt zur Bewusstwerdung.

Ist es ein Wunder, dass wir gestresst und angespannt sind, wenn wir uns mehrmals täglich mit schlechten Nachrichten versorgen oder uns über WhatsApp irgendwelchen Empörungswellen hingeben (eine beliebte Tätigkeit in Elterngruppen)? Auf Social Media bewundern wir »Mama-Influencerinnen«, die uns Scheinwelten vorgaukeln, mit denen wir uns dann vergleichen (»Wie macht sie das nur, dass ihre Kinder immer so perfekt angezogen sind, und dann sieht sie auch noch so gut dabei aus?«). Obwohl dein Verstand eigentlich weiß, dass die Fotos gestellt sind und ihr echter Familienalltag vermutlich ähnlich aussieht wie bei dir, macht es dir unbewusst ein schlechtes Gewissen oder schürt Neid in dir, und insgeheim möchtest du diese perfekte Mama sein. Schnell rutschen wir hier in die Schwingungsfrequenz von Schuld und Scham oder auch Zorn und Frust – genau das, was wir nicht wollen.

Es ist schwer, sich diesem Automatismus zu entziehen. Da ist dieses Gefühl von »Man muss ja informiert bleiben« und »Es könnte ja etwas Wichtiges sein«. Wie schnell werden dann aus dem kurzen Blick aufs Handy zehn Minuten oder länger?

Daher ist es am besten für unsere Stimmung, wenn wir das Handy wirklich nur für positive oder ganz wichtige Informationen nutzen und alles andere auf ein Minimum reduzieren.

Meine Tipps dafür:

- Meide den ständigen Konsum von üblichen Nachrichten »aus aller Welt«. Es ist vollkommen ausreichend, einmal am Tag (wenn überhaupt) eine Nachrichtenseite deiner Wahl aufzusuchen, um alles Wissenswerte mitzubekommen. Tatsächlich habe ich normale Nachrichten fast komplett aus meinem Alltag verbannt und sogar die regionale Tageszeitung abbestellt. Für mich hat die ständige Beschäftigung mit den Katastrophennachrichten dieser Welt und den Ärgernissen der Lokalpolitik einfach zu viel negative Energie erzeugt. Die schönen Nachrichten aus der Region berichtet mir nun immer meine Mama und eine Weile hatte ich auch Newsletter abonniert, die nur »gute Nachrichten« teilen (z.B. Good News).

- Lies stattdessen Bücher, die dir einen »Schwingungsmehrwert« geben. Das können Bücher über Persönlichkeitsentwicklung sein oder auch spirituelle Bücher. Finde Autoren, Autorinnen oder Themen, die dich wirklich interessieren oder dir Freude machen. Auch schöne, inspirierende Romane oder Biografien können dir helfen, vom Alltag abzuschalten und für einige Seiten in eine hochschwingende Traumwelt abzutauchen.

- Während du putzt oder bügelst oder sonst einer Tätigkeit nachgehst, die nicht gerade deine Lieblingsbeschäftigung ist, kannst du inspirierenden Podcasts (wie *Happy little souls* –

Bewusst sein mit Kindern ☺) oder einem guten Hörbuch lauschen.

- Beteilige dich nicht an Diskussionen in WhatsApp- oder anderen Social-Media-Gruppen. Meiner Erfahrung nach ist das totale Zeitverschwendung und führt nur zu Ärger. Einfach WhatsApp stumm schalten.

 Impuls

Was möchtest du ab sofort in Zukunft statt der gewohnten Social-Media- und Nachrichtenkanäle an Inhalten konsumieren? Suche dir beispielsweise ein oder zwei Podcasts oder Newsletter zu deinem Lieblingsthema heraus (oder auch einem neuen Thema, über das du schon lange etwas erfahren wolltest) oder besorge dir entspannende oder inspirierende Hörbücher.

Negative Kontakte reduzieren

Wenn wir Mutter werden, erschließt sich uns schnell ein neuer, großer Bekanntenkreis aus den Mutter-Kind-Gruppen und später aus den (unvermeidlichen) Elternkontakten im Kindergarten oder in der Schule. Leider trifft man hier häufig auf negative Energieräuber: Menschen, die sehr gestresst und hektisch sind und sich am liebsten über alles und jeden empören, aufregen und lästern. Das kennst du sicherlich schon. Ich habe mir angewöhnt, solchen Menschen mit liebevoller guter Laune zu begegnen oder, wenn es möglich ist, den Kontakt so knapp wie möglich zu halten. Die Gefahr ist nämlich groß, in das Lästern und Jammern miteinzufallen. Mach das nicht. Entscheide dich bewusst dafür, an solchen Gesprächen nicht mehr teilzunehmen oder, falls sich keine Möglichkeit des Entkommens bietet, während des

Gesprächs achtsam bei dir zu bleiben (und nicht auf die Jammerei oder Lästereien des Gegenübers einzusteigen) und dich mit positiven Gedanken zu stärken. Du kannst auch versuchen, das Gespräch in eine positive Richtung zu lenken, indem du die Person in etwa freundlich fragst: »Und was hast du heute Schönes erlebt?« Sollte sie anfangen, dir von irgendwelchen Katastrophen zu berichten, wiederhole einfach freundlich deine Frage: »Nein, ich meine, was hast du *Schönes* erlebt?« Die Reaktion ist meistens große Verblüffung, aber es findet oft auch ein Sich-Öffnen für positive Gedanken statt.

Auch manche Freundschaften verändern sich über die Zeit hinweg, und wir halten nur noch aus Gewohnheit an ihnen fest, obwohl wir keine Freude mehr daran haben. Im Berufsleben gibt es die Menschen, mit denen wir gerne unsere Mittagspause verbringen, und die, denen wir vor dem ersten Kaffee und auch danach noch gern aus dem Weg gehen. Und schließlich verstecken sich auch im Familienumfeld Energieräuber, denen wir uns ausgeliefert fühlen, weil wir bloß den »Familienfrieden« nicht stören wollen.

Mache eine ehrliche Liste und stelle fest, welche Menschen dir wirklich guttun und welche eigentlich nur Energie kosten. Entscheide, wie viel Kontakt du jeweils haben und wie du diesen Kontakt gestalten willst. Diese Klarheit wird die Zusammenkünfte verändern. Denk daran: Wie willst du es stattdessen? Auch dem ständig schlecht gelaunten Kollegen können wir ein Lächeln entlocken, wenn wir das möchten, und eine Schwiegermutter lässt sich freundlich in die Schranken weisen, wenn wir uns bewusst dafür entscheiden.

Energie-Check deiner Kontakte

Erstelle zwei Listen: Eine mit zehn Personen, die dir positive
Energie schenken, und eine weitere mit zehn Personen, die
deine Energie eher strapazieren. Wie kannst du den Kontakt zu der ersten Gruppe verstärken und die Begegnungen mit der zweiten Gruppe reduzieren oder verändern?

Nicht ärgern, nur wundern

Diesen wunderbaren Satz habe ich das erste Mal von einer meiner Mentorinnen, der wunderbaren Margit Lieverz, gehört.
»Nicht ärgern, nur wundern« – welch Weisheit in diesen vier
Worten steckt. Auch Kurt Tepperwein ärgert sich nicht mehr.
Er ist für mich einer der weisesten und bewusstesten Autoren
im deutschsprachigen Raum. Diverse Bücher über Bewusstsein,
Intuition und unsere Verbindung mit dem Universum stammen
aus seiner Feder und es gibt zahllose Interviews mit ihm kosten-
los auf YouTube. Schau da unbedingt mal rein!

Tepperwein berichtet in seinen Interviews gerne davon, dass
er an einem Tag im Jahr 1973, wenn ich mich recht erinnere, auf-
gehört habe, sich zu ärgern. Er hatte ein unerfreuliches Erlebnis
mit einem Autofahrer, der ihn geschnitten hat. Darüber ärgerte
er sich sehr. Doch dann wurde ihm bewusst, dass das überhaupt
nichts bringt und nur Lebensenergie kostet. Daher ließ er es
dann einfach sein – nach eigenen Angaben zumindest. Aber es
gibt niemanden, dem ich das mehr glaube als ihm.

Nun, mir fällt das nicht ganz so leicht wie Herrn Tepperwein,
aber ich habe mein »Ärgerlevel« deutlich reduziert. Sehr oft,

wenn ich mich gerade ärgern will, fällt mir Kurt Tepperwein ein und dann Margit Lieverz – darauf habe ich mein Gehirn inzwischen trainiert. Dann wundere ich mich einfach oder finde eine verständnisvolle Erklärung für das, was gerade passiert ist.

Ein Beispiel: Wie oft ärgerst du dich, wenn ein Auto (zu) langsam vor dir im Verkehr fährt? Dabei könnte es doch sein, dass der Fahrer eine ganz besonders wertvolle Fracht transportiert, wie eine Torte für eine Geburtstagsfeier. Wenn du so etwas denkst, ärgerst du dich gleich weniger oder gar nicht mehr. Merkst du das? Dann denk mal darüber nach: Wie oft ärgerst du dich, weil deine Kinder zu laut, zu schmutzig, zu frech oder zu nörgelig sind? Welche verständnisvollen Gedanken kannst du zu diesem Verhalten jeweils finden? Vielleicht haben sie einfach unglaublich viel Freude, testen ihre Grenzen beim Erforschen der Welt oder sind überreizt und müde. Musst du da noch ärgerlich sein?

Impuls
Finde verständnisvolle oder positive Gedanken zu Situationen, in denen du dich immer wieder ärgerst.

Liebevoll leben

»Liebe ist immer die Antwort.«

Eine liebevolle Atmosphäre schaffen

Die Grundlage für ein liebevolles Leben mit deiner Familie ist eine liebe-volle Atmosphäre zu Hause. Die Kinder dürfen, sobald sie nach Hause kommen, in ein Gefühl der Sicherheit und Geborgenheit eintauchen. Das gibt ihnen Urvertrauen und lässt sie resilient, also widerstandsfähig gegen die Herausforderungen des Lebens, werden.

Dafür kannst du zum Beispiel das Haus liebevoll gestalten. Das bedeutet nicht unbedingt, ordentlich aufgeräumt und so gestylt, als erwartetest du im nächsten Moment »Schöner Wohnen« zum Fotoshooting. Vielleicht ist liebe-voll sogar das Gegenteil? Vielleicht darf es bunt und lebendig sein, um gemütlich und kuschelig zu wirken? Wie sieht eine liebevolle Umgebung für dich aus? Wie viel Ordnung brauchst du wirklich, damit du zur Ruhe kommen kannst? Was schafft das Gefühl von Gemütlichkeit und Geborgenheit für dich? In welchen Bereichen darf es (für die Kinder) vielleicht auch mal chaotischer sein?

Du kannst auch bewusst Elemente platzieren, die für eine positive Schwingung sorgen. Es gibt schöne Plakate mit lebensbejahenden Affirmationen oder Sprüchen darauf. Die kannst du an Plätzen anbringen, an denen ihr euch häufiger aufhaltet: Kinderzimmer oder Küche oder auch im Badezimmer. Sie werden unterbewusst wahrgenommen und können sich so als Glaubenssatz einprägen. Bei uns im Flur hängt beispielsweise eine Tafel, auf der ich vor Jahren mal einen Guten-Morgen-Gruß für die Familie hinterlassen habe, als ich wegen der Arbeit früh aus dem Haus musste. Dieser Spruch hängt da immer noch und erfreut meine Liebsten jeden Morgen, bevor sie aus dem Haus gehen.

Auch körperliche Liebe sollte in der Familie nicht fehlen. Nehmt euch Zeit für ausführliches Kuscheln – wenn es gewollt wird. Am besten nicht nur mit dem Kind – auch der Partner mag es sicher, ab und zu in den Arm genommen zu werden oder mal zwischendurch einen Kuss zu bekommen, und dir geht es da

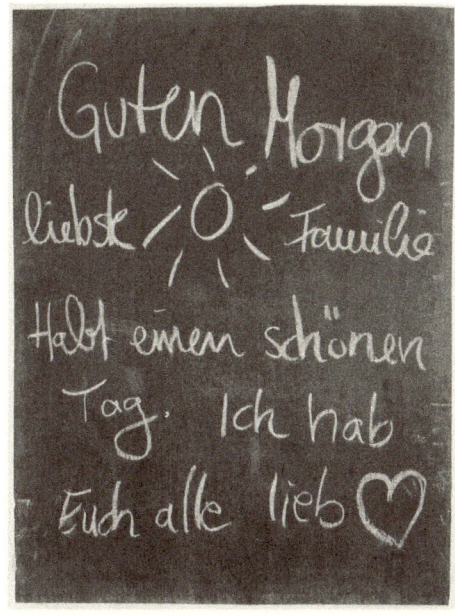

Guten Morgan liebste Familie
Habt einen schönen Tag. Ich hab Euch alle lieb ♡

Diese fröhliche Botschaft steht seit vielen Jahren auf
einer Tafel im Flur und begleitet meine Familie jeden Tag

bestimmt nicht anders, oder? Das mag banal klingen, aber ich sehe immer, wie unsere Kinder sich freuen, wenn wir uns liebevoll umarmen. Es gibt ihnen ein gutes Gefühl, lebt ihnen vor, wie Partnerschaft sein kann, und vermittelt Sicherheit: »Hier ist alles in Ordnung.«

Manche Menschen können mit körperlichen Berührungen allerdings gar nicht so viel anfangen. Mein Jüngster ist so ein Kandidat. Der kuschelt nicht so gern. Aber er sagt sehr gern: »Mama, ich liebe dich!« oder »Mama, du bist die Beste!«. Und genau das gebe ich ihm zurück und sage oftmals einfach zwischen Tür und Angel: »Weißt du was? Ich hab dich lieb!« Wobei er den zweiten Teil meist selbst ergänzt: »… Du hast mich lieb.«

Kleine Äußerungen dieser Art zwischendurch, vollkommen bedingungslos, stärken den Glaubenssatz: »Ich werde geliebt, genau so, wie ich bin.«

Eine liebevolle Atmosphäre schaffen wir auch, wenn wir – besonders in herausfordernden Zeiten – einfach mal nachsichtig mit dem Nachwuchs sind. Unsere Kinder haben und hatten es vor allem in den letzten Jahren der Corona-Pandemie wirklich nicht leicht.

An welchen Stellen kannst du mal großzügig sein? Es geht nicht immer um »konsequentes Durchziehen«. Wenn du in der Haltung von Liebe und Vertrauen bist, werden deine Kinder dir niemals »auf der Nase herumtanzen«, was ja oft befürchtet wird. Im Gegenteil, sie werden sich später an deine Großmütigkeit erinnern, wenn du ihnen einmal erlaubst, das Aufräumen aufs Wochenende zu verschieben, das Champions-League-Finale unter der Woche zu schauen oder wenn du sie mit einer Extra-Portion Kakao mit Marshmallows und bunten Streuseln verwöhnst, weil es ein besonders anstrengender Tag war.

Wir dürfen uns immer ins Gedächtnis rufen, welche Leistung die Kinder vollbringen, wenn sie einen Großteil des Tages in einer Betreuungseinrichtung oder in der Schule sind. Hier sind sie ununterbrochen gefordert, sollen sich anpassen, aufmerksam sein und Leistung abliefern. Ich denke, wir unterschätzen oft, wie herausfordernd das sein kann.

Auch die in vielen Familien vorherrschende Ungewissheit wegen der Krisen verschiedenster Art in den letzten Jahren fordert die Kinder ungemein. Egal, wie sehr du versuchst, deine eigenen vielleicht vorhandenen Ängste zu verbergen – sie spüren es! Die liebevolle, großzügige Atmosphäre zu Hause darf der sichere Hafen sein, wo sie sich fallen lassen und entspannen dürfen.

 Impuls
Was kannst du noch heute tun, um eine liebevolle(re) Atmosphäre in deinem Zuhause zu schaffen?

Bedingungslos Liebe geben

> *»Liebe ist das Einzige, was wächst,*
> *indem wir es verschwenden.«*

Dieses schöne Zitat stammt von Ricarda Huch (1864–1947), einer deutschen Schriftstellerin und Historikerin. In diesem Satz steckt drin, was wir über die Liebe wissen müssen, um damit unsere Schwingung zu erhöhen. Denn Liebe ist – wie wir bei der »Skala der Ebenen des Bewusstseins« in Kapitel 2 im Abschnitt »Die Schwingungsfrequenzen unseres Bewusstseins« gesehen haben – eine der höchsten Frequenzen, und wenn wir bewusst Liebe verschenken, bekommen wir genau diese Energie zurück.

Es gibt unterschiedliche Formen der Liebe. Die reinste Form der Liebe spüre ich bei der bewussten Verbindung mit dem »All-Eins«, dem »Universum«, der »geistigen Welt«, »Gott« oder wie auch immer du es nennen möchtest. Diese Liebe ist das Gefühl von Einheit und Geborgenheit. Sie gibt mir Ruhe, Gelassenheit, Freude und Frieden. Wir können sie unter anderem durch Meditation, Beten oder auch bei Begegnungen mit der Natur erfahren. Diese Liebe erwartet nichts und ist absolut bedingungslos. Du kannst sie empfangen, ohne dass du dich dafür anstrengen musst.

In unserem Alltag erleben wir Liebe aber oft auf andere Weise. Wir haben hohe Erwartungen an die Liebe – vor allem in unserer

Partnerschaft. Wir wünschen uns, geliebt zu werden, Wertschätzung und Anerkennung zu erhalten. Diese Liebe ist gebunden an Erwartungen oder Bedingungen.

Auch unseren Kindern vermitteln wir oft, dass wir sie ganz besonders lieben, wenn sie etwas gut gemacht haben oder unsere Erwartungen erfüllen. Wir freuen uns dann und loben sie oder belohnen ihr Verhalten. Dies wird von den Kindern als Liebesbeweis aufgenommen und das Muster »Ich werde geliebt, wenn ich XY tue« setzt sich fest. Das passiert oft auf unterbewusster Ebene. Und dieses Muster kommt vielfach noch aus unserer eigenen Kindheit, in der unsere Eltern ähnlich agiert haben. Jetzt ist es an uns, dieses Muster zu durchbrechen, indem wir den Kindern zeigen, dass sie immer und bedingungslos geliebt werden.

So kannst du dabei vorgehen: Vielleicht erinnerst du dich an den Moment, als du das erste Mal deinem Neugeborenen in die Augen gesehen hast. Vermutlich hattest du das Gefühl, in die Tiefe seiner Seele zu blicken. Kannst du die bedingungslose Liebe in diesem Augenblick spüren? Dann sende sie in Gedanken an dein Kind, sie kommt über das »Feld«, das uns alle verbindet, direkt bei ihm an.

Ein anderer Weg ist, deinem Kind im Alltag für einen Moment die volle Aufmerksamkeit zu schenken. Sei achtsam und beobachte einfach nur. Fjodor Dostojewski sagte: »*Einen Menschen lieben heißt, ihn so sehen, wie Gott ihn gemeint hat.*« Sieh also genau hin und spüre, wie dieser Mensch gemeint ist. Mach dir bewusst, dass du mit dieser kleinen Seele auf ewig verbunden bist, und genieße diesen Augenblick.

In meinem Alltag gibt es immer wieder solche Momente, in denen mir plötzlich ohne besonderen Grund meine ganze Liebe zu meinen Kindern bewusst wird, einfach, weil es gerade so ist.

Dann spreche ich sie mit so einem bestimmten Tonfall in der Stimme mit ihrem Namen an. Sie wissen immer sofort Bescheid und sagen lachend: »Du hast mich lieb.« Welchen Effekt dies auf die Kinder hat, erklärt sich sicher von selbst.

Auch in deiner Partnerschaft kannst du Liebe einfach verschenken. Mache dir bewusst, mit welchen Kleinigkeiten du deinem Partner deine Liebe vermitteln kannst, und baue einfach mehr davon in euren Alltag ein. Einen schönen Anhaltspunkt dafür liefern die »Fünf Sprachen der Liebe«.

 ### Die fünf Sprachen der Liebe

Der Paartherapeut Gary Chapman hat das Konzept der »Fünf Sprachen der Liebe« (engl. »*The five love languages*«) geprägt. In seinem gleichnamigen Buch beschreibt er, dass Menschen sich auf unterschiedliche Weise geliebt fühlen und ihre Liebe auch auf diese Art ausdrücken. Die Idee ist, dass jeder Mensch eine oder mehrere dieser Liebessprachen bevorzugt, und es wichtig ist, die Sprache(n) des Partners zu verstehen und anzuerkennen, um eine erfüllende Beziehung zu führen. Es kann auch sein, dass sich die bevorzugte Liebessprache im Laufe der Zeit ändert. Chapman betont die Bedeutung der Kommunikation und des Verständnisses zwischen Personen, die eine Beziehung leben, um diese liebevoll und harmonisch aufzubauen.

Diese Beschreibung der unterschiedlichen Möglichkeiten, Liebe zum Ausdruck zu bringen, wur-

den zunächst vor allem in der Paartherapie eingesetzt, um mögliche Konflikte zu identifizieren und
mehr Bewusstsein füreinander zu schaffen. Aber
du kannst sie auch bei deinen Kindern identifizieren und durch die Anwendung der jeweils passenden Liebessprache noch mehr dazu beitragen,
dass sie sich uneingeschränkt geliebt fühlen.

Auf jeden Fall hilft die Auseinandersetzung mit
den verschiedenen Liebessprachen, zu verstehen,
dass wir auf unterschiedliche Weise Liebe ausdrücken und erfahren können. Wenn wir das nicht be-
rücksichtigen, kann es dazu führen, dass wir die
Liebesbotschaften des Gegenübers nicht richtig
deuten und uns eventuell zu Unrecht ungeliebt
fühlen. Oder unser Partner oder unser Kind fühlt
sich vielleicht nicht ausreichend geliebt, weil wir
nicht wissen, wie wir unsere Liebesgefühle passend für ihn, sie, es ausdrücken können. Das kann
der Grund für Konflikte oder Entfremdung sein.
Daher lohnt sich die Beschäftigung mit diesem
Thema auf jeden Fall.

Die fünf Liebessprachen kurz beschrieben:

Anerkennung und Lob

Wenn du in dieser Liebessprache kommunizierst,
verteilst du gern lobende Worte und drückst gern
deine Dankbarkeit und Wertschätzung dem anderen gegenüber aus.

Dir selbst ist es auch sehr wichtig, mit wert-
schätzenden Worten bedacht zu werden.

Zweisamkeit

Bist du der Zweisamkeits-Typ, dann ist ungestörte und intensive Zeit mit dem oder der anderen sehr wesentlich für dich. Du schaufelst dir Abende dafür frei oder organisierst gern Pärchen-Wochenende.

Du fühlst dich richtig geliebt, wenn dein Partner dich überraschend romantisch ausführt oder ein tolles Event, auf dem ihr beide Spaß habt, mit dir besucht.

Geschenke

Wenn du die Geschenke-Liebessprache bevorzugst, liebst du es, dem Gegenüber ausgefallene, verrückte oder wohldurchdachte Geschenke zu machen. Auch spontane Mitbringsel und die damit ausgelöste Freude sind bei dir hoch im Kurs.

Du selbst fühlst dich sehr geliebt, wenn du liebevoll ausgewählte Präsente erhältst oder dir endlich ein langgehegter Wunsch erfüllt wird.

Hilfsbereitschaft

Kommunizierst du deine Liebe über Hilfsbereitschaft, liebst du es, den anderen oder die andere zu unterstützen und praktisch Hand anzulegen, um ihn oder sie zu entlasten. Du übernimmst gern Arbeiten im Haushalt, erledigst notwendige Besorgungen oder reparierst etwas.

Du selbst fühlst dich sehr geliebt, wenn ein Frühstück für dich zubereitet wird oder eine Aufgabe, die du vor dir herschiebst, von deinem Partner erledigt wird.

Zärtlichkeiten

Wenn du vor allem die Sprache der Zärtlichkeit sprichst, sind kleine Berührungen und liebevoller Körperkontakt für dich essenziell. Du liebst es, in der Öffentlichkeit Hand in Hand zu gehen, Küsse zu verteilen, zu kuscheln oder mit deinem Partner intime Stunden zu verbringen.

Du selbst fühlst dich geliebt durch eine spontane Umarmung, einen bewussten Kuss oder auch beim leidenschaftlichen Sex.

Impuls

Überlege, in welcher Sprache der Liebe dein Partner und deine Kinder am meisten kommunizieren.

Wenn du deine Liebe verschenkst, achte darauf, dass du nicht erwartest, etwas dafür zurückzubekommen. Tue es einfach, weil es dein Partner ist und ihr in Liebe verbunden seid.

Wenn ihr vielleicht gerade eine Phase habt, in der die partnerschaftliche Liebe nicht mehr so intensiv gefühlt wird, weil sie im Familienalltag untergeht, ist diese Übung besonders wertvoll und kann dich wieder neu mit deinem Partner verbinden. Denn ich bin davon überzeugt, gerade wenn wir nichts erwarten, bekommen wir viel mehr davon zurück. Wir können diese Liebe aktiv gestalten und wiederbeleben. Wir müssen nicht auf den Partner warten.

Du kannst aber auch jedem beliebigen Menschen in Gedanken Liebe senden. Denke dazu an einen Menschen, der gerade besonders viel Liebe benötigt oder der einfach eine Bedeutung für dich hat. Das können deine Eltern sein, deine Schwiegereltern, eine

Freundin oder ein Freund, ein Kollege oder deine Chefin. Vielleicht auch der Mensch, über den du dich heute morgen auf der Autofahrt geärgert hast, oder die andere Mutter, die bei der Abholung im Kindergarten oder an der Schule immer so schlecht gelaunt ist. Nimm dir einen Augenblick, denke an diesen Menschen und verbinde dich gedanklich mit seinem Herzen. Sende Liebe, wie auch immer das für dich geht: Du kannst es laut aussprechen, dir ein Bild dazu vorstellen oder dich einfach dem Gefühl überlassen. Du wirst dich danach sofort besser fühlen und dich in einer besseren Energie befinden. Ich bin überzeugt, dass diese Liebe ankommt, und wenn wir mehr Liebe durch die Welt senden, wird diese sicher für alle ein ganzes Stück liebevoller.

Liebe senden

Sende jetzt einem Menschen deiner Wahl Liebe. Spüre dann, wie es dir danach geht.

Bewusst Freude in den Tag bringen

Beim Thema Freude gehen viele Menschen fälschlicherweise davon aus, dass sie etwas Passives ist, das ihnen vielleicht zufällt, vielleicht aber auch nicht. Sie warten unbewusst darauf, dass etwas passiert, was sie erfreut. Dies ist vielleicht der Hauptgrund, warum so viele Mütter im trubeligen Familienalltag ihre Freude verlieren. Denn wenn du immer darauf wartest, dass etwas passiert, das dir Freude macht, dein Tag aber voll ist mit Sachen, die dich eigentlich stressen oder nerven – wie soll dann etwas Freudiges darin Platz finden?

Dabei ist Lebensfreude so essenziell für uns. Lebensfreude gibt uns Energie, sie schenkt uns Zuversicht und Hoffnung. Sie verstärkt auch das Gefühl von Zufriedenheit mit allem, was ist. Sie ist eine der wichtigsten Verbindungen mit der Schöpferkraft und dem »Universum«. Lebensfreude macht uns neugierig auf das Leben, auf das Lernen und auf unsere weitere Entwicklung. Sie macht uns auch selbstbewusst und kreativ. All das, was du dir für dein Leben als Mutter und für deine Kinder wünschst, oder?

Wieso gestalten wir dann nicht unser Leben so, dass wir möglichst viel Freude erleben – am besten mit den Kindern zusammen?

Der Trick besteht also darin, aktiv Freude zu gestalten.

Meine Lieblingsübung mit meinen Klientinnen zu diesem Thema lautet: »Schreibe 100 Dinge auf, die dir Freude machen.«

Ich liebe es, in die verblüfften Gesichter meiner Mamas zu schauen, wenn ich diese Aufgabe stelle. »100? Wie soll das denn gehen?«, ist meistens die erste Reaktion. Aber es ist absolut faszinierend: Alle, wirklich alle, haben bisher 100 Dinge zusammentragen können, die ihnen Freude machen, und fast alle haben gesagt: »Als ich erst mal dabei war, hätte ich noch weitermachen können.«

Warum ist das so? Zunächst denkst du sicher an die »großen Dinge«, die dir Freude machen: ein großartiger Urlaub am Meer oder in den Bergen, eine schöne Massage im Spa oder Shopping mit der besten Freundin. Damit füllst du vielleicht die ersten zehn bis zwanzig Positionen. Ab dann wird es spannend. Denn jetzt gilt es, den Fokus zu erweitern und auch an die kleinen Dinge zu denken, die dir Freude machen. Vielleicht ist es der Sonnenschein am Morgen, wenn du den Vorhang zurückziehst, die erste Tasse Kaffee am Morgen (ich freue mich jedes Mal darüber), ein neues Duschgel, der liebevolle Blick zwischendurch von deinem

Partner, das Lachen deines Kindes. Es gibt so vieles, das uns den Tag über erfreut. Wir nehmen es nur im Alltag nicht mehr wahr.

Das Schöne an dieser Übung ist, dass du dir darüber bewusst wirst und den Fokus darauf ausrichtest. Du nimmst dann jeden Tag viel mehr Dinge wahr, die dir Freude machen.

Außerdem kannst du mit dieser Liste auch aktiv arbeiten. Nimm dir jeden Tag zwei bis drei Punkte davon vor und integriere sie in deinen Tagesablauf. Ein paar Seiten in einem schönen Buch lesen, fünf Minuten Pause und einfach nur aus dem Fenster schauen, barfuß über den Rasen laufen. Was ist es bei dir?

Freude aktivieren

Schreibe 100 Dinge auf, die dir Freude machen. JETZT!

Der zweite Teil der Übung ist für viele Mütter dann die größere Herausforderung. Ich erlebe immer wieder, dass Mütter sagen, dass sie die Zeit mit den Kindern nicht genießen können.

Das liegt natürlich daran, dass ein großer Teil des Alltags mit den Kindern daraus besteht, Dinge zu tun, die uns vielleicht nicht in erster Linie Spaß machen: ständiges Windelwechseln, täglich kindgerechtes Essen kochen und das Chaos nach dem Essen beseitigen, immer wieder Spielsachen aufräumen, zu Hausaufgaben motivieren. Dazu kommen die emotionalen Herausforderungen wie Trösten wegen gefühlter Nichtigkeiten (»Mamaaaaaa, Banane kapuhuhuhutt!«), Wutanfälle aushalten, Streitereien schlichten oder alles Mögliche diskutieren und durchsetzen müssen (»Doch, du machst den Fernseher jetzt aus!«). Ja, auch das ist ein großer Teil des Elternseins. Ist das etwas, das uns Spaß und Freude bereitet? Sicher lachst du jetzt innerlich und denkst: *Nein, natürlich nicht!*

Es stimmt ja auch: Es ist genau das, was uns als Eltern – vor allem von Kleinkindern – so erschöpft. Der ewige Kreislauf von Dingen, die uns eben *keine* Freude machen.

Aber was ist, wenn ich dir jetzt sage, dass auch das eine Frage der Einstellung ist? Was macht es mit dir, wenn ich dir verrate, dass du entscheiden kannst, dass auch das dir (zumindest immer öfter) Freude bereiten kann? Stell dir vor, auch die schwierigen, anstrengenden und auslaugenden Momente mit deinem Kind könntest du mit einem Grundgefühl von Freude erleben.

Was es dafür braucht, ist – Überraschung! – ein neues Bewusstsein, eine positive Schwingung. Die bekommst du durch eine neue Sicht auf das Geschehen und neue Gedanken dazu.

Gedanken, die dir helfen können, deine Einstellung zum Alltag mit Kindern zu verändern, sind:

- Sei dir bewusst, dass du mit all dem, was du da tust und vielleicht bis zu einem gewissen Grad aushalten musst, eine kleine, wertvolle Seele auf ihrem Weg in dieser Welt begleiten darfst.
- Bedenke, dass du für sie wie ein sicherer Hafen bist, eine konstante Unterstützung, auf die sie sich verlässt. Ein schönes Gefühl, oder?
- Egal, was ihr miteinander erlebt, ihr seid verbunden durch ein untrennbares Band bedingungsloser Liebe.

Was machen diese Gedanken mit dir, wenn du nun an den Alltagsrubel denkst? Spürst du die veränderte Energie?

Natürlich kannst du deinen eigenen Impulsen folgen: Welcher Gedanke könnte dir helfen, den immer gleichen Alltag mit mehr Freude zu betrachten?

Impuls
Finde einen Gedanken, der dir hilft, dein Kind auch in anstrengenden Zeiten mit Freude zu begleiten.

Das andere Thema im Zusammensein mit Kindern ist, dass sich Eltern oft »irgendwie gezwungen« fühlen, mit den Kindern zu spielen, zu basteln oder Sonstiges zu tun, weil »man das eben so macht« oder die Kinder es einfordern.

Für mich war es eine der größten Herausforderungen, mir bewusst zu machen, was auch mir wirklich Spaß bereitet im Zusammensein mit den Kindern und was nicht. Und mehr von den spaßigen Dingen zu machen, als von denen, die mir kein Vergnügen bereiten. Denn seien wir mal ehrlich, wenn ich nicht mit Freude bei der Sache bin, kann es doch auch für alle anderen Beteiligten nicht wirklich freudvoll sein. Denn natürlich spüren es Kinder, wenn man nicht mit voller Freude dabei ist – wir sind ja energetisch miteinander verbunden.

Was wir unseren Kindern dann vorleben, ist, dass wir etwas machen, was uns keinen Spaß bereitet, aber wir tun so als ob.

Im Zweifelsfall führt das zu einer emotionalen Verwirrung bei den Kindern, da sie unsere Unlust unbewusst wahrnehmen, wir aber nach außen etwas anderes darstellen. Möchten wir das? Oder wünschen wir uns nicht vielmehr, dass unsere Kinder ihre eigenen Bedürfnisse und Wünsche klar erkennen können und dafür einstehen? Sollten wir ihnen nicht lieber das vorleben?

Aus meinem Familienleben

Meine Jungs spielen wirklich gern Fußball. Als sie noch kleiner waren, habe ich tatsächlich auch ganz gern ein bisschen mit ihnen gekickt und mich total mit ihnen gefreut, wenn sie einen guten Schuss hingelegt oder ein Tor geschossen haben. Das hat Spaß gemacht. Inzwischen sind sie allerdings so gut, dass ihre Schüsse wirklich wehtun, wenn man sie abbekommt, und ich sowieso keine Chance mehr gegen sie habe. Das bringt mir keinen Spaß mehr und das verstehen sie inzwischen auch. Zum Glück können sie zu Hause ja miteinander oder mit ihrem Vater kicken. Und ich fahre sie mit Freude zu ihrem Fußballverein.

Tatsächlich hatte ich lange Zeit den Glaubenssatz, dass ich nicht gern Gesellschaftsspiele mit den Kindern spiele. Dann wurde mir bewusst, dass es dabei ja meist um Gewinnen und Verlieren geht und es dementsprechend oft bei den Kindern in Verzweiflung und Wutanfällen endet, wenn die Niederlage gegen mich absehbar ist.

Auch wenn wir den Kindern selbstverständlich beibringen dürfen, dass Niederlagen zum Leben dazugehören und wir danach einen neuen Anlauf nehmen können, strengte mich das während des Spielens oft an, weil ich auch mal »einfach nur Spaß haben« wollte, und sie immer gewinnen zu lassen geht ja auch nicht.

Meine Lösung waren Spiele, bei denen wir als Team agiert haben. Da gewinnen oder verlieren alle. Das hat uns Spaß gemacht und wir konnten den Umgang mit Niederlagen gemeinsam üben. So habe ich meinen alten Glaubenssatz aufgelöst und habe heute bei Spielenachmittagen mit den Kindern auch selbst wirklich Spaß.

Mit meiner Tochter habe ich gern Barbie gespielt. Schon als Kind liebte ich diese Puppen, die Outfits und die Rollenspiele und war begeistert, als sie auch anfing, sich dafür zu interessieren. Allerdings artete es oft darin aus, dass meine Tochter mir genau vorgab, was ich im Rollenspiel zu tun und zu sagen hatte. Ihre Fantasie ist dann gern mit ihr durchgegangen. Das fand ich einerseits sehr schön, aber für ein *gemeinsames* Spielerleben ist das nicht förderlich. Das habe ich dann offen mit ihr besprochen und wir haben immer Kompromisse gefunden, sodass ich meinen Spaß daran behalten konnte.

Was ich über alles liebe und sehr ausführlich mit allen Kindern gemacht habe und immer noch mache, ist: vorlesen. Am liebsten die alten Klassiker von Astrid Lindgren, Erich Kästner oder Otfried Preußler. Aber es gibt auch wirklich tolle neue Kinderbücher und auch ganze Buchserien. (Die »Sternenfohlen«-Reihe von Linda Chapman habe ich mit meiner Tochter damals komplett durchgelesen. Ach, das waren schöne Zeiten! Sie werden echt schnell groß.) Eine daraus resultierende Unternehmung mit den Kindern, die uns allen wirklich Freude macht, ist der Besuch der lokalen Bücherei. Wir haben dort schon viele Stunden verbracht.

Freude mit Kindern

Was ist es bei dir? Was bereitet dir Spaß und Freude mit deinen Kindern? Und was magst du vielleicht nicht, kannst aber Kompromisse finden?

Schreibe (mindestens) 30 Dinge auf, die dir mit deinen Kindern wirklich Freude bereiten.

Lachen nicht vergessen

Wusstest du, dass Kinder 300- bis 400-mal am Tag lachen, Erwachsene nur ungefähr 20-mal (Irgendwelche Forscher haben das herausgefunden, aber du kannst das im Alltag auch selbst beobachten, wenn du es nicht glaubst)?

Dabei ist Fröhlichkeit einer der Schlüssel für ein leichtes Familienleben. Zumindest in meiner Familie ist Humor das, was uns immer verbindet. Wir lachen wirklich viel miteinander – egal, ob morgens beim Frühstück, beim Abendessen, auf Autofahrten oder wann immer wir zusammen sind.

Spannend ist, dass Lachen auch dann funktioniert, wenn wir uns streiten. Es kommt vor, dass wir während einer hitzigen Diskussion in schallendes Gelächter ausbrechen, weil wir merken, dass es ziemlicher Unsinn ist, worüber wir gerade aneinandergeraten sind. Das klappt natürlich nicht immer, manchmal bin ich auch wirklich sauer und dann – oje, wehe, wenn dann einer lacht!

Nein, im Ernst, tatsächlich hilft uns Humor oft. Und mit »uns« meine ich tatsächlich alle Mitglieder der Familie. Mein Mann und ich schaffen diesen Switch immer wieder und meine

Kinder und ich in den verschiedenen Konstellationen auch. Ich liebe es, wenn die Kinder mich damit aus einer überzogenen Reaktion herausholen können.

Etwas mit Humor zu betrachten, was dich eigentlich gerade nervt, ist ein entscheidender Baustein, um Stress abzubauen und deine Energie in eine gute Schwingung zu bringen. Wie das geht? Du kannst dich einfach dafür *entscheiden* (mindestens innerlich), darüber zu lächeln, dass dein Kind …

- gerade einen Wutanfall bekommt, weil der Becher, den du ihm reichst, die falsche Farbe hat
- das Badezimmer beim Duschen oder Baden unter Wasser gesetzt hat (oder auch beim Zähneputzen – wie auch immer das geht, es geht!),
- wild diskutiert, weil es das Zimmer nicht aufräumen will, oder

… und so weiter und so fort.

Achtung, es geht dabei nicht ums Auslachen! Aber mit der richtigen Intention kommt dein Lächeln oder Lachen auch richtig bei deinem Kind an: Es ist eine Entscheidung, diese kleinen Ärgernisse nicht mehr als Ärgernisse zu sehen, sondern als das bunte Leben anzunehmen, das es nun mal ist, und sich darüber zu freuen. Ich wünsche dir viel Spaß dabei!

Impuls

Worüber kannst du lachen? Achte einmal in den nächsten Tagen im Alltag darauf!

Bewusst leben

Bewusst zu leben bedeutet, uns nicht mehr von unserem Unterbewusstsein ferngesteuert durchs Leben treiben zu lassen, sondern uns unserer Schöpferkraft bewusst zu sein und unsere Realität anzunehmen, um sie gestalten zu können. Es bedeutet Selbstreflexion und Selbstwirksamkeit.

Das eigene Verhalten verändern

Bewusstes Familienleben beginnt dann, wenn du bereit bist, die Verantwortung zu übernehmen für das, was in deinem Leben passiert. Mach dir klar, dass du immer ein Teil von all den Herausforderungen bist, die dir begegnen, und deinen Anteil daran hast. Zu gern suchen wir die Schuld »beim anderen« und versuchen, bewusst oder unbewusst, dessen Verhalten zu ändern, etwa durch Strafen oder Belohnungssysteme. Oder wir verharren in der »Wünsch dir was«-Position, die ungefähr so klingt: »Wenn mein Mann doch nur endlich mal im Haushalt helfen würde, dann hätte ich mehr Zeit für mich«, »Diese täglichen Diskussionen wegen der Hausaufgaben sind so anstrengend, warum erledigt mein Kind sie nicht einfach?«, »Wann lernt meine Tochter endlich, dass sie auch mal mit ihrem kleinen Bruder teilen soll? Diese Streitereien zwischen den beiden sind so nervtötend«.

Hinter jedem dieser Sätze steht die Erwartung, dass »der oder die andere« sich einfach nur ändern müsste, dann würde auch für einen selbst alles anders und besser werden.

Falls du ähnliche Gedanken von dir kennst, darfst du jetzt einen entscheidenden Schritt gehen: Du darfst erkennen, dass du nur dein *eigenes* Verhalten oder *deine* innere Einstellung ändern kannst. Das ist ja eigentlich auch ganz klar, oder nicht?

Und trotzdem haben wir so oft die oben genannten falschen Erwartungen.

Aber:

Wenn dir bewusst wird, dass du *nur dein eigenes* Verhalten ändern kannst, dann wird dir bewusst, dass du *dein eigenes Verhalten* ändern kannst!

Denke gern einen Moment über diesen Satz nach, auch wenn er zunächst seltsam klingt. Denn diese Erkenntnis besagt, dass du ins Agieren kommen und die Herausforderungen aus eigenem Antrieb überwinden kannst.

Impuls
Wen versuchst du zurzeit zu verändern und warum?

Glaubenssätze überprüfen

Bewusstsein beginnt dann, wenn du anfängst, deine eigenen Glaubensmuster wahrzunehmen. Wie du jetzt weißt, kommt der Stress, den du dir machst, zum großen Teil aus deinem Unterbewussten. Aber wenn du dich mit dir auseinandersetzt, findest du die sogenannten Trigger. Das sind die Themen, auf die du besonders empfindlich reagierst. Mögliche Reaktionen können Wut sein, dass du beleidigt bist oder dich verletzt fühlst oder dass dich das Gefühl von Hilflosigkeit überkommt.

Ab sofort darfst du für solche Dynamiken dankbar sein und bewusst hineinspüren: Was genau ist der Auslöser deiner (ungeliebten) Reaktion? Welcher Glaubenssatz steckt dahinter? Möchte ich das in Zukunft auch noch glauben? Was könnte ich stattdessen denken?

Wie du das am besten umsetzt, erfährst du im Kapitel 5 im Abschnitt »Wie Glaubenssätze deine Realität beeinflussen«.

Dankbarkeit aktiv praktizieren

Das fröhliche Lachen deines Kindes, eine warme Dusche, der wärmende Sonnenschein durchs Fenster – es gibt viele Momente im Alltag, für die wir dankbar sein könnten. Allerdings nehmen wir das, was uns umgibt, meistens für selbstverständlich.

Dabei ist Dankbarkeit sehr wertvoll, denn sie hilft sofort, die Schwingung zu erhöhen und negative Gefühle loszulassen.

Die Wissenschaft hat sich in den letzten Jahren vermehrt dieses Gefühls angenommen und festgestellt, dass es ein richtiges Wundermittel ist. Verschiedene Studien haben gezeigt, dass Dankbarkeit direkt zu psychischer Gesundheit beiträgt. Wer regelmäßig im Gefühl der Dankbarkeit ist, leidet weniger unter Stress, Ärger und Wutgefühlen, schläft besser, und auch depressive Verstimmungen haben gegen Dankbarkeit eine deutlich verringerte Chance.

Das liegt, physisch gesehen, daran, dass unser Gehirn Dopamin und Serotonin freisetzt, wenn wir Dankbarkeit empfinden. Diese beiden Hormone sind Glückshormone und sorgen dafür, dass wir uns zuversichtlicher und glücklicher fühlen.

Aus meiner Coachingpraxis

Claudia bucht ein kleines Coachingpaket bei mir. Sie möchte zu ihrer Lebensfreude und zu sich selbst zurückfinden, nachdem sie ein Jahr zuvor kurz hintereinander ihre Eltern verloren hat. Sie steckt noch tief im Trauerprozess, denn sie hatte ein enges und liebevolles Verhältnis zu ihnen. Ihr ist aber bewusst, dass sie wegen der tiefen Traurigkeit für ihre beiden Kinder, die sie allein erzieht, nicht die Mutter sein kann, die sie gern wäre.

In der ersten Sitzung frage ich sie, wo sie auf einer Skala von 1 bis 10 ihre aktuelle Lebensfreude einordnen würde. Ihre Antwort: 0.

Gemeinsam arbeiten wir ein paar Gedanken auf, die mit dem Verlust der Eltern direkt im Zusammenhang stehen. Dann sprechen wir über Dankbarkeit. Sie versteht, dass es viel gibt, wofür sie ihren Eltern dankbar sein kann, und wie wertvoll das ist.

Nach der Sitzung holt sie das erste Mal seit Monaten Fotos ihrer Eltern hervor und kann sie wieder ansehen, ohne von der Trauer überwältigt zu werden. Sie konzentriert sich auf das Gefühl der Dankbarkeit, die sie ihnen gegenüber empfinden kann. Sie schafft es, die Fotos in der Wohnung aufzustellen und auch mit ihren Kindern über die Großeltern zu sprechen.

Bei der nächsten Sitzung ordnet sie dem Thema Lebensfreude bereits eine 3 bis 4 auf der Skala zu. Am Ende der sechswöchigen Begleitung ist sie bei einer stabilen 8.

Natürlich haben wir noch vieles andere bearbeitet und besprochen, aber den Fokus von der Trauer auf die Dankbarkeit zu verschieben, war der entscheidende Schritt, der Claudia geholfen hat, wieder zu sich selbst zu finden.

Das Schöne an Dankbarkeit ist, dass du sie zu jeder Zeit und an jedem Ort einsetzen kannst – ganz ohne Hilfsmittel. Alles, was du tun musst, ist, ein Bewusstsein dafür zu entwickeln, wofür du in deinem Leben dankbar sein kannst.

Was fällt dir als Erstes ein? Vielleicht deine Kinder? Oder deine Partnerschaft? Vielleicht gibt es etwas, wofür du deinen Eltern dankbar bist? Eventuell bist du dankbar für deinen Job, dein Haus oder deine Wohnung oder dein Auto. Auch für unsere Gesundheit und die unserer Kinder können wir in der Regel unglaublich dankbar sein. Überhaupt: Machst du dir ab und zu bewusst, wie privilegiert wir in unserer westlichen Gesellschaft leben? Luxus steht uns ganz selbstverständlich zur Verfügung:

Wir haben ein Dach über dem Kopf, wir haben fließendes Wasser und funktionierende Abwassersysteme. Wir sind abgesichert durch eine Krankenversicherung und haben ein Gesundheitssystem, das im Großen und Ganzen hervorragend funktioniert. Wir haben Zugang zu einem vielfältigen Bildungssystem für die Kinder und – wenn wir das wünschen – auch für uns. Der Supermarkt hält ein Übermaß an Lebensmitteln aller Art bereit, und im Internet kannst du in Sekundenschnelle alles finden, was du dir wünschst, und mit ein paar Klicks bestellen.

Heute ist es leider schick geworden, den Fokus auf das zu richten, was nicht gut funktioniert, und so beklagen sich viele Eltern über das Bildungssystem oder beschweren sich, wenn sie längere Zeit auf einen Facharzttermin warten müssen. Diese Sicht aufs Leben und die Konzentration auf den Mangel ist aber genau das, was uns zusätzlich belastet und unglücklich macht.

Es macht unheimlich dankbar, zu diesen Themen mal über den eigenen Tellerrand und die eigenen Landesgrenzen hinaus zu blicken und sich bewusst zu machen, wie gut wir es hier haben. Auch wenn es nicht perfekt ist.

Gerade in den letzten Jahren konnten wir erleben, wie sich plötzlich alles verändern kann. Wie schnell Dinge, die wir eben noch als selbstverständlich hingenommen haben, sehr wertvoll werden können. Das Treffen mit Verwandten und Freunden, unsere Freizeitaktivitäten, Essen gehen oder ein Kino- oder Theaterbesuch. Erst, als das alles nicht mehr möglich war, wurde vielen bewusst, wie wichtig das für unser Leben ist. Und wie dankbar waren alle, als die Lockerungen wieder vieles davon erlaubt haben.

Aber es gibt noch so viel mehr, wofür wir dankbar sein können. Es müssen gar nicht diese großen Themen sein. Wirkliche Dankbarkeit lebst du, wenn du anfängst, die kleinen kostbaren

Dinge und Momente im Alltag wahrzunehmen und wertzuschätzen. Den Moment Ruhe, den du in der Mittagspause genießen kannst, die kleine Hand in deiner beim Spazierengehen,
die liebevolle Versöhnung nach einem Wutanfall oder einem
Streit.

Nimm mal bewusst wahr, wie dein Partner mit den Kindern
spielt oder sie versorgt, und sei dankbar dafür, Teil einer Familie zu sein.

Auch in der Natur finden sich immer schöne Momente, für
die du dankbar sein kannst: die frische Luft nach einem Som-
merregen, ein leuchtender Sonnenauf- oder -untergang oder das
Kastaniensammeln im Herbst.

Oder nimm deine Kinder einfach mal wahr, wie sie sind. Für
mich sind es immer besondere Momente der Dankbarkeit, wenn
ich meine Kinder dabei beobachten kann, wie sie miteinander
spielen, kuscheln oder sich sagen, dass sie sich liebhaben. Diese
Augenblicke sind für mich persönlich Highlights in meinem
Mamaleben.

Vier Dankbarkeitsübungen

Mit folgenden Übungen lässt sich Dankbarkeit in den
Alltag integrieren und aktiv praktizieren.

1. Du kannst Dankbarkeit als Akut-Maßnahme in Situationen einsetzen, in denen du gerade wirklich müde
und erschöpft, gereizt oder gestresst bist. Richte
dann deinen Fokus auf etwas, wofür du in diesem Mo-

ment dankbar sein kannst. Ich garantiere dir, es wird sich etwas verändern.

Beispiele:
- Du drehst fast durch, weil deine Kinder sich schon den ganzen Tag ständig streiten? Sei dankbar, dass sie gesund sind oder dass du ihnen zeigen kannst, wie man so einen Konflikt auflösen und damit Frieden stiften kann.
- Du bist wirklich sehr müde und dein Kind oder deine Kinder kommen am Abend gar nicht zur Ruhe und toben noch kreuz und quer durchs Zimmer? Das nervt dich entsetzlich und eigentlich willst du schimpfen. Setz dich einen Moment einfach hin und lass sie toben. Erinnere dich an einige Momente am Tag mit deinen Kindern, für die du dankbar sein kannst.

Das funktioniert so gut, weil du nicht zwei Gefühle auf einmal fühlen kannst. Durch die bewusste Dankbarkeit rückt das negative Gefühl in den Hintergrund. Du wirst sofort eine andere Energie fühlen.

2. Eine weitere Methode ist das Schreiben eines Dankbarkeitstagebuchs. Besorge dir ein schönes Notizbuch, das du wirklich gern magst (schon dafür kannst du dankbar sein). Dann mache es zu deiner Routine, jeweils drei, fünf oder zehn Dinge aufzuschreiben, für die du dankbar bist. Du kannst es gleich nach dem Aufstehen machen, als Teil der Morgenroutine, vielleicht bei deiner ersten Tasse Kaffee oder Tee. Du wirst feststellen, dass du ganz anders in den Tag star-

test und den morgendlichen Familientrubel viel gelassener annehmen kannst.

Oder du legst das Buch auf deinen Nachttisch und führst es als Abendroutine ein. So schläfst du mit einem schönen Gefühl und positiven Gedanken ein und sie können über Nacht in deinem Unterbewusstsein weiterwirken. Du wirst bemerken, dass du morgens mit einer anderen Stimmung aufwachst.

3. Wenn dir das Schreiben zu aufwendig ist (ich weiß, wir Mütter haben wenig Zeit und brauchen wirklich unseren Schlaf!), ist es auch sehr wirkungsvoll, wenn du einfach mit dankbaren Gedanken einschläfst. Du kannst an die schönsten Momente des Tages denken und dafür dankbar sein. Auch gleich morgens an etwas zu denken, wofür du dankbar bist, erhöht deine Schwingung. Sei doch einfach dankbar für den neuen Tag, der dir wieder wundervolle Momente und Möglichkeiten bescheren wird.

4. Eine schöne Routine der Dankbarkeit ist es auch, mit den Kindern abends beim Zubettgehen darüber zu sprechen, wofür alle an diesem Tag dankbar sind. Da kommen so schöne Geschichten zutage und die Kinder schlafen mit dieser wunderbaren Stimmung ein.

Wichtig ist bei allen Dankbarkeitsübungen, dass du nicht nur den Gedanken hast oder ein paar Stichworte aufschreibst. Du solltest wirklich Dankbarkeit *fühlen*, denn das Gefühl der Dankbarkeit hat eine hohe Schwingungsfrequenz und damit die Kraft, deine Stimmung bzw. Schwingung sofort, aber auch nachhaltig zu erhöhen.

Daher gehe wirklich in das Gefühl hinein und lass dich ganz davon durchfluten.

 Impuls

Wofür bist du genau in diesem Moment dankbar? Nimm das wahr und lass Dankbarkeit dafür in dir entstehen. Du kannst in Gedanken »Danke, danke, danke« sagen oder es auch laut aussprechen. Du kannst auch einen ganzen Satz formulieren.

Einige Beispiele:

Danke, dass ich gesund aufgewacht bin.

Danke, dass ich liebevolle Menschen in meinem Leben habe, die mich unterstützen.

Danke, dass ich ein schönes und warmes Zuhause habe.

Danke, dass ich leckere Mahlzeiten genießen kann.

Danke für den Sonnenschein, er tut mir so gut.

Danke für den Regen, die Pflanzen freuen sich darüber.

Danke, dass ich die Zeit finde, um ein Buch zu lesen.

Danke, dass ich dieses wunderbare Kind auf seinem Weg begleiten darf.

Danke für die Liebe meines Partners.

Du kannst auch dir selbst danken, etwa dafür, wie du dich um deine Kinder kümmerst, dein Leben bewusst gestaltest oder dir selbst etwas Gutes tust.

Spirituell leben

Nun sind wir sozusagen bei der Kür angekommen. Spiritualität in mein Leben zu lassen, war der wichtigste Schritt zu meinem bewussten Familienleben. Mit Spiritualität verbinde ich den Glauben an die universellen Prinzipien und Gesetze, die ich dir schon vorgestellt habe. Für mich geht es darum, dieses Wissen im Alltag wirklich umzusetzen und zu leben. Neben dem bewussten Manifestieren meines Alltags und all der bisher genannten Strategien gehören maßgeblich auch die folgenden Anregungen dazu.

Dem Leben vertrauen

Deine Kinder vertrauen dir blind. Du bist ihre Sicherheit, ihr Leuchtturm. Kaum etwas kann dieses Vertrauen erschüttern. Wie wäre es, wenn du dir selbst genauso vertraust? Und deinem Kind? Und deinem Partner?

Für unsere mentale Gesundheit und unser Wohlbefinden ist Vertrauen von entscheidender Bedeutung. Wenn wir darauf vertrauen, dass »alles gut gehen wird«, dass wir gesund bleiben, dass wir mit dem Partner alt werden, dass unsere Kinder selbstbewusst und glücklich groß werden, dass wir finanziell versorgt sind – dann blicken wir zuversichtlich in die Zukunft. Wir richten unseren Fokus auf eine Zukunft, die erfüllt und voller Freude ist.

Mir ist bewusst, dass die Zeiten gerade für sehr viele Menschen schwierig sind und die Krisen auf der Welt sehr vielen große Sorgen und Ängste bereiten. Konzentrieren wir uns jedoch darauf und versuchen, alles kontrollieren zu wollen, dann ist unsere Aufmerksamkeit bei all den Problemen, die vielleicht (noch zusätzlich) entstehen könnten. Wie wir bereits gelernt haben, ziehen diese Gedanken die Probleme dann erst recht an.

Stress und Wut entstehen oft aus Unsicherheit, Überforderung, dem Gefühl von Hilflosigkeit. Sorgen und Ängste sind ebenfalls Auslöser. Was dich durch Zeiten von Stress, Konflikten, Herausforderungen tragen kann, ist ein tiefes Vertrauen in deine Lieben und das Leben an sich. Das Vertrauen, dass alles genau richtig ist, so wie es ist, und alles seinen Weg findet. Dass alles ein Prozess ist, bei dem wir gemeinsam wachsen dürfen. Dieses Vertrauen entspannt einen in brisanten Situationen und richtet den Fokus auf die Zukunft.

Charlie Chaplin beschrieb schon in seinem berühmten Selbstliebe-Gedicht, das er zu seinem 70. Geburtstag vorgetragen haben soll, dass Vertrauen zu innerem Frieden führt:

»Als ich mich selbst zu lieben begann, habe ich verstanden, dass ich immer und bei jeder Gelegenheit zur richtigen Zeit am richtigen Ort bin und dass alles, was geschieht, richtig ist – von da an konnte ich ruhig sein. Heute weiß ich: Das nennt man Vertrauen.«

Früher war es normal, ein tiefes Urvertrauen in den Glauben oder in Gott zu haben. Die Menschen fühlten sich geführt und beschützt, das Leben war »Gottes Wille«. Dieses Vertrauen in eine höhere Macht konnte den Menschen helfen, schwere Schicksalsschläge zu bewältigen.

Und auch heute ist es heilsam für uns, zu einer neuen Form des Glaubens zu finden. Wenn wir uns verbunden fühlen mit dieser göttlichen Schöpferkraft, die in uns allen ist, können wir darauf vertrauen, dass alles einen Sinn besitzt, auch wenn wir diesen nicht immer sofort erkennen oder verstehen können. Dann können wir vor allem unseren Kindern vertrauen, dass sie begleitet von unserer Liebe ihren Weg in ein selbstbestimmtes und erfolgreiches Leben gehen können.

Impuls

1. An welchen Stellen vertraust du gerade deinem Kind nicht vollständig? Wo kontrollierst du übertrieben oder versucht, durch strenge Maßnahmen oder Regeln eine Veränderung zu erreichen? Typische Themen sind Essen, Schule, Medienkonsum, Schlaf, Wutanfälle.

2. Wie würdest du dieses Thema angehen, wenn du im vollen Vertrauen wärst, dass dein Kind das schafft und alles genau richtig ist? Es geht darum, eine andere Sicht auf das Thema zu finden, im Vertrauen, dass ihr gemeinsam einen guten Weg geht.

Annehmen, was ist

Du willst mit deinem Kind einen schönen Nachmittag verbringen und gehst mit ihm auf den Spielplatz. Dann läuft alles schief. Dein Kind ist schlecht drauf und hat überhaupt keine Lust auf Rutschen oder Schaukeln. Es weint in einem fort und klebt nur an dir dran. Dann verschwindet die Sonne hinter den Wolken und es fängt an zu regnen. Du hast keine Regensachen dabei. Was passiert jetzt? Vermutlich bekommst du nun richtig schlechte Laune, schimpfst vielleicht über das Wetter, das Kind oder alternativ über dich: »Wieso habe ich nicht auf den Wetterbericht gesehen? Hätte ich nur etwas zu essen für das Kind mitgenommen! Es hat sicher Hunger.«

In Situationen, die uns stressen, weil wir die äußeren Umstände nicht beeinflussen können, neigen wir dazu, uns zu ärgern. Die Herausforderung liegt darin, die Situation so zu akzeptieren, wie sie ist. Das Ärgern oder die Frustration über etwas, das außerhalb unserer Kontrolle liegt, ist letztlich Energieverschwendung. Der Stress wird nämlich – wie wir schon gelernt haben – nicht durch die Situation an sich verursacht, sondern durch unsere Gedanken darüber und unsere individuelle Reaktion darauf. Wir ärgern uns, sind enttäuscht, traurig oder frustriert, und diese Gefühle rauben uns unsere Energie und stressen uns.

Eigentlich ist es logisch, dass es sinnlos ist, sich über Dinge aufzuregen, die wir nicht ändern können: das in diesem Moment schlecht gelaunte oder hungrige Kind, den Regen, den Weg, den wir noch nach Hause laufen müssen. Oder auch die Schlange im Supermarkt, den Verkehrsstau, die Steuererklärung oder dass die Küche nach dem Kochen und Essen immer wieder aufgeräumt werden muss.

Aber wer regt sich nicht darüber auf? Denn leider ist es eine sehr weit verbreitete Angewohnheit, sich über Dinge aufzuregen oder über Dinge zu jammern, die sich nicht ändern lassen. Oft nehmen wir sogar gar nicht mehr wahr, wie sehr wir aus Gewohnheit jammern oder uns ärgern.

Sinnvoller ist es aber, die Umstände anzunehmen. Dabei ist wichtig zu verstehen, dass »Annehmen, was ist« nicht bedeutet, dass du ab jetzt alles hinnehmen und einfach resignieren sollst. Es geht vielmehr darum, aufzuhören, damit zu kämpfen und zu hadern, dass etwas ist, wie es nun einmal ist.

Das Geheimnis ist, neue Gedanken und damit neue Wege zu der Situation zu finden. Dies gelingt am besten, wenn wir nicht im Widerstand sind.

Annehmen, was ist, bedeutet, ähnlich wie bei der Achtsamkeit, die Dinge wertfrei anzunehmen und eine innere Haltung von Gleichmut dazu zu entwickeln. Stell dir dazu vor, du sähest die Situation ganz unbeteiligt an. Was nimmst du wahr? Was ist eigentlich los? Welche Gefühle sind im Spiel? Worum geht es wirklich? Dann kannst du es einfach wahrnehmen: »Es regnet, okay«, »Aha, das Kind hat schlechte Laune«. Es ist, wie es ist.

Sehr gut hilft im nächsten Schritt dann die Frage: »Was mache ich jetzt daraus?«, um den Fokus auf die *Möglichkeiten* zu lenken. Wie wäre es bei Regen auf dem Nachhauseweg mit einem Abstecher zum Bäcker für ein leckeres Brötchen und einen schönen Kaffee? Oder mit Tanzen im Regen? Oder damit, schnell das Kind in den Kinderwagen zu setzen und nach Hause zu joggen, dann ist die Sporteinheit für heute auch schon erledigt? In der Schlange im Supermarkt könnten wir Achtsamkeit praktizieren und während wir die Küche aufräumen, einen wertvollen Podcast hören oder es gleich mit der ganzen Familie zusammen tun und ein Spiel daraus machen.

Du siehst: Es gibt immer Wege, mit schwierigen oder nervigen Situationen sinnvoll umzugehen und sie zu etwas zu verwandeln, das im ersten Moment zwar anders ist als gewünscht oder geplant, mit dem man aber gut und positiv umgehen kann.

Auch größere Themen lassen sich leichter angehen, wenn wir sie erst einmal einfach da sein lassen. Das Kind kann nur mit dir einschlafen? Es bekommt oft heftige Wutanfälle? Oder es ist sehr schüchtern und traut sich vieles nicht zu? Versuche nicht, aus Sorge alles sofort zu optimieren oder abzustellen. Realisiere erst einmal, was ist und was *dein eigenes Thema* damit ist. Welche Glaubenssätze verbindest du mit deinen Gedanken und Reaktionen und sind sie wirklich realistisch? (Welche Wirkung das haben kann, erkläre ich im Kapitel 5 im Abschnitt »Wie Glaubenssätze deine Realität beeinflussen«). Mache dir bewusst, dass alles eine Phase ist und sich von selbst wieder verändern kann. Du kannst dich auch fragen: »Wozu kann es gut sein?« Das nimmt die akute Dramatik aus der Problematik. Wenn du nicht im Sorgen- und Angstmodus bist, kannst du die Situation objektiver betrachten und in Ruhe entscheiden, was zu tun ist oder ob du auch erst mal abwarten kannst.

Übe dich im Annehmen, wann immer dir auffällt, dass dir Situationen zu schaffen machen, die du (im Moment) nicht ändern kannst. Bei entsprechendem Training gelingt es, immer schneller in Gleichmut zu kommen, und vieles wird dich dann gar nicht mehr aufregen. Du lebst dauerhaft in einer besseren Energie und innerer Ruhe.

Impuls

Was stresst dich zurzeit, was du nicht ändern kannst? Entscheide, es anzunehmen und den Kampf dagegen aufzugeben. Spüre, was es mit dir und deinen Gefühlen macht.

Karma leben

Karma hat heute einen schlechten Ruf (kennst du den Spruch »*Karma is a bitch!*«?). Viele denken, dass Karma eine Art Rache ist, die das Schicksal Menschen zukommen lässt, die sich »schlecht« verhalten haben. Aber wenn du Karma richtig verstehst, ist es ein wunderbarer Weg zu mehr Liebe, mehr spirituellem Wachstum und mehr Miteinander, insbesondere in deiner Familie und allgemein auf der Welt.

Das Wort »**Karma**« kommt aus der altindischen Sprache Sanskrit und bedeutet »Tat, Handlung«. Es beschreibt im Buddhismus und im Hinduismus das spirituelle Prinzip von Ursache und Wirkung: Alles, was du tust oder denkst, setzt eine Ursache und kommt als Wirkung zu dir zurück. Das Prinzip geht also davon aus, dass alles, was wir erleben, darauf zurückzuführen ist, wie wir uns davor (und im spirituellen Sinn kann das auch frühere Leben einbeziehen) verhalten haben, was wir getan oder auch gedacht haben. Unsere Realität, die wir erleben, ist dementsprechend bereits die Wirkung und nicht die Ursache. Wenn wir unsere Realität verändern wollen, dürfen wir also die Ursachen erforschen und verändern, nicht die Realität.

Das ganze System des Karmas in seiner ursprünglichen Bedeutung ist sehr komplex und auf den ersten Blick schwer auf den Familienalltag übertragbar. Aber vor einiger Zeit habe ich die »Diamantschneider-Prinzipien« entdeckt, die auf alten Schriften basieren und von dem US-amerikanischen Mönch und Autor Geshe Michael Roach für die westliche Welt in ein praktikables Konzept übertragen wurden. Diese karmischen Prinzipien haben mich sehr fasziniert und ich setze sie oft im Alltag ein. Daher möchte ich dir die wichtigsten Erkenntnisse davon vereinfacht vorstellen, schon dadurch kannst du viel in deinem Leben verändern. Es lohnt sich aber, tiefer in dieses Denken einzutauchen. Dazu gibt es auch drei Folgen in meinem Podcast.[9]

Karma wird in der Lehre des Diamantschneiders mit dem Wachstum von Samen in deinem Garten verglichen. Der Garten steht für dein Leben, die Samen sind natürlich geistiger oder, wenn du so willst, energetischer Natur. Alles, was du sagst, tust oder auch nur denkst, pflanzt einen Samen, der sich entwickelt, wächst und eine große Pflanze werden kann.

Wenn wir gütige und mitfühlende Gedanken und liebevolle Worte teilen, entstehen positive Energien, die wie gute, kräftige, gesunde Pflanzen wachsen. Negative Gedanken und Worte, die von Hass, Spaltung oder Respektlosigkeit geprägt sind, pflanzen hingegen negative Samen, die wir mit »Unkraut« assoziieren können.

Wünschst du dir einen blühenden Garten voller Blumen und Früchte oder ein heilloses Durcheinander von unerwünschten Unkrautpflanzen, die sich breit machen und alles Schöne überwuchern?

Du darfst bewusst gute Samen pflanzen, damit du einen schönen Garten bekommst. Die Betonung liegt hier – wieder einmal – auf *bewusst*. Welche Blumen und Früchte sollen bei dir wachsen und gedeihen? Im übertragenen Sinne: Was willst du in deinem (Familien-)Leben erreichen oder erleben?

Verständlich ist auch, dass sich in unserem Garten Unkraut ausbreiten kann, dein Leben also einfach »irgendwie« verlaufen kann oder du mit vielen Herausforderungen konfrontiert werden kannst – wenn du nicht bewusst den Garten pflegst.

Übrigens sagte auch Jesus: »An ihren Früchten sollt ihr sie erkennen. Kann man auch Trauben lesen von den Dornen oder Feigen von den Disteln?« (Matthäus, 7,16). Es ist also sehr altes Wissen, das in den Religionen immer wieder auftaucht.

Ein weiteres Grundprinzip dieser Lehre besagt, dass alles, was uns in unserem Leben begegnet, zunächst neutral ist. Erst wir geben dem Erlebnis, der Situation oder auch einem Gegenstand eine Bedeutung. Ein Blumenstrauß ist erst mal nur ein Blumenstrauß. Für dich ist es vielleicht ein wunderschönes Geschenk, für eine Naturschützerin eine Sammlung sterbender Blumen und für eine Kuh könnte es ein leckeres Fressen sein. Je nach Zuordnung erhält der Blumenstrauß eine andere Bedeutung.

Das können wir auch auf unser Familienleben anwenden: Ein Kind, das abends die Zähne nicht putzen möchte und herumquengelt, können wir als »ungehorsam« wahrnehmen, weil wir als Kinder in solchen Situationen selbst so betitelt wurden. Oder wir können heute mit anderem Verständnis auf sein Verhalten schauen und es so interpretieren, dass ihm das Zähneputzen unangenehm ist und es deswegen vielleicht sogar etwas Angst davor hat. Wir geben dem Geschehen eine Bedeutung und handeln dementsprechend. Ein von uns als »ungehorsames« wahrgenommenes Kind schimpfen wir vielleicht aus, einem »ängstlichen« Kind erklären wir die Nutzung der Zahnbürste in aller Ruhe und finden Wege, dass es weniger unangenehm ist. Ein vollkommen anderer Ansatz.

Und diese Wahrnehmung unserer Welt wird von unseren gepflanzten Samen beeinflusst, also davon, wie wir schon früher über etwas oder jemanden gedacht, darüber gesprochen oder gehandelt haben. Haben wir uns irgendjemandem gegenüber im weitesten Sinne »ungehorsam« verhalten, aus welchem Beweggrund heraus auch immer, nehmen wir diese Reaktion auch eher von unserem Kind an, haben wir oft ängstliche Gedanken, interpretieren wir die Situation ebenfalls eher in diese Richtung.

Das klingt vermutlich auf den ersten Blick etwas verwirrend und komplex. Aber vielleicht kennst du den Spruch »Was du nicht willst, dass man dir tu, das füg auch keinem anderen zu«. Das ist das karmische Prinzip! So, wie du mit den Menschen und dem Leben umgehst, erlebst du die Menschen und das Leben.

Du kannst also die Herausforderungen in deinem Leben in Zukunft als eine Einladung sehen, deine innere Einstellung und dein Verhalten den Menschen und der Welt gegenüber zu hinterfragen. Und wenn du den Spruch umdrehst, wird er zur Anleitung, wie du dein Leben nach den karmischen Gesetzen positiv gestalten kannst: »Was du willst, dass man dir tu, das füg jemand anderem zu.« So einfach ist das.

Greifen wir noch mal das am Abend quengelnde Kind auf, das du vielleicht als »ungehorsam« wahrnimmst und das dich deswegen möglicherweise wütend macht. Gehen wir davon aus, dass in deinem Garten ein geistiger Samen gewachsen ist, der in diesem Moment »Früchte trägt«. Nun könntest du dich, anstatt wütend zu werden, fragen, wann *du* früher einmal »ungehorsam« warst.

Sicher fallen dir ein paar Situationen aus deiner Kindheit oder Jugend ein oder du denkst an den Moment, als du deiner Chefin von ihr dringend benötigte Unterlagen nicht zum vereinbarten Zeitpunkt geliefert hast, weil du dich überlastet gefühlt hast und es ihr »mal zeigen« wolltest. Diese Samen ruhen dann eine Weile im Geist und an diesem Abend gehen sie plötzlich auf und du erlebst dein »ungehorsames« Kind. Ganz schön spannend, oder?

Wenn wir das nun weiterdenken, entsteht pure Magie. Denn wenn wir dieses Prinzip bewusst anwenden, können wir gezielt Veränderungen in unserem Leben bewirken, indem wir weniger von dem tun, was wir nicht erleben wollen, und mehr von dem machen, was wir uns wünschen.

Was ich daran wirklich wunderschön finde, ist, dass schon allein die Gedanken und die innere Haltung, mit der wir eine Handlung vollführen, geistige Samen pflanzen können. Bittet dich dein Kind, das gerade super-entspannt auf dem Sofa lümmelt, um einen Apfel, könntest du natürlich genervt reagieren und sagen: »Hol dir den Apfel selbst.« Oder du kannst dich freuen, dass du deinem Kind einen Gefallen tun und es gut ernähren kannst.

Was ist wohl der sinn-vollere Weg? Natürlich ist das situationsbedingt und es geht nicht darum, dass du deinem Kind immer alle Wünsche im vorauseilenden Gehorsam erfüllst (und dabei auch noch gestresst bist und dich innerlich aufregst). Es geht darum, grundsätzlich liebevoll und großzügig zu sein. Nach dem Karma-Prinzip wird es dazu führen, dass dein Kind dir irgendwann mal eine schöne Tasse Kaffee oder einen Tee macht oder dich, wenn du mal alt und »klapprig« bist, liebevoll umsorgt.

Wie kannst du also vorgehen, um einen schönen Garten anzulegen und zu pflegen?

Nun, du könntest überlegen, vor welchen Herausforderungen du aktuell stehst und was du stattdessen erleben möchtest. Dann gib anderen Menschen mehr von dem, was du selbst erleben möchtest.

Das funktioniert mit allen Gefühlen, aber auch mit materiellen Wünschen:

- Wünschst du dir eine neue Partnerschaft, kannst du einem einsamen Menschen Gesellschaft und Zuneigung schenken.
- Wünschst du dir Gesundheit, kannst du deine Kinder darin unterstützen, sich gesund zu ernähren und viel an die frische Luft zu gehen.
- Wünschst du dir Frieden für die Welt, kannst du jemandem (etwa deinen streitenden Kindern) in einer Konfliktsituation helfen, eine Lösung zu entwickeln.

Aus meinem Familienleben

Meine Kinder wünschen sich (natürlich) ständig mehr Geld. Ich habe ihnen das karmische Grundkonzept erklärt: Wenn sie anderen Menschen helfen, zu Geld zu kommen, werden sie selbst beschenkt werden. Dann geschah das Unglaubliche: Sie legten beim Einkaufen in der Stadt ein bisschen Kleingeld auf einer Sitzbank ab, wo es auf jeden Fall von jemandem gefunden werden würde. Wir wissen alle, wie sehr man sich freut, wenn man etwas Geld findet, auch wenn es nur ein paar Cent sind. Am nächsten Tag kamen sie plötzlich aus dem Garten ins Haus gestürmt. »Mama«, riefen sie, »Karma funktioniert!« Es stellte sich heraus, dass die Nachbarstochter, aus welchem Grund auch immer, den beiden einen Euro geschenkt hatte. Verrückt, oder? Aber seitdem glauben sie an dieses Prinzip, und das ist natürlich toll, denn wenn sie von etwas genervt sind, über etwas oder jemanden motzen oder jammern, muss ich nur »Karma« sagen, und schon überlegen sie, wie sie ihr Karma ändern können.

Ein typisches Familienszenario

Isabell erlebt in ihrem Familienalltag oft, dass sie mit der Hausarbeit alleingelassen wird, weil weder ihre Kinder, die sechs und zehn Jahre alt sind, noch ihr Mann sich daran beteiligen. Wenn sie doch mal mithelfen, gibt es viel Protest, vor allem vonseiten ihres großen Sohns. Das macht sie sehr unzufrieden und innerlich ärgert sie sich immer wieder darüber. Sie wünscht sich mehr Unterstützung, Hilfsbereitschaft und auch Selbstständigkeit bei den Kindern.

Dann lernt sie die Diamantschneider-Prinzipien kennen und versteht, dass sie selbst diese Reaktionen in ihrem Umfeld »gepflanzt« hat.

Zunächst macht sie eine ehrliche Betrachtung: Wo und wann in ihrem Leben hat sie anderen nicht geholfen, wo Hilfe notwendig gewesen wäre? Wo passiert das heute noch, dass sie nur ungern hilft? Sie erkennt mehrere »Baustellen«:

- Sie ärgert sich viel über die Kollegin im Büro, die sehr unselbstständig ist und sie oft um Hilfe bittet. Einige Male hat sie ihr sogar unter einem Vorwand ihre Unterstützung verweigert.
- Ihre Mutter braucht immer mehr Hilfestellung bei alltäglichen Besorgungen, was sie zunehmend stresst.
- Sie wird schnell ungehalten, wenn ihre Kinder sie um Hilfe bitten bei Themen, die sie auch selbst schon erledigen könnten.

Ihre Reaktionen der Verärgerung und Genervtheit beruhen natürlich darauf, dass Isabell sich grundsätzlich überfordert fühlt. Durch die Betrachtung der Situationen nach dem Karma-Prinzip wird ihr nun klar, dass sie bei dem Thema »Hausarbeit« selbst erlebt, wie sie sich anderen gegenüber verhält.

Nach dieser Erkenntnis verändert sie ihr Verhalten:

- Wenn ihre Kollegin um Hilfe bittet, bleibt sie freundlich und teilt ihr genau mit, wann sie wie helfen kann. Das erleichtert sie, weil sie keine Zeit mehr damit verschwendet, sich zu ärgern, und ihre konstruktive Hilfe der Kollegin auch immer mehr Sicherheit gibt, sodass sie immer seltener Unterstützung braucht. Sie wird immer selbstständiger.
- Sie erkennt, wie dankbar sie ihrer Mutter sein darf, die für sie da war, als sie klein war. Sie fragt nun konkret an, an welchen Stellen oder bei welchen Themen ihre Mutter Hilfe braucht, und versucht, grundsätzliche Abläufe dazu zu organisieren. Diese Hilfsbereitschaft bringt viel Entspannung in die Beziehung, und sie freut sich wieder auf die Treffen mit ihrer Mutter, die so zu einer entspannten Zeit in der Woche werden.
- Sie bittet ihre Familie, sie bei den Haushaltsaufgaben zu unterstützen und erklärt genau, was ihr helfen würde. Gleichzeitig ärgert sie sich nicht mehr, wenn sie allein die Spülmaschine aus- oder die Küche aufräumt, sondern freut sich darüber, dass sie damit Ordnung und Geborgenheit schenken kann.

Schon nach kurzer Zeit stellt Isabell fest, dass die Kinder wie selbstverständlich den Tisch abräumen, beim Staubsaugen helfen oder ihr einfach mal eine Tasse Kaffee machen.

Das klingt alles etwas »märchenhaft« für dich? Probiere es doch einfach mal aus und lass dich von dem überraschen, was passiert.

Die einfachste Methode, das Karma-Prinzip im Alltag zu leben, ist die sogenannte Kaffeemeditation, die seltsamerweise gar nichts mit Kaffee und auch nicht viel mit Meditation zu tun hat. Es geht darum, sich *bewusst* über das zu freuen, was man für andere Menschen Gutes getan hat, oder darüber, wie man anderen Menschen geholfen hat, das zu erreichen, was man auch selbst erhalten oder erreichen möchte.

Dies kannst du zum Beispiel abends vor dem Einschlafen machen: Gehe in Gedanken durch, wem du an diesem Tag geholfen hast, wem du ein nettes Wort geschenkt hast oder einfach einen liebevollen Gedanken. Und dann freue dich darüber, dass du so schöne Samen in deinen Garten gepflanzt hast. Diese Freude darüber ist wie Wasser und Dünger für die guten Samen, sie werden noch schneller wachsen und du wirst bald ernten können, also grundlegende Veränderungen in deinem Umfeld und bei dir selbst wahrnehmen.

Mich begeistert vor allem ein Gedanke daran: Stell dir nur einmal vor, wie es auf der Welt zuginge, wenn alle Menschen nach diesem Prinzip leben würden. Ich bin sicher, wir würden in einer Welt voller Liebe, Freude, Güte und Mitgefühl leben. Und das wünschen wir uns doch alle, oder?

Impuls

Wem hast du heute schon etwas Gutes getan? Freue dich darüber!

Frieden finden durch Vergebung

Ein wichtiger Schritt zu innerem Frieden und echter Freiheit ist die Vergebung. Vergebung ist eine zutiefst spirituelle Aufgabe, nicht umsonst ist sie eines der Hauptthemen in der Bibel. »Vergib uns unsere Schuld, wie auch wir vergeben unseren Schuldigern«, haben viele von uns als Kind im »Vaterunser« gelernt. War dir damals klar, was das bedeutet? Mir nicht. Heute sehe ich den großen Zusammenhang: Wir haben selbst die Schöpferkraft, um zu vergeben – den Menschen, die uns verletzt haben, und uns selbst. Niemand ist frei von »Sünde«, was auch immer wir darunter verstehen. Ich persönlich glaube auch, dass jede Vergebung die kollektive Energie, also das »Feld«, berührt und mehr Einheit auf die Erde bringt. Wir erschaffen durch Vergebung also für alle Menschen ein bisschen mehr Versöhnung und Frieden.

Vergebung bedeutet zuallererst, sich aus der Opferrolle zu befreien, in der wir gefangen bleiben, wenn wir die »Schuld« bei den anderen lassen. Wir werden durch das Verzeihen selbst aktiv und übernehmen Verantwortung für und Kontrolle über unser Leben, unsere Zukunft.

Es gibt, meiner Meinung nach, viele Missverständnisse, die das Vergeben erschweren. In etlichen meiner Coachings kommen wir irgendwann an den Punkt, an dem Vergebung der nächste Schritt wäre, um das eigene Leben wieder voller Zuversicht gestalten zu können. Oft stoße ich dann zunächst auf Widerstand bei meinem Gegenüber, denn da ist das Gefühl, dass diese Entscheidung eine Form der Kapitulation sei, der Resignation, des Aufgebens oder auch des Akzeptierens. Manchmal ist es Stolz, der diesem Weg entgegensteht, oft Angst, damit der anderen Person zu signalisieren, dass sie doch »recht hatte« und es also »in Ordnung war«, was er oder sie getan hat.

Es ist wichtig, Folgendes zu verstehen: Die Taten, die es zu verzeihen gibt, werden dadurch nicht ungeschehen gemacht. Und es geht auch nicht darum, mit den Ereignissen einverstanden zu sein und dem Täter oder der Täterin einen Freibrief zu erteilen. Es bedeutet nicht, dass der oder die andere sich richtig verhalten hat. Bei der Vergebung geht es nicht um Bewertung, um Richtig oder Falsch, es geht ums Loslassen der Vergangenheit – darum, wieder eine Zukunft zu haben. Es geht um das Erlassen der Schuld, so wie wir einem zahlungsunfähigen Schuldner den säumigen Betrag erlassen können. Wir können dies aus eigenem Antrieb heraus tun, es ist *unsere* Entscheidung, zu vergeben. Wir brauchen keine Erlaubnis, keine Entschuldigung, keine Einsicht von der anderen Seite. Es darf auf unserem freien Willen basieren, und das ist großartig an der Vergebung. Vergebung ist auch nicht Versöhnung. Wir müssen der anderen Person nicht einmal mitteilen, dass wir bereit sind zu vergeben, denn dann würden wir uns wieder in eine Erwartungshaltung begeben und uns erneut zum Opfer machen. Wir brauchen keine Dankbarkeit für die Vergebung. Wir vergeben, um uns damit zu befreien.

Verzeihen wir nicht, bleiben wir energetisch mit dem Geschehen und der Person in einer niedrigen Schwingung (Schuld, Frust, Wut) verbunden, die uns dauerhaft Energie kostet und gefangen hält. Unsere Aufmerksamkeit wird sich immer wieder auf diese Vergangenheit richten und unser Energiefeld stören.

Aus meiner Coachingpraxis

Christine kam zu mir, weil sie Schwierigkeiten hatte, mit ihrem Ex-Partner auf Augenhöhe zu kommunizieren. Es ging um Unterhaltszahlungen und klarere Regelungen für die Besuchszeiten der Kinder beim Vater. Einige Jahre war vieles in gutem Einvernehmen gelaufen, aber meine Klientin hatte dabei letztendlich »draufgezahlt«, sowohl finanziell als auch bei der Zeit für sich und ihre eigenen Aktivitäten. Sie hatte alles mitgemacht, weil sie sich wegen der Kinder gut mit deren Vater verstehen wollte. Erst durch intensive Reflexion der Situation wurde Christine das Ungleichgewicht bewusst, und sie wollte nun sachlich und im Frieden mit ihrem früheren Partner diese Dinge regeln, auf dass es ausgeglichener und planbarer für sie sein würde.

Als wir uns die Vergangenheit und die aktuelle Situation auf einer energetischen Ebene anschauten, wurde schnell deutlich, wie viel Groll und Enttäuschung bei Christine gegenüber ihrem Ex noch vorhanden war, der sie damals wegen einer anderen Frau verlassen hatte. Und es zeigte sich, dass die fehlende Vergebung ihrerseits sie noch immer in der Opferrolle gefangen hielt. Christine selbst wünschte sich ebenfalls eine neue Partnerschaft, die sich bislang jedoch noch nicht in ihrem Leben manifestiert hatte. Nun wurde auch der Grund dafür offensichtlich: Die emotionale und energetische Verbundenheit mit dem Schmerz und die fortwährende, auch unbewusste Beschäftigung mit den negativen Gefühlen schufen eine Blockade, die es schwer machte, offen für neue emotionale Verbindungen zu sein.

Wir sahen uns, nachdem Christine das erkannt hatte, die Partnerschaft und die Bedeutung, die sie für ihr Leben gespielt hat, aus einer neutralen Sicht an. Sie konnte erkennen, welche Rolle sie in der Beziehung gespielt hatte, was ihr eigener Anteil an der Situation gewesen war und warum ihr Mann diesen Schritt womöglich gegangen war. Dadurch konnte sie seine Tat aus einer anderen Perspektive sehen und verstehen und ihm anschließend aus tiefstem Herzen vergeben und loslassen.

Ins nächste Gespräch mit ihrem Ex-Partner ging Christine im Frieden, mit freundschaftlichen Gefühlen ihm gegenüber und klaren Vorstellungen davon, welche Regelungen sie sich in der Zukunft wünschte. Das Treffen verlief freundlich und ihr Ex-Partner zeigte großes Verständnis für ihre Forderungen. Sie verabredeten also neue Regeln und Christine war sehr erleichtert. Diese Erleichterung basierte zu einem großen Teil auf dem Gefühl, diesem Mann nun ohne Vorwürfe und der damit verbundenen inneren Zerrissenheit entgegentreten zu können.

Vergebung ist auf vielen Ebenen hilfreich:

(Ex-)Partner/in

In etlichen meiner Coachings spielt die aktuelle oder ehemalige Partnerschaft eine große Rolle. Verletzungen in Liebesbeziehungen sind oftmals tief und nachhaltig prägend. Aber gerade wenn Kinder im Spiel sind, ist es für die Balance im System ungemein wichtig, das Geschehen auf allen Ebenen loszulassen und damit den Weg freizumachen für eine neue Zukunft. Ohne diesen Prozess werden sich die Muster der Vergangenheit in der Beziehung immer wieder zeigen oder sich in neuen Partnerschaften wiederholen. Kinder leiden darunter, wenn sich die leiblichen Eltern nicht verstehen, sie werden damit selbst zum Opfer und bekommen entsprechende Glaubenssätze für ihre eigenen späteren Beziehungen mit.

Solltest du also im Unfrieden mit deinem aktuellen Partner oder Ex-Partner sein, kannst du dich *jetzt* für den Weg der Vergebung entscheiden und damit Frieden und positive Energie in dein Leben und das ganze System deiner Familie bringen.

Eltern

Die Beziehung zu den Eltern ist die wichtigste unseres Lebens. Unsere Eltern sollten in unseren ersten Jahren für uns da sein, uns lieben, uns Sicherheit und Geborgenheit geben. Nicht immer ist dies den Eltern jedoch möglich und Kinder müssen – zum Teil massive – physische oder psychische Verletzungen ertragen. Den eigenen Eltern zu vergeben, fällt besonders schwer, denn es schwingt immer ein »Sie hätten es besser wissen/machen müssen« mit. Was wir dabei oft außer Acht lassen, ist, dass auch unsere Eltern eine Vergangenheit haben und dass, als sie in unserer Position waren, all das Wissen über unser Unterbewusstsein und wie es uns steuert noch nicht vorhanden oder zumindest nicht so leicht zugänglich war, wie es heute der Fall ist. Wie hätten sie es also besser wissen sollen, wenn sie es doch selbst nicht anders gelernt haben? Erziehung war im letzten Jahrhundert noch ganz anders geprägt, und ich bin sicher, dass auch wir heute manche Wege gehen, die unsere Kinder uns eines Tages vorwerfen könnten. Davon abgesehen, dass wir trotz all unseres Wissens nur Menschen sind und damit weit entfernt davon, alles perfekt zu machen. Ich persönlich glaube ja auch, dass es darum nicht gehen kann.

Wir dürfen also unsere Kindheit als das annehmen, was es ist: unsere Vergangenheit, die uns zu dem Menschen gemacht hat, der wir heute sind. Darauf aufbauend können wir nun unsere Zukunft gestalten, von heute an. Vorwürfe dürfen wir loslassen und unseren Eltern vergeben.

Natürlich gibt es noch mehr Menschen, die uns verletzt haben und denen wir vergeben können. Das kann ein Bruder oder eine Schwester sein, ein Lehrer, Freundinnen oder ehemalige Vorgesetzte. Oft sind es Kleinigkeiten, die wir noch mit uns herumtragen: eine verletzende Bemerkung in einer hitzigen Diskussion oder ungerechtfertigte Vorwürfe. Manchmal sind es jedoch auch traumatische Ereignisse von physischer oder psychischer Gewalt, die wir erlitten haben. All das können wir loslassen, manche Themen bedürfen jedoch einer professionellen Begleitung. Mehr dazu erfährst du im Kapitel »Glaubenssätze«.

Vergeben

So kannst du vergeben:

1. Setze dich entspannt hin, atme ein paarmal tief ein und aus. Dann denke an die Person, der du vergeben möchtest und an das, was du loslassen möchtest. Dann sprichst du am besten laut ein paar Sätze, in denen du deine Vergebung ausdrückst. Die könnten in etwa lauten: »Ich vergebe dir alles, was du mir angetan hast. Ich lasse jetzt los. Danke.«
Spüre danach in dich hinein: Was hat sich verändert? Vielleicht hast du auch Schwierigkeiten, die Worte auszusprechen. Dann lass dir Zeit.

2. Schreibe der Person einen Brief, in dem du deine Gefühle zu den Ereignissen beschreibst. Schreibe auf, dass du nun loslässt und vergibst. Dann verbrenne den Brief feierlich (manchmal wird auch empfohlen, ihn an einem Luftballon in den Himmel steigen zu lassen – aber wer hat schon einen Heliumballon zu Hause?).

Bei der Methode der Energiearbeit, mit der ich in meinen Coachings arbeite und die ich auch mit Christine aus dem Fallbeispiel angewendet habe, führe ich nach dem gemeinsamen Betrachten und dem energetischen Transformieren des Geschehens auf der unterbewussten Ebene ein bestimmtes Vergebungsritual mit meinen Klientinnen durch.

Das ist tatsächlich meiner Erfahrung nach der effektivste Weg, wirklich loszulassen. Es ist allerdings nur im Rahmen einer vollständigen Coaching-Sitzung mit professioneller Begleitung möglich.

Dir selbst
Übrigens: Auch dir selbst darfst du immer wieder vergeben. Wir sind nicht perfekt, und insbesondere in unserem Muttersein läuft nicht immer alles so, wie wir es uns wünschen. Oft strafen wir uns dafür mit Selbstvorwürfen. In welcher Energie wir damit sind, kannst du dir inzwischen sicher selbst zusammenreimen. Daher mache es dir zum Ritual, dir selbst zu vergeben. In meinem Glauben geschieht alles aus einem guten Grund: Alles, was geschieht, ist hilfreich, weil wir daran wachsen können. Sei daher gütig, großzügig und mitfühlend mit dir selbst. Von dieser Selbstliebe profitieren vor allem auch deine Kinder, denen du das Mitgefühl mit dir selbst vorlebst und es dadurch sicher auch auf sie überträgst, wenn sie einmal selbst »über die Stränge schlagen«.

Abschließende Gedanken zu diesem Kapitel
All diese Strategien sorgen dafür, dass du mehr Frieden und Freude in deinem Familienalltag erlebst. Suche dir intuitiv die Punkte aus, die dich beim Lesen am meisten berührt haben. Konzentriere dich auf diese zwei oder drei Möglichkeiten, um dein Leben in einer besseren Schwingung zu gestalten. Das wird eine Veränderung mit sich bringen und du wirst dich immer häufiger in den positiven Energien der oberen Bewusstseinsebenen wiederfinden. Viel Freude dabei!

KAPITEL 4

Manifestieren im Familienalltag: Die vier Schritte zu mehr Entspannung und Harmonie

>*»Das Geheimnis der Veränderung besteht darin,*
>*deine ganze Energie darauf zu konzentrieren,*
>*Neues aufzubauen, statt Altes zu bekämpfen.«*
>Sokrates

Jetzt hast du erfahren, wie du dein Leben und insbesondere dein Familienleben in hoher Schwingung leben kannst. Auf dieser Frequenz kannst du nun anfangen, dir dein Familienleben so zu manifestieren, wie du es *wirklich* leben willst.

Vielleicht denkst du manchmal: »Es könnte doch alles so schön sein, wenn nur nicht immer wieder … (hier dein Stressthema einsetzen) wäre.« In fast allen Familien gibt es bestimmte Herausforderungen, die immer wieder zu Anspannung, Streit und Konflikten führen: morgens aufstehen und aus dem Haus

kommen, Essen, Ordnung, Hausaufgaben, Medienkonsum, Ge-
schwisterstreit, Zähneputzen, zu Bett bringen. Jeweils für eine ge-
wisse Zeit plagen wir uns fast täglich mit diesem Widerstand oder
diesen Widerständen herum, bis sie sich irgendwann scheinbar
»verwachsen« – und das nächste Thema losbricht.

Mit **bewusster Manifestation** kannst du diese »Täglich grüßt
das Murmeltier«-Aufgabe(n) angehen und gleichzeitig dein
Mindset grundlegend verändern. Wie das geht, erfährst du jetzt.
Du wirst feststellen, dass du sehr schnell grundlegende Veränderungen erleben wirst. Meiner Erfahrung nach wirkt das Gesetz
der Anziehung nirgends so unmittelbar wie im Familienalltag,
und du kannst hier auch ganz wunderbar deine Schöpferkraft
trainieren und ausprobieren. Also, wie legst du los?

Eine bewusste Manifestation geschieht in vier Schritten.

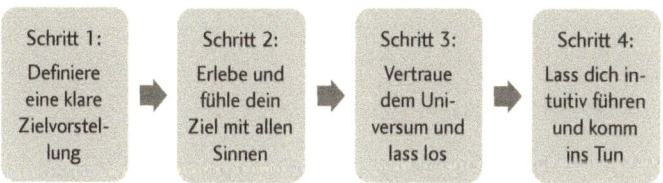

Schritt 1: Definiere eine klare Zielvorstellung

Im ersten Schritt geht es darum, eine Zielsetzung zu finden und
den Wunsch möglichst konkret zu formulieren.

Die Frage, mit der das am besten gelingt, ist meine *ultimative
Zauberformel* in meinen Coachingprogrammen und meinem
eigenen Familienleben: »**Wie willst du es stattdessen?**«

Wenn wir im Alltagstrubel eingebunden sind, konzentrieren
wir uns normalerweise darauf, was *nicht* so läuft, wie wir es uns
wünschen:

- Das Kind weint, wenn es Zähne putzen soll.
- Das Kind trödelt morgens und du kommst deswegen immer zu spät zur Arbeit.
- Hausaufgaben sind jeden Tag ein Streitthema.

Die damit verbundenen Gedanken sind in der Regel negativ:
- Gleich geht das Geschrei wieder los.
- Muss sie/er immer so trödeln?
- Ich habe keine Lust auf den Stress mit den Hausaufgaben.

Impuls

Welche Situation in deinem Familienleben stresst dich zurzeit am meisten? Was sind deine Gedanken über diese Situation?

Du hast erfahren, dass deine Gedanken deine Realität erschaffen. Wenn du dir deine Gedanken zu deiner ausgewählten Situation bewusst machst, wunderst du dich dann noch, warum diese Situation immer wieder im gleichen Stress endet?

Das Geheimnis ist also, dass du *andere* Gedanken zu dieser Situation entwickelst: positive Gedanken beziehungsweise ein positives Ziel!

Nimm dir also die Situation vor, die zurzeit immer anstrengend verläuft und die du auflösen möchtest. Frage dich: »Wie will ich es stattdessen?«, und lass deiner Fantasie freien Lauf. Überlege, wie alles ablaufen würde, wenn ihr in Harmonie und Liebe miteinander verbunden wärt und du ganz entspannt und voller Gelassenheit wärst. Was wäre dann anders? Was würdest du tun? Wie würdest du reagieren auf dein Kind, wenn es wieder das macht, was dich bisher immer gestresst hat? Was würde dein Kind dann stattdessen tun?

Geh den ganzen Ablauf Schritt für Schritt in Gedanken durch, so lange, bist du ein richtig gutes Gefühl verspürst. Du kannst quasi ein neues Drehbuch erschaffen für diese Situation. Ist es eine Komödie oder ein kitschiger Familienfilm? Was passt am besten zu euch? Geh alles im Detail durch, bis es sich stimmig anfühlt und du das Gefühl hast: »Ja, genau so soll es sein.«

Am besten schreibst du dir dein »Wunschdrehbuch« im Anschluss auf oder erzählst deine Vision einer dir nahestehenden Person. Wenn du es einmal ausgesprochen und/oder ausformuliert hast, wird es viel konkreter für dich und greifbarer für dein Unterbewusstsein.

Wichtig sind die folgenden Punkte:

- Du kannst nur dein eigenes Verhalten ändern. Was kannst *du* also anders machen, auch wenn das Verhalten deines Kindes oder Partners (erst mal) gleich bleibt? Denk dran: Wenn du dich änderst, ändert sich auch deine Realität und damit das Verhalten der Menschen, die an der Situation beteiligt sind.
- Bedenke, dass dein Unterbewusstsein, das am Manifestationsprozess beteiligt ist, nur positive Formulierungen versteht. Achte darauf, dass du dir vorstellst, wie du es haben willst und *nicht*, wie du es *nicht* haben willst.
- Werde ausführlich und detailliert und beschreibe die Situation im Präsens, als ob sie gerade stattfindet. Das Unterbewusstsein kann nicht unterscheiden zwischen Fiktion und Realität. Es bekommt dadurch die Information, dass die Situation jetzt schon so ist und strahlt entsprechende Energie aus. Durch das Gesetz der Anziehung ziehst du dann genau diese Situation in dein Leben.

Ein typisches Familienszenario

Julia hat täglich Stress mit ihrem Sohn Max, der fünf Jahre alt ist. Es gibt in der Familie klare Regeln zum Thema Fernsehen. Trotzdem diskutiert Max jeden Tag, wenn er an die Einhaltung der Regeln erinnert wird, und es endet oft in Wutanfällen, wenn der Fernseher ausgestellt werden soll. Das macht Julia wütend und sie wird schnell laut. Das Ganze endet jeden Tag in einem Streit. Julia ist sehr angestrengt davon und will diese Situation zur Beruhigung der Familienstimmung verändern. Sie beginnt mit dem Manifestationsprozess und fragt sich: **Wie will ich es stattdessen?**

Julia schreibt auf: »Ich möchte Klarheit über die Fernsehregeln, daher bespreche ich sie noch mal mit Max und wir legen den Rahmen gemeinsam fest. Am nächsten Tag fragt er mich, ob er jetzt wie verabredet fernsehen darf. Ich bleibe im Vertrauen und entspanne mich. Natürlich erlaube ich ihm das, denn wir haben es ja besprochen und ich vertraue darauf, dass wir uns beide an unseren Teil der Absprache halten.

Bevor er den Fernseher anmacht, erinnere ich ihn aber in aller Ruhe an unsere Absprache: Er darf *eine* Folge seiner Lieblingsserie sehen. Er ist einverstanden und schaltet den Fernseher ein. Ich lasse ihn allein und nutze die Zeit für mich für einen entspannten Kaffee, um etwas zu lesen oder für eine Meditation. Als die vereinbarte Zeit vorbei ist, gehe ich zurück zu ihm, um das Ausschalten des Fernsehers zu begleiten. Ich weiß, dass er es bald selbstständig umsetzen können wird, aber noch darf ich ihn dabei unterstützen. Als der Moment des Ausschaltens kommt, zögert Max einen Moment. Er schaut mich an und fragt, ob er noch eine Folge anschauen dürfte. Ich bleibe freundlich, erinnere ihn jedoch daran, was wir abgemacht haben, und er schaltet aus. Darüber freue ich mich sehr. Wir geben uns einen High five. Dann spreche ich mit ihm über das, was er heute gesehen hat, und widme ihm ein paar Momente intensiver Aufmerksamkeit. Das freut ihn. Wir kuscheln noch eine Runde. Dann geht er in sein Zimmer und spielt etwas.«

Wie klingt das für dich? Ungewohnt? Ja, genau. Aber wäre es nicht wunderbar, wenn es so laufen würde?

Das Drehbuch von »Wie will ich es stattdessen?« ist der wichtigste Schritt im Manifestationsprozess. In meiner Arbeit mit meinen Klientinnen ist es immer wieder ein fast magischer Moment, wenn es gelingt, den Fokus weg von dem alltäglichen Konflikt und dem »Ich will *nicht* …!« und hin zu den Möglichkeiten und Lösungen zu lenken.

Lass dir daher gern Zeit dafür und denke immer wieder über Varianten nach, bis du die findest, auf die du am meisten Lust hast. Manchmal dauert es auch ein paar Tage oder sogar Wochen, bis du dein perfektes Drehbuch entwickelt hast. Bis dahin darfst du auf Impulse aus dem »Universum« achten, die dir neue Perspektiven eröffnen oder unerwartete Unterstützung zukommen lassen.

Schritt 2: Erlebe und fühle dein Ziel mit allen Sinnen

Du hast also die bisherige Konfliktsituation im Detail neu beschrieben, wie sie in Zukunft in Frieden und Leichtigkeit ablaufen wird. Nun darfst du deine Fantasie richtig fordern, denn jetzt geht es ums Fühlen. Aus dem Drehbuch wird nun der Film und du bist die Hauptdarstellerin. Stelle dir den Ablauf der Situation so vor, als ob du sie gerade erlebst. Tauche richtig in den Moment ein und genieße es so, als ob es *jetzt gerade* stattfinden würde. Mache es dir dazu richtig gemütlich, entspanne dich, schließe gern die Augen. Gehe dein Drehbuch Schritt für Schritt durch und lasse die Bilder auf einer imaginären Leinwand für dich lebendig werden.

Du kannst deine Sinne miteinbeziehen und dir vorstellen:

- Was kannst du sehen?
- Was kannst du hören?
- Was kannst du fühlen?
- Was kannst du schmecken?
- Was kannst du riechen?

Deine Gedanken und Gefühle so zu steuern, dass du tief in die Wunschsituation eintauchst, nennt man »Visualisierung«. Das Wichtigste dabei ist, dass du positive Emotionen mit der Situation verbindest und dich wirklich darauf einlässt, diese zu fühlen. Fühle die Entspannung, die Freude, den Spaß, die Gelassenheit und die Liebe, die du dir in diesem Moment erschaffen möchtest. Lass diese Gefühle ganz groß werden und dich ganz durchfluten. Vielleicht unterstützt dich auch Musik dabei? Das alles dient dazu, die positiven Energien für diese Situation wirklich aufzubauen und »ins Universum« zu senden.

Du kannst diese intensive Beschäftigung mit deinem Drehbuch ständig über den Tag wiederholen. Ein guter Zeitpunkt ist auch abends kurz vor dem Einschlafen oder morgens kurz nach dem Aufwachen, denn in diesem tranceähnlichen Zustand zwischen Wachsein und Schlaf ist das Unterbewusstsein besonders offen für neue Eindrücke. Und erinnere dich: Dein Unterbewusstsein (und das »Universum«) kann nicht zwischen Vorstellung und Realität unterscheiden. Es wird »glauben«, dass diese neue Realität schon Wirklichkeit ist.

Je häufiger du das machst, desto realer wird es sich für dich anfühlen (so wie es mir ging, als ich den brummenden Motor auf unserem Boot richtig fühlen konnte). Durch die intensive Beschäftigung mit diesen Bildern, Gedanken und Gefühlen sendest du die entsprechenden Schwingungen ins »Universum«, und du wirst erstaunt sein, was es dir antwortet.

In unserem Beispiel stellt sich Julia die neue Situation vor und konzentriert sich dabei besonders auf ein paar Details:

Sehen:
- den Moment, in dem Max nach seiner Fernsehzeit fragt und sie ganz gelassen bleibt
- den hübschen Raum, in dem sie die Zeit für sich genießt
- Max mit einem Lächeln im Gesicht, weil er auf »Aus« gedrückt hat und selbst stolz darauf ist

Hören:
- ihr freundliches »Ja, klar. Wollen wir mal zusammen aussuchen, was du heute schauen kannst?«
- die begeisterte Stimme von Max, der sich auf seine Medienzeit freut
- die harmonische Entspannungsmusik, die sie sich in ihrer Pause gönnt
- die Stille, nachdem der Fernseher aus ist

Fühlen:
- eine kräftige Umarmung von Max
- den bequemen Sessel, auf dem sie ihre Pause verbringt
- die warme Tasse Kaffee oder Tee in der Hand

Schmecken:
- das süße Stück Schokolade, das ihr die Pause versüßt
- den leckeren Kaffee oder den Tee, den sie in aller Ruhe genießt

Riechen:
- den duftenden Kaffee oder Tee (schon wieder, sie sollte sich wirklich ein Heißgetränk gönnen!)
- ein angenehm riechendes Räucherstäbchen oder eine Duftlampe, die sie sich anmacht

Die Beschäftigung mit der Situation macht Julia klar, wie gut sich diese Entspannung der Familiensituation anfühlen wird und wie groß ihr eigener Anteil daran ist. Sie fängt an, sich richtig auf den kommenden Nachmittag zu freuen.

Schritt 3: Vertraue dem »Universum« und lass los

Am Anfang wirst du Zweifel haben, ob es funktioniert, ob »dieses Manifestieren« dein Leben wirklich so sehr positiv beeinflussen kann. Aber schnell wirst du merken, dass sowohl du als auch dein Leben und deine Umgebung sich tatsächlich verändern. Immer häufiger wirst du »Instant-Manifestationen« erleben. So nenne ich Situationen, die du blitzschnell drehen kannst, weil du dich bewusst fragst: »Wie will ich es (jetzt) stattdessen?«

Diese Erfolgserlebnisse werden dir helfen, tiefes Vertrauen in dich und deine Schöpferkraft zu entwickeln. Denn dieses Vertrauen ist wichtig, um das Gewünschte auch wirklich geschehen zu lassen. Wenn es nicht (sofort) funktioniert oder eine Situation trotz einer kurzfristigen Verbesserung schnell wieder in alte Muster zurückfällt, liegt es häufig daran, dass wir noch Zweifel haben, ob es wirklich so einfach sein kann. Tatsächlich gibt es auch unterbewusste Gedanken und vor allem Glaubenssätze, die uns davon abhalten, wirklich überzeugt die mögliche Veränderung anzugehen.

Wenn es also nicht funktioniert, beschäftige dich intensiv mit deinen alten Prägungen und erschaffe neue, unterstützende Glaubenssätze für deine Situation. Wie das genau funktioniert, erfährst du im Kapitel 5 im Abschnitt »Wie Glaubenssätze deine Realität beeinflussen«. Du kannst mit der Glaubenssatzarbeit beginnen, bevor du die vier Schritte gehst. Das ist manchmal einfacher, besonders bei sehr intensiven Konflikten. Grundsätzlich kannst du aber auch immer mit der Manifestation starten und schauen, wohin es dich führt.

Bleib im Vertrauen, auch wenn es sich nicht sofort »perfekt« so manifestiert, wie du es dir vorgestellt hast. Du wirst auf jeden Fall eine Veränderung feststellen. Vielleicht kommen dir andere Ideen, wie du die Situation gestalten kannst, du bleibst ruhiger als sonst oder die Reaktion deines Kindes fällt anders aus, als du es kennst. Es könnte sein, dass es sich schneller beruhigt oder, statt zu motzen, traurig ist. Das ist dann vielleicht noch nicht so, wie du es dir schlussendlich wünschst, aber auf jeden Fall ein spürbarer Wandel. Dann darfst du weiter daran arbeiten. Noch mal zur Erinnerung: Durchhaltevermögen ist ein entscheidender Baustein im Manifestationsprozess und wird dich schlussendlich ans Ziel bringen.

Das Wichtigste ist, dass du dir nun deiner eigenen Schöpferkraft bewusst bist und anfängst, dir damit das Leben zu gestalten, das du wirklich leben willst.

Julia denkt viel über die Situation nach. Ihr wird klar, dass sie einige Glaubenssätze über das Thema Medien hat, die ihr

Angst bereiten. Der eindeutigste stammt aus ihrer Kindheit: »Wer zu viel fernsieht, verblödet.« Das hatte ihr Vater immer gesagt, wenn sie selbst noch etwas länger fernsehen wollte.

Sie beschäftigt sich bewusst mit diesem Glaubenssatz und kommt zu einer realistischeren Einstellung. Danach kann sie im Vertrauen die Veränderung der Situation angehen.

 Impuls

Wo hast du noch Zweifel beim Manifestieren? Auch in Bezug auf die Situation selbst? Nimm sie einfach wahr. Dann kannst du beschließen, dass du es trotzdem ausprobierst und darauf vertraust, dass sich etwas ändern wird. Es ist eine *Entscheidung,* nicht mehr, aber auch nicht weniger.

Schritt 4: Lass dich intuitiv führen und komme ins Tun

Du hast einen genauen Plan, wie du die Stresssituation in Zukunft anders gestalten willst. Jetzt geht es an die Umsetzung. Erinnere dich zum einen daran, dass das »Universum« dir passende »Impulse« sendet. Das sind in der Regel »zufällige« Ereignisse, die du vielleicht gar nicht auf den ersten Blick mit deiner Manifestation verbindest: die Mutter, die mit dem gleichen Thema zu tun hatte und eine gute Lösung gefunden hat, ein Artikel in einer Zeitschrift, über den du stolperst, das Plakat, das dich auf ein bestimmtes Buch aufmerksam macht. Achte auf diese Impulse und folge ihnen. Sie werden dich bei deiner Manifestation unterstützen.

Frage dich außerdem, was es ganz pragmatisch braucht, damit sich deine Wunschsituation auch wirklich manifestieren kann.

Dafür kannst du die folgenden Bereiche betrachten und jeweils schauen, was für dich am relevantesten ist.

1. Welche inneren Stärken brauchst du, die dich unterstützen können:
   - Gelassenheit, um wirklich ruhig zu bleiben?
   - Fantasie, um auf kreative und vielleicht lustige Ideen zu kommen, die die Situation verändern können?
   - Liebe, um das höhere Ziel dahinter nicht aus dem Blick zu verlieren?
   - Klarheit, um in deinen Handlungen selbstsicher und überzeugt zu bleiben?

Um auf diese Ressourcen zurückgreifen zu können, kannst du dich erinnern, wann du in deinem Leben schon einmal diese inneren Ressourcen erlebt hast. Erinnere dich an Situationen, in denen du gelassen geblieben bist, obwohl dein Kind dich provoziert hat. Wann hast du schon einmal im passenden Moment einen lustigen Einfall gehabt, der eine verfahrene Situation gerettet hat? Wann hat dich Liebe durch eine schwere Zeit getragen und ermutigt? usw. Indem du dich an diese Momente erinnerst, »reaktivierst« du diese Stärken für die anstehende Manifestation.

Du kannst dir auch kurze Sätze zur Unterstützung aufschreiben und dir in der akuten Situation ins Gedächtnis rufen:
- »Ich bleibe gelassen – komme, was wolle!«
- »Mir fällt immer etwas Lustiges ein, womit ich die Situation entspanne.«
- »Ich weiß genau, was ich will, und halte den Fokus darauf.«

2. Was brauchst du vielleicht an zusätzlicher Unterstützung, um die für dich anstehende Situation anders zu gestalten – zum Beispiel durch deinen Partner, deine Eltern oder Schwiegereltern, einen Babysitter oder eine Nachhilfelehrerin? Vielleicht ist auch ein Gespräch mit einer professionellen Erziehungsberatung sinnvoll, wenn es sich um sehr schwere Konflikte handelt und du allein nicht mehr weiterkommst. Welche Form der Entlastung hilft dir konkret, um das Thema zu entspannen? Mache es auch hier sehr konkret und nimm das in deine Visualisierung mit auf. Keine Sorge, das »Universum« wird dir entsprechende Möglichkeiten schenken.

Manchmal hilft auch der Austausch mit anderen Eltern, um auf Ideen zu kommen, wie man das Thema aus einer anderen Perspektive betrachten kann oder welche Wege andere Familien gehen (die du dann entweder für dich adaptieren oder uminterpretieren kannst).

3. Welche Hilfsmittel könnten dich bei der Neugestaltung der Situation unterstützen? Vielleicht eure Lieblingsmusik, ein Kuscheltier deines Kindes, eine Handpuppe, ein kleiner Snack oder sogar eine hilfreiche App? Meine Jungs haben sich eine Weile das Zähneputzen von einer »Zahnputz-App« beibringen lassen. Das war ein Riesenspaß und die Anweisung der tiefen Computerstimme »Du musst besser putzen!« ist heute noch ein Running Gag bei uns.

Werde auch hier sehr konkret und öffne dich für unkonventionelle Ideen.

In unserem Beispiel macht Julia sich bewusst, dass sie vor allem Gelassenheit braucht. Sie erinnert sich an Situationen im Urlaub, in denen sie sehr gelassen mit ihrem Sohn war.

Dadurch versteht sie, dass sie grundsätzlich gelassen sein kann und das auf die aktuelle Situation übertragen darf.

Außerdem entscheidet sie, dass sie Verständnis und Flexibilität in der Situation entwickeln will. Ihr wird klar, dass sie sich mit den Inhalten auseinandersetzen kann, die ihr Sohn gerne anschauen möchte, um eventuelle ungerechtfertigte Vorurteile ihnen gegenüber abzubauen. Sie überlegt auch, mit ihm gemeinsam Inhalte auszusuchen, die sie für geeignet (und in gewissem Rahmen sogar pädagogisch wertvoll) empfindet, oder auch mit ihm zusammen seine Lieblingsserie anzuschauen. Mit diesem Verständnis schafft sie eine andere Grundenergie für die Situation.

Sie entscheidet außerdem, Klarheit für ihre Haltung zu entwickeln. Diese will sie vorher für sich finden, indem sie sich intensiver mit dem Thema »Medien« mithilfe von Büchern oder Internetartikeln auseinandersetzt.

Impuls

Welche inneren Ressourcen können dich unterstützen in deiner Wunschsituation? Wann in deinem Leben hast du diese Stärken bereits erfolgreich genutzt? Wie genau haben sie dich unterstützt?

Wer kann dich unterstützen? Was darfst du noch *tun*, um deinem Ziel näher zu kommen?

Kurz bevor die Situation ansteht, gehe noch einmal bewusst in deine Visualisierung und freue dich darauf, dass es gleich anders wird. Freue dich darüber, dass du *jetzt* veränderst.

In der Situation selbst bleibe entspannt und sieh es als Spiel: Du darfst ausprobieren und selbst Erfahrungen sammeln. Denk dran: Das Manifestieren ist ein Prozess.

Du wirst feststellen, dass die Situation sich auf jeden Fall verändert und sich ganz anders anfühlt, als du es gewohnt bist. Dein Kind spürt deine veränderte Energie und kann sich dadurch entspannen. Es wird sich in seinen Reaktionen an deine Gefühlslage anpassen, und so könnt ihr, statt Stress und Hektik zu erleben, einen lustigen Morgen, Zähneputzen mit Spaß, einen entspannten Nachmittag oder einen harmonischen Abend verbringen. Oder das Streitlevel zwischen deinen Kleinen wird sich vielleicht reduzieren und du kannst deine Reaktion auf das Geschrei besser regulieren und gelassen bleiben.

Und wie geht es mit Max und Julia weiter?

In den nächsten Tagen nimmt sich Julia die Zeit, die Lieblingsserie von Max mit ihm zusammen anzusehen. Schnell gewinnt sie einen Eindruck von den Charakteren und merkt, dass ihr diese ein wenig ans Herz wachsen. Sie stellt auch fest, dass es zwar zum Ende jeder Folge einen Cliffhanger gibt, der aber zu Beginn der nächsten Folge schnell aufgelöst wird. Es wird klar, dass sie Max einfacher aus der Serie holen kann, wenn sie die ersten Minuten der Fortsetzungsfolge noch anschauen, da dann die Spannung abgebaut wird. Sie vereinbaren, dass in Zukunft immer an dieser Stelle Schluss ist, statt nach dem offiziellen Ende einer Folge. Das ist für Max eine Riesenerleichterung.

Schon nach wenigen Tagen manifestiert sich die Situation genau so, wie Max' Mutter es sich aufgeschrieben hat, und sie ist verblüfft, wie wenig es dafür gebraucht hat. Ein Dauerstressthema zwischen ihr und ihrem Sohn ist damit aufgelöst. Und wenn es doch mal wieder zu kleinen Protesten kommt, weiß sie jetzt, welche Hebel sie in Bewegung setzen kann.

Aus meiner Coachingpraxis

Wiebke hat zwei Söhne im Alter von drei und fünf Jahren. Abends ist es schwierig, die Jungs friedlich ins Bett zu bringen, denn diese sind oft übermüdet und fangen dann erst recht an zu toben. Wiebke selbst ist abends oft müde und verliert dann schnell die Geduld. Normalerweise ist aber ihr Mann zu Hause und unterstützt sie.

In einer unserer Sitzungen erzählt sie mir, dass ihr ein Abend ohne ihren Mann bevorstehe, da er einen Termin habe. Sie sei jetzt schon von den Gedanken an einen Abend allein mit den Jungs gestresst.

Wir gehen in Ruhe die vier Schritte durch, um die Stresssituation zu verändern. Zunächst hat Wiebke Schwierigkeiten beim »Wie will ich es stattdessen?«. Sie möchte, »dass die Kinder nicht so herumschreien«, und sie selbst will nicht so ungeduldig sein. Sie bemerkt, dass sie ihr Ziel negativ formuliert hat.Nach dieser Erkenntnis fragt sie sich noch einmal: »Wie will ich es stattdessen?«

Auf einmal entsteht ihr Drehbuch in ihren Gedanken: »Nach einem Nachmittag auf dem Spielplatz kommen wir nach Hause. Während ich das Abendessen zubereite, spielen die Jungs in ihrem Zimmer. Wir haben ein fröhliches Abendessen mit viel Spaß und Lachen. Danach begleite ich die beiden beim Zähneputzen und Umziehen. Im Bett kuscheln wir noch und ich lese etwas vor. Die Jungs sind ganz ruhig und freuen sich über die Zeit mit ihrer Mama. Dann gehe ich aus dem Zimmer und sie schlafen friedlich ein.«

Ich bin begeistert: Eine klare, einfache Vision mit Struktur. Mehr braucht es nicht.

Ich frage Wiebke, welche Ressourcen sie dafür braucht. Nach kurzer Überlegung sagt sie: »Geduld – damit ich ruhig bleiben kann. Zielstrebigkeit – damit ich das Ziel auch wirklich verfolge. Spaß – wir könnten wirklich mehr zusammen lachen.«

Wir besprechen, ob sie diese Stärken besitzt. Da wir im Coachingprozess schon einmal mit ihren Stärken gearbeitet haben, kann sie das lachend bestätigen.

Ich frage sie, was sie noch unterstützen könnte. Sie antwortet relativ spontan: »Musik. Wir tanzen gerne zusammen. Das könnte Spaß machen.«

Mit der Vision, den neuen Glaubenssätzen und den inneren Ressourcen geht Wiebke in den Abend.

Später erhalte ich diese Nachricht:

> Die Jungs schlafen!! 😅 😴 Und es hat total gut geklappt! Ein bisschen Provokation war natürlich dabei, aber es hat mich nicht so getriggert wie sonst und war auch schnell wieder vorbei. Alles in allem ein sehr harmonischer und lustiger Bettgang - mit Tanzen und Zahnputzwettbewerb 😄 😆 Hab einen schönen Abend!
>
> 20:14

Das willst du auch? Probiere es doch gleich mal aus!

Die Manifestationsimpulse in der Übersicht

Welche Situation in deinem Familienleben stresst dich zurzeit am meisten? Was sind deine Gedanken über diese Situation?

Die vier Schritte:

1. Definiere das neue Ziel: Schreibe zu deiner Stresssituation deine neue Vision auf: »Wie willst du es stattdessen?«
2. Erlebe und fühle das Ziel in Gedanken: Visualisiere deine Wunschsituation. Was kannst du sehen, hören, fühlen, schmecken oder riechen? Tauche ganz ein in diesen Moment und genieße mit Freude deine Fantasie.

3. Finde heraus, wo du noch Zweifel und Glaubenssätze in Bezug auf das Manifestieren und auf die Situation selbst hast. Nimm diese einfach wahr. Im Anschluss kannst du beschließen, dass du es trotzdem ausprobierst und darauf vertraust, dass sich etwas ändern wird, oder du nimmst dir erst mal die Arbeit an deinen Glaubenssätzen vor.

4. Setze deine Vision um durchs TUN: Achte zum einen auf die Impulse des »Universums«. Aber arbeite auch konkret aus: Welche inneren Ressourcen können dich in deiner Wunschsituation unterstützen? Wann in deinem Leben hast du diese Stärken bereits erfolgreich genutzt? Wie genau haben sie dich unterstützt? Wer kann dich unterstützen? Was darfst du noch tun, um deinem Ziel näher zu kommen?

Fang am besten mit kleineren Themen an, um das Manifestieren zu üben. Nimm eine Situation aus deinem Alltag, die nicht mit allzu großen Emotionen aufgeladen ist, dich aber trotzdem immer wieder anstrengt. Freue dich über kleine Erfolge und bleib dran.

Grundsätzlich kannst du mit diesen vier Schritten der bewussten Manifestation alle Themen und Situationen verändern, die dich belasten. Du kannst die Beziehung zu deinem Partner oder deinen Eltern verbessern, Stress im Job reduzieren oder auch mehr Selbstliebe für dich erschaffen. Du kannst dir ein Leben in Fülle und Freude gestalten und dich vollkommen neu erfinden. Auf welche Aspekte du dabei noch achten darfst, erfährst du im nächsten Kapitel.

KAPITEL 5

Wer willst du sein als Mama?

»Sei du selbst! Alle anderen gibt es schon.«
Oscar Wilde

In diesem Kapitel geht es ganz praktisch darum, dass du wieder zu dir selbst finden darfst. Wer bist du eigentlich und wer willst du sein? Welche Mama willst du sein? Du erfährst, wie wertvoll es für dich sein kann, dich mit deinem inneren Kompass, deinen Werten, auseinanderzusetzen und diese auch in dein Familienleben zu integrieren. Du wirst dein Glaubenssystem erforschen und hinderliche Glaubenssätze erkennen und verändern können. Zuletzt wirst du in deine verschiedenen Lebensrollen hineinspüren und bewusst ein Leben entwerfen, das wirklich zu dir passt. All das kann dich darin unterstützen, deine Lebensenergie bewusst einzusetzen, dich auf eine gute Schwingung zu fokussieren und immer mehr zu der Mutter zu werden, die du wirklich für deine Kinder sein willst. Jede Veränderung in diesen Bereichen ist ein Schritt zu einem bewussten Familienleben voller Liebe und Frieden, das du dir selbst erschaffen kannst. Ich wünsche dir eine tolle Reise.

Die Wirkung von Werten auf dein Familienleben

Ein typisches Familienszenario

Die 17-jährige Lena kommt abends eine Stunde nach der verabredeten Zeit nach Hause. Ihre Mutter Claudia, die sich Sorgen gemacht hat, ist einerseits erleichtert, andererseits aber auch aufgebracht. Sie fragt gereizt: »Wo hast du gesteckt?« Lena antwortet genervt: »Ich war unterwegs.« Das regt Claudia noch mehr auf: »Aber du bist viel zu spät.« Lena rollt mit den Augen: »Reg dich doch nicht so auf. Wir haben noch gequatscht.« Die Respektlosigkeit der Tochter lässt Claudia noch lauter werden: »Du sollst aber pünktlich zu Hause sein.« Lena schreit jetzt zurück: »Du hast mir gar nichts zu sagen.« Da flippt Claudia endgültig aus: »Solange du hier wohnst, erwarte ich …« usw.

Eine Situation, wie sie immer wieder in vielen Familien vorkommt und die leider sehr oft eskaliert. Die Folgen sind: immer weniger Vertrauen zueinander, mehr Streit, mehr Regeln und Verbote und größere Auflehnung vonseiten der Jugendlichen. Eine Abwärtsspirale, die sich auf viele andere Situationen im Familienalltag übertragen lässt.

Dabei muss das gar nicht sein, wenn wir uns bewusst mit dem Ursprung des Streits auseinandersetzen: den Werten der Beteiligten, die kollidieren. Hinter den Worten der Mutter verbergen sich Werte wie Pünktlichkeit, Zuverlässigkeit und auch Respekt. Die Teenagertochter will gerade vor allem eines: Freiheit.

Ein großer Teil der Streitereien im Familienleben entsteht aus Wertekonflikten zwischen den Familienmitgliedern. Werte spielen in unserem Familienleben also eine sehr große Rolle. Und wenn wir diese verstehen, erkennen, annehmen und kommunizieren, wird das Familienleben leichter und das Elternsein erfüllter.

Was sind Werte?

Was fällt dir ein, wenn ich frage: »Was sind Werte?« Oft höre ich als Antwort zwei bis drei Schlagworte, etwa »Freiheit«, »Nachhaltigkeit« oder »Toleranz«. Spannend wird es jedoch, wenn ich frage: »Was sind *deine* Werte?«, denn darauf folgt meist ein längeres Schweigen oder Achselzucken. Vielen Menschen scheint also gar nicht bewusst zu sein, was ihre Werte sind.

In diesem Kapitel erfährst du, wie du deine eigenen Werte kennenlernen und entwickeln kannst und welche Magie darin liegt, Werte für die Familie zu finden und zu leben.

Was sind Werte überhaupt? In dem Begriff steckt das Wort »Wert«, es geht also um das, was für uns voller Wert, also wert*voll* ist. Ich definiere es so: Werte sind unsere tief verwurzelten Überzeugungen darüber, was in unserem Leben wichtig und erstrebenswert ist. Sie bilden eine Art inneren Kompass, nach dem wir uns immer wieder ausrichten. Diese Werte können wir ganz bewusst leben, oft jedoch sind sie im Unterbewusstsein verankert, geprägt von unserer Kindheit und Jugend. Diese unterbewussten Einflüsse entfalten eine große Wirkung auf uns und darauf, wie wir uns verhalten. Sie sind die Ideale, die wir anstreben, und prägen daher unsere Entscheidungen, unseren Umgang mit anderen Menschen und unsere Ziele, die wir uns für unser Leben setzen.

Unser Wertesystem besteht aus etwa zehn bis zwanzig Werten wie Disziplin, Ehrlichkeit, Erfolg oder Harmonie, die uns maßgeblich beeinflussen. In unterschiedlichen Lebensbereichen (Beruf, Partnerschaft, Finanzen, Freizeit) können wir unterschiedliche Werte haben.

Was es besonders herausfordernd macht: Wir versuchen nicht nur, für uns unseren Werten entsprechend zu handeln, sondern erwarten auch von anderen, dass sie sich an unsere Werte halten. Wir bewerten unsere Umwelt anhand unserer Werte, sie sind wie eine Brille, durch die wir das Leben betrachten und es danach in »Richtig« oder »Falsch« sortieren. Das führt zu vielen Konflikten, die wir uns oft gar nicht erklären können, denn das alles passiert meist auf einer unterbewussten Ebene.

Dabei sind Werte an sich neutral, sie sind von Natur aus weder gut noch schlecht. Dass wir sie als positiv oder negativ wahrnehmen, hängt mit unserem Glaubenssystem und unseren Lebensumständen zusammen. Disziplin kann für einen Leistungssportler sehr wichtig sein, eine Teenagerin findet sie vermutlich nicht so erstrebenswert. Auch ob sich Werte auf unser Leben positiv oder negativ auswirken, kommt immer auf ihre Ausprägung und den Kontext an. Werden wir von Effizienz angetrieben, kann uns das im beruflichen Kontext eine wertvolle Hilfe sein, uns im Zusammenleben mit kleinen Kindern aber an den Rand des Wahnsinns bringen. Gelassenheit ist hingegen im Familienleben sehr vorteilhaft, zu viel Gelassenheit kann jedoch auch in chaotische Zustände führen. Je bewusster wir mit unseren Werten umgehen, desto positiver können wir sie für uns nutzen und gestalten.

Wie relevant Werte für das Familienleben sein können, möchte ich anhand der folgenden Beispiele verdeutlichen:

Wenn von einem Elternteil (oder sogar beiden) der Wert »Erfolg« als Priorität gesehen und eine Karriere und finanzieller Reichtum angestrebt wird, wird oft auf Familienzeit verzichtet und dafür mehr gearbeitet. Kommen die Kinder dann ins Teenageralter, das oft von eher »faulen« Zeiten (»Ich will meine Ruhe haben!«) begleitet wird, sind Konflikte vorprogrammiert, da hier sehr unterschiedliche Erwartungen aufeinanderprallen.

Meistens sind es die Erwachsenen (oder mindestens einer davon), die Wert auf »Ordnung« und eine saubere und aufgeräumte Wohnung legen, wohingegen Kinder (und Teenager) dafür meist noch nicht so ein großes Verständnis haben. Wenn das Thema in der Familie nicht besprochen wird und die Familienmitglieder sich nicht bewusst damit auseinandersetzen, können herumliegende Jacken, unaufgeräumte Kinderzimmer oder Zahnpastaflecken im Waschbecken regelmäßig zu großen Krisen führen.

 Impuls

Hier findest du eine Liste mit fünfzig Werten. Lies sie durch und unterstreiche intuitiv die zehn, die dich spontan am meisten berühren. Denke kurz darüber nach, was diese zehn Wörter für dich bedeuten.

Akzeptanz	Genuss
Ansehen	Gerechtigkeit
Authentizität	Gesundheit
Bescheidenheit	Glaubwürdigkeit
Bewusstsein	Hingabe
Dankbarkeit	Kompetenz
Ehrlichkeit	Kreativität
Einzigartigkeit	Leichtigkeit
Engagement	Leidenschaft
Fairness	Leistung
Fleiß	Mut
Freiheit	Nachhaltigkeit
Freundschaft	Neugier
Frieden	Neutralität

Offenheit	Spaß
Optimismus	Spontanität
Ordnung	Sportlichkeit
Perfektion	Toleranz
Pflichtbewusstsein	Treue
Pünktlichkeit	Unabhängigkeit
Reichtum	Vertrauen
Respekt	Vielfalt
Ruhe	Weisheit
Sorgfalt	Weiterentwicklung
Sparsamkeit	Zuverlässigkeit

 Familie als Wert

Meiner Ansicht nach ist »Familie« übrigens kein Wert, denn mit dem Konstrukt Familie können unterschiedliche Werte gemeint sein. Vielleicht ist dir die Geborgenheit wichtig, die dir das Zusammensein mit deinen Lieben in eurem Zuhause vermittelt, vielleicht steht aber auch eine soziale oder finanzielle Sicherheit im Vordergrund, oder du denkst als Erstes an den Spaß und die Freude, die ihr miteinander erlebt. Auch Tradition ist ein Wert, der oft mit Familie assoziiert wird.

 Impuls

Welchen Wert verbindest du mit Familie?

Woher kommen unsere Werte?

Genau wie Glaubenssätze übernehmen wir Werte aus unserer Erziehung, aus unserer Kultur, der Gesellschaft, dem Land, in dem wir leben, oder einer Religion. Das, was wir an Werten in der Kindheit erlebt haben oder auch immer wieder über Medien und in unserem Umfeld gespiegelt bekommen, prägt sich natürlich – genau wie Glaubenssätze – sehr tief ein. Werte nehmen wir unterbewusst an.

Für unser Familienleben sind die Werte, die wir in unserer Kindheit vor allem von unseren Eltern (oder anderen wichtigen Bezugspersonen in dieser Zeit) übernommen haben, besonders entscheidend. Unsere Eltern lebten uns ihre Werte, die ebenso in ihrer eigenen Kindheit geprägt wurden, durch ihr Verhalten und durch den Umgang mit uns vor. Eine Mutter, die sogar die Unterhosen bügelte (Sorgfalt), oder ein Vater, der über jede Ausgabe für die Familie lange nachdachte und diskutierte (Sparsamkeit), haben uns möglicherweise ihre Werte mitgegeben. Eventuell räumst du darum heute besonders gründlich auf, bevor deine Mutter zu Besuch kommt, oder hast Schwierigkeiten, dir einfach mal etwas Gutes zu gönnen. Deine Eltern haben dich für gute Leistungen in der Schule »belohnt«? Dann kann der Wert »Leistung (zahlt sich aus)« heute sehr wichtig für dich sein und dich entweder zu einer tollen Karriere führen oder vielleicht auch an den Rand eines Burn-outs. Einige Wertevorstellungen haben es sogar in Redensarten geschafft, nach denen bis heute gelebt wird, obwohl sie keinen Vorteil mehr für das eigene Leben bieten. Ein »Wer rastet, der rostet« (»Tüchtigkeit«) kann etwa unter Umständen viel Stress machen, weil wir uns einfach keine Pausen gönnen können.

Werte in der Corona-Zeit

Gerade in der Corona-Krise hat sich die wichtige Bedeutung von Werten auch in den Familien gezeigt. In dieser Ausnahmesituation und Krise waren besonders die Eltern gefordert. Die Betreuung der Kita-Kinder zu Hause, Homeschooling für die Schulkinder und nebenbei den eigenen Job im Homeoffice erledigen, war auf einmal zum Alltag geworden. Zusätzlich stieg der Aufwand im Haushalt um ein Vielfaches, denn es musste die ganze Familie zu Hause ver- und umsorgt werden, was deutlich mehr Kochen und Aufräumen bedeutete. Hinzu kam die mentale Belastung durch Ängste um die Gesundheit aller Familienmitglieder, insbesondere von Großeltern. Auch Existenzängste spielten bei vielen eine Rolle, denn zahlreiche Branchen hatten mit massiven Umsatzeinbußen zu kämpfen, und es drohte Jobverlust oder eine Insolvenz in der Selbstständigkeit.

Eine wirklich herausfordernde Phase, die viele Eltern nicht nur an ihre Grenzen, sondern deutlich darüber hinausbrachte. Aber es gab auch Familien, die diese Zeit als wohltuend empfunden und sich durch die Einschränkung aller sonst so durchgetakteten Aktivitäten regelrecht befreit gefühlt haben. Wie kann dieser Unterschied erklärt werden? Du ahnst es sicher schon: Unterschiedliche Werte, die in Familien unbewusst gelebt werden, traten zutage. Familien, in denen Leistung, Disziplin, Erfolg und vielleicht auch Perfektionismus oder Pflichtgefühl als hohe Werte gelten, versuchten all die Anforderungen bestmöglich zu erfüllen und jonglierten mit (zu) vielen Bällen in der Luft: Für die Kita-Kinder wurde vielleicht ein pädagogisch anspruchsvolles Beschäftigungsprogramm entwickelt, für die Bearbeitung der Schularbeiten im Homeschooling ausgefeilte Projektpläne. Ich kenne Mütter, die jeden Sonntagabend mehrere Stunden damit verbrachten, anhand der zur Verfügung gestellten Arbeitsblätter einen Homeschooling-Wochenplan für ihre Kinder zu entwerfen. Insbesondere waren es die Mütter, die einen Großteil der Aufgaben in der Familie und im Haushalt übernahmen. Auch das zum Teil absurde Anspruchsdenken einiger Unternehmen, die mit der plötzlichen Homeoffice-Situation ihrer Angestellten nicht umgehen konnten, wenig Vertrauen hatten und teilweise in einen regelrechten Kontrollwahn der Arbeitszeiten verfielen, wurde meist widerspruchslos und mit viel Aufwand und Stress aufseiten der Angestellten erfüllt.

Familien hingegen, in denen Werte wie Harmonie, Verbundenheit, Gelassenheit oder Freude wichtiger sind und die entsprechend ihre Prioritäten im Alltag setzen, hatten es deutlich leichter während der Pandemie, weil sie in diesen für alle herausfordernden Zeiten vielleicht lieber eine Runde mehr Kuscheln oder Spielen auf den Tagesplan setzten, anstatt ehrgeizig und entgegen der eigenen Bedürfnisse und Grenzen möglichst alle Anforderungen von außen perfekt erfüllen zu wollen.

Auch ich habe meine Erfahrung mit Werten in dieser Zeit gemacht: Mein jüngster Sohn stellte nach einiger Zeit im Lockdown die Abarbeitung der Arbeitsblätter und Aufgaben für die Schule einfach ein. Er machte sie schlicht nicht mehr, da halfen kein Bitten, kein Betteln und auch keine deutlichen Ansagen. Ehrlich gesagt trieb mich das zunächst an den Rand des Wahnsinns. Während mein größerer Sohn kaum zu bremsen war beim Bearbeiten seiner 1x1-Aufgabenblätter (»Meinst du nicht, es reicht für heute?« – »Nein, ich zieh das noch durch. Dann bin ich schon fertig für die Woche«), verweigerte der Kleinere einfach jede Zusammenarbeit. Ich probierte einiges aus: verschiedene Orte als Arbeitsplatz für ihn, Reduzierung der Aufgabenpakete (»Schreib doch wenigstens einen einzigen Satz!«) und schließlich auch Übungen aus der Kinesiologie.

Nichts half und ich wurde häufiger laut und verlor jegliche Geduld. Eines Tages, als ich schließlich die Beherrschung verloren und die Arbeitsblätter wütend durch die Gegend geschmissen hatte, stand mein Sohn weinend vor mir. Wie ein Blitzschlag traf mich da das Bewusstsein, welche Werte ich mit meiner Familie leben will: Liebe, Verständnis, Freude und Leichtigkeit. Ich beschloss, dieses »Projekt« aufzugeben und einen anderen Weg zu gehen. Zunächst entschuldigte ich mich bei meinem Sohn und nahm ihn in den Arm. Dann schrieb ich der Klassenlehrerin eine Mail, in der ich ihr mitteilte, dass mein Sohn die Übungen nicht erledigen wolle und ich keine Lust mehr hätte, ihn ständig dazu motivieren zu müssen und mich deswegen mit ihm zu streiten. Ich würde die Verantwortung für die Erledigung der Schularbeiten vollständig an ihn übertragen und einfach mal beobachten wollen, was passiert. Überraschenderweise war die Lehrerin sehr einig mit mir und unterstützte mich bei meinem Plan.

Mein Sohn hat ganze drei Wochen lang keine einzige seiner schulischen Hausaufgaben erledigt. Stattdessen suchte ich ihm coole mathematische Denksport- und Logikrätsel heraus, und wir fanden gemeinsam Bücher, die er lesen wollte. Da wurde es auf einmal leicht und wir hatten eine Menge Spaß miteinander – die Harmonie war wiederhergestellt. Dann starteten die Osterferien und danach lief es auf einmal viel besser. Da mein Druck weg war, konnte er nach der »offiziellen« Pause auch ohne Druck dem Thema Schule begegnen und auf einmal war es gar nicht mehr so schlimm.

Als ich mich später mit den Beweggründen für meine anfänglichen überreizten Reaktionen auseinandersetzte, wurden mir die (alten) Werte bewusst, die ich hatte erfüllen wollen: Disziplin, Autorität und vor allem Leistung, allerdings meine eigene. In

Wirklichkeit ging es nämlich um mich – ich wollte als tolle Mutter anerkannt werden, die tolle Kinder hat, die ganz eifrig alles erledigen, was ihnen vorgegeben wird, und schämte mich, weil mir dies offensichtlich nicht gelang. Heute bin ich sehr dankbar für diese Lektion, die mir genau genommen mein jüngerer Sohn erteilt hat.

Werte können sich verändern

Unsere Werte wirken sich also auf unser Handeln und natürlich dadurch auch auf unser Familienleben aus. Und dabei sind sie uns oft gar nicht bewusst, und genau das kann sich im Kontext »Familie« dann oft durch immerwährende Streitereien um die gleichen Themen zeigen.

Das Gute ist: Werte sind nicht für immer festgeschrieben. Wie alles in unserem Unterbewusstsein können auch sie sich verändern. Oft geschieht auch das unbewusst, einfach dadurch, dass sich unsere Lebensumstände ändern, wenn wir beispielsweise ins Berufsleben einsteigen, heiraten oder Kinder bekommen. Vielleicht wird Lena, die Teenagertochter aus dem weiter oben genannten Beispiel, die jetzt noch »Freiheit« als Wert hochhält, »Zuverlässigkeit« wichtiger finden, wenn sie später selbst Kinder hat.

Als ich anfing, mich mit den Themen Persönlichkeitsentwicklung und Spiritualität zu beschäftigen und den Podcast und meine Coaching-Selbstständigkeit startete, besuchte ich ein Seminar, in dem ich das erste Mal meine Werte erarbeitete. Völlig offensichtlich war zu diesem Zeitpunkt, dass meine »persönliche Weiterentwicklung« auf Platz eins stand, dann folgten »Erfolg« und »Anerkennung« auf Platz zwei und drei. Zwei (Corona-) Jahre später wurde mir in einem ähnlichen Seminar die Aufgabe erneut gestellt. Ich war selbst überrascht, wie sehr mich die zurückliegende Zeit verändert hatte: Mein absolut wichtigster Wert ist nun »innerer Frieden«, gefolgt von »Verbundenheit« und »Bewusstsein«. Vielleicht kannst du dir vorstellen, wie sehr sich die Energie in meinem Leben verändert hat?

Aus vielen Gesprächen mit Freundinnen und Freunden weiß ich, was für eine große Verschiebung der persönlichen Werte die letzten Jahre mit sich gebracht haben. Für viele ist »Gesundheit« neu in den Fokus gerückt. Andere wiederum haben ein ganz neues Verhältnis zum Thema »Freiheit« bekommen.

Werte können also dann wichtig werden, wenn sie selbstverständlich waren und durch eine besondere Situation plötzlich gefährdet sind. Vielleicht hast du auch schon durch eine schwere Krankheit, einen Unfall oder einen Todesfall im engeren Umfeld deine Einstellung zum Leben und damit deine dir innewohnenden Werte überdacht.

Wenn unterschiedliche Wertesysteme kollidieren

Werte sind eng mit unserem grundsätzlichen Glücksgefühl verbunden. Wenn wir nach für uns stimmigen Werten leben, fühlen wir uns erfüllt und nachhaltig glücklich. Werden unsere Werte hingegen permanent bedroht oder verletzt und wir können sie nicht ausleben, können wir nicht glücklich werden und fühlen uns falsch im Leben.

Ein paar Beispiele? Ist »Ehrlichkeit« für uns ein wichtiger Wert im Leben, macht es uns auf Dauer vielleicht krank, wenn wir in unserem Job die Wahrheit immer wieder biegen müssen, um die erforderlichen Verkaufszahlen zu schaffen. Ist der Wert »Abenteuer« sehr hoch, wird ein routinierter Familienalltag uns nicht glücklich machen, während es für einen Menschen mit dem Wert »Geborgenheit« genau das Richtige ist. Vielleicht ist einer deiner Werte »Freiheit«, aber in Wirklichkeit fühlst du dich in deinem Leben gefangen in einer Partnerschaft, die dich nicht mehr glücklich macht, die du aber der Kinder wegen oder aus finanziellen Gründen nicht beenden möchtest. Oder du hast den Wert »Pflichtgefühl« aus deiner Kindheit mitbekommen und kümmerst dich für andere ständig um Dinge, die dich nicht interessieren, oder triffst dich mit Menschen, die dir nichts geben. Auch das führt dazu, dass du dieses »Falsche-Leben-Gefühl« hast. Vielleicht leidest du auch unter inneren Konflikten, die dir nicht bewusst sind, weil zwei deiner Werte konträr zueinander sind. Hast du zum Beispiel »Sicherheit« und »Freiheit« als hohe Werte, können die dadurch entstehenden Widersprüche bei den großen Themen wie Heirat, Hauskauf und Kinderplanung ständig zu Grübeleien und Zweifeln führen.

Auch ein Großteil der Konflikte, die wir im Alltag erleben, hängt mit unseren eigenen Werten zusammen, es sind sozusagen »Wertekonflikte«. Denn immer dann, wenn unsere Werte durch andere Personen bedroht oder verletzt werden, spüren wir diesen inneren Widerstand, sind schnell gestresst und überreagieren vielleicht. Das erleben wir in fast jeder Beziehung zu anderen Menschen, seien es Verwandte, Kollegen, Freundinnen oder Nachbarn. Eine besondere Herausforderung ist es, die unterschiedlichen Wertvorstellungen aller Familienmitglieder unter einen Hut zu bringen, wenn man unter einem Dach lebt und die Beziehung sehr eng ist. Gerade hier lohnt es sich aber, die Werte genauer unter die Lupe zu nehmen.

In dem Beispiel weiter vorn von Mutter Claudia und ihrer 17-jährigen Tochter Lena prallen die Werte »Freiheit« und »Pünktlichkeit« bzw. »Zuverlässigkeit« aufeinander. Um Konflikte dieser Art in Zukunft zu verringern, könnte Claudia sich mit ihren Werten auseinandersetzen und vielleicht für sich entscheiden, wie sehr sie sich weiter von ihnen antreiben lassen möchte. Anschließend könnte sie mit ihrer Tochter darüber sprechen, warum es ihr wichtig ist, dass sie pünktlich zu Hause ist, und vielleicht einen Rahmen mit ihr vereinbaren, in dem die Ausgehzeit ausgedehnt werden kann. Eine Bedingung wie, dass Lena Bescheid gibt, wenn sie sich verspätet, könnte für Erleichterung aufseiten der Mutter sorgen. Claudia könnte sich auch bewusst dafür entscheiden, in Zukunft lieber den Wert »Vertrauen« zu leben, und ihrer Tochter mehr Freiheiten einräumen.

Auch im Zusammenleben mit kleineren Kindern kann es natürlich zu Wertekonflikten kommen. Ist dein Kind in der Autonomiephase, legt es sehr viel Wert auf »Selbständigkeit«. Es könnte deinem Wert »Fürsorge« entgegenstehen, wenn es unbedingt schon allein mit dem Hammer oder mit der Bohrmaschine hantieren will. Glaub mir, ich spreche da aus Erfahrung und war sehr froh, dass mein Mann, dem die Werte »Selbstständigkeit« und »Eigeninitiative« wichtig sind, mich da oft entlastet und die Bohrmaschinen-Tätigkeiten sehr fürsorglich überwacht hat.

 Impuls
Überlege, mit welchen Wertekonflikten du zurzeit mit deinem Kind am meisten zu kämpfen hast. Wie könnten Kompromisse für dich aussehen, wenn du den Wert deines Kindes respektierst?

Deine Werte ermitteln

Je genauer wir unsere (bewussten und unterbewussten) Werte kennen, desto besser können wir nach ihnen leben. Hast du Lust bekommen, dich mit deinen Werten auseinanderzusetzen? Sehr schön, denn jetzt geht es an die konkrete Umsetzung!

Wertearbeit besteht aus den folgenden Punkten, die du Schritt für Schritt durchgehen kannst:

1. Beantworte Fragen, um deine Werte zu ermitteln
2. Erstelle und reflektiere deine aktuelle Werteliste
3. Verfasse eine neue Werteliste
4. Priorisiere deine Werte
5. Erkunde und beschreibe deine Werte

Alle Punkte erkläre ich ausführlich mit Beispielen, sodass du danach direkt in die Umsetzung gehen kannst.

Schritt 1: Beantworte Fragen, um deine Werte zu ermitteln

Zunächst geht es darum, ein paar Fragen zu beantworten, die dir den Weg zu deinen unterbewussten Werten aufzeigen können. Antworte am besten schriftlich, spontan und gern im Fließtext. Schreibe alles auf, was dir intuitiv dazu einfällt, ohne es zu durchdenken.

Im Anschluss kannst du, eventuell auch mithilfe der Wertetabelle auf Seite 180/181, passende Werte zu jeder Antwort ableiten. Schreibe alle (!) in einer Liste auf. Es gibt dabei kein Richtig oder Falsch, kein Positiv und Negativ. Das, was dir dazu bewusst wird, ist das, was sich in diesem Moment zeigen soll. Es geht zunächst um eine ehrliche Bestandsaufnahme.

Frage Nummer 1: Wie bin ich erzogen worden?
Gehe zunächst zurück in deine Vergangenheit und stöbere ein wenig in deiner Kindheit. Welche Werte waren deinen Eltern und generell in dieser Zeit besonders wichtig? Erinnere dich an den Alltag mit deinen Eltern: Wie haben sie ihr Leben gestaltet? Wie war die Rollenverteilung? Welche Sätze oder auch Sprich-

wörter haben sie oft gesagt? Womit haben sie sich beschäftigt? Womit haben sie dich genervt? Welches Verhalten hat dich besonders beeindruckt oder bestärkt?

Vielleicht waren deine Eltern besonders fleißig in ihrem Job (»Ehrgeiz« oder »Fleiß«) oder haben sich jeden Tag eine Mittagspause gegönnt (»Gelassenheit« oder »Ruhe«)? Meine Eltern haben mich jedenfalls sehr in meiner Selbstständigkeit unterstützt und beide waren kulturell sehr interessiert (»Kultur« oder »Intellekt«).

Frage Nummer 2: Was regt mich auf und was bereitet mir Freude? Wenn unsere Werte verletzt werden, regen wir uns meist sehr auf. Durch die Frage: »Worüber rege ich mich *wirklich* auf?« kannst du erkennen, welche Werte in Wirklichkeit dahinterstehen, wenn dich bestimmte Situationen oder Menschen empören. In der Partnerschaft zeigen sich solche Wertekonflikte oft an wütend ausgesprochenen Sätzen, die mit »Nie machst du …« oder »Immer muss ich …« oder ähnlich beginnen.

Geh doch mal ein bisschen zurück in die nähere Vergangenheit oder schau in die Gegenwart: Was sind oder waren Situationen, in denen du die Fassung verlierst/verloren hast oder wütend wirst/wurdest? Welches Verhalten ärgert dich immer wieder? Vielleicht wirst du wütend, wenn eine Freundin (wieder) zu spät zu eurer Verabredung kommt, oder es nervt dich kolossal, dass ein Kollege seine Aufgaben nicht (nie) zuverlässig erledigt. Hinter deiner Reaktion könnten Werte wie Pünktlichkeit, Zuverlässigkeit und Sorgfalt stehen. Reagierst du schnell über, wenn dein Kind mal »frech« wird, könnte Respekt ein großes Thema für dich sein. Vielleicht wirst du auch sehr ungehalten, wenn du mitbekommst, dass ein Mensch ungerecht behandelt wird. Dann ist vermutlich Gerechtigkeit ein hoher Wert bei dir.

Umgekehrt kannst du dich natürlich auch fragen: »Welche Situationen oder welche Menschen machen mich ganz besonders glücklich?« Schau auch hier mal in der näheren Vergangenheit, wann du dieses besondere Gefühl von Erfülltsein und Freude zuletzt verspürt hast. Was war das für eine Situation? Mit wem warst du zusammen? Welchen Begriff verbindest du mit diesem Moment? Ich liebe es zum Beispiel sehr, einfach aus unserem Fenster über die Felder zu sehen, dabei schöne Musik zu hören und den Moment zu genießen. Da geht es um »Achtsamkeit«, aber eben auch um meinen »inneren Frieden«.

Frage Nummer 3: Worin investiere ich bewusst am liebsten meine Zeit, mein Geld und meine Energie?
Das ist eine sehr mächtige Frage beim Ermitteln deiner Werte, denn sowohl Zeit als auch Geld und Energie sind sehr wichtige Ressourcen in der heutigen Zeit. Wenn wir sie bewusst nutzen, setzen wir sie in der Regel ein für Themen, die uns wirklich wichtig sind. Denke darüber nach: Welche Projekte, Pläne, Vorhaben und Freizeitaktivitäten hast du in den letzten Jahren bewusst umgesetzt oder planst sie für die nächste Zeit? Welche Hobbys hast du oder welchem Interesse widmest du viel Aufmerksamkeit?

Schreibe also auf, in welche **Themen** du in den letzten zwölf Monaten zielgerichtet am meisten Geld, Zeit und/oder Energie investiert hast. Überlege dann, WARUM, also mit welchem Ziel du das gemacht hast. Zuletzt finde den einen Begriff, also den Wert, der dahintersteckt.

Beispiele:

Thema:	**Haus schön dekorieren und einrichten**
Warum?	Ordnung und Klarheit schaffen
Wert:	KLARHEIT

Warum?	gemütliches Zuhause kreieren
Wert:	GEMÜTLICHKEIT
Warum:	Begeisterung für Schönheit, schöne Dinge
Wert:	SCHÖNHEIT

Thema:	**Kochen und/oder Backen**
Warum?	Gesund leben wollen
Wert:	GESUNDHEIT
Warum?	Liebevolles Kochen für andere macht Spaß
Wert:	FREUDE
Warum?	Genießen wollen
Wert:	GENUSS

Thema:	**Persönlichkeitsentwicklung und Erfolg**
Warum?	Persönliches Wachstum anstreben
Wert:	PERSÖNLICHKEITSENTWICKLUNG
Warum?	Erfolg haben
Wert:	ERFOLG
Warum?	Geld verdienen, finanzielle Freiheit erreichen
Wert:	FINANZIELLE FREIHEIT
Warum?	Sicherheit ist wichtig
Wert:	SICHERHEIT

Fasse alle Werte, die du durch die drei Fragen identifiziert hast, in einer Liste zusammen.

Schritt 2: Erstelle und reflektiere deine aktuelle Werteliste

Nun hast du viele Werte aufgeschrieben. Es sollten um die zehn bis zwanzig sein. Gehe im nächsten Schritt die Werte noch einmal anhand folgender Fragen durch:

- Was bedeutet dir der Wert?
- Wie und in welchen Situationen wirkt er in deinem Leben?
- Lebst du eher seine »positive« Seite oder hat er eine »negative« Auswirkung auf deinen Alltag?
- Welcher Wert stresst dich besonders?
- Welcher unterstützt dich?

Schreibe am besten wieder intuitiv alle Gedanken, die dir zu jedem Wert kommen, auf. Dann markiere die Werte in der Liste in zwei unterschiedlichen Farben: Welche möchtest du in deinem Leben behalten und weiter ausbauen? Welche sind überholt, dir nicht mehr dienlich und du möchtest sie jetzt loslassen? Vielleicht stellst du fest, dass dein Ehrgeiz dich zu sehr antreibt oder Perfektion im Familienleben ohnehin unerreichbar ist, dein Humor eigentlich legendär ist, in letzter Zeit aber etwas auf der Strecke geblieben ist?

Im Anschluss kannst du noch einmal die Werteliste auf Seite 180/181 durchgehen und überlegen, ob für deine aktuelle Lebenssituation ein Wert hilfreich wäre, der in deiner Liste noch gar nicht auftaucht. Wenn ja, ergänze ihn in deiner Liste.

Schritt 3: Verfasse eine neue Werteliste

Gehe deine überarbeitete Liste durch und erstelle auf dieser Basis eine neue Liste mit deinen *zehn wichtigsten Werten*. Gehe auch dabei ganz intuitiv vor: Spüre kurz in den Begriff hinein und fühle, ob er für dich stimmig und richtig ist.

Schritt 4: Priorisiere deine Werte

Nun schreibe deine zehn Werte auf kleine Zettel und sortiere sie: Finde eine Reihenfolge von eins bis zehn. Welcher Wert darf dein absolut führender sein und dir bei all deinen Entscheidungen und im Alltag zur Seite stehen? Das ist deine Nummer 1. Welche zwei weiteren Werte begleiten ihn an Stelle zwei und drei? Und in welcher Reihenfolge dürfen die anderen Werte in deinem Leben eine Rolle spielen?

Probiere ein bisschen herum, indem du die Zettel ein paarmal umsortierst. Du wirst ein immer intensiveres Gefühl für diese Werte empfinden und irgendwann an den Punkt kommen, an dem sich die Reihenfolge (für den Moment) richtig anfühlt.

Schritt 5: Erkunde und beschreibe deine Werte

Jetzt kommt der spannendste Teil. Nimm jeden Zettel einzeln in die Hand und überlege dir genau, was dieser Wert für dich bedeutet und wie du ihn in Zukunft in deinem Leben integrieren möchtest.

Werde wieder konkret bei der Beschreibung. Wie willst du es haben? Wie darf dieser Wert dich unterstützen?

Vielleicht ist ein wichtiger Wert bei dir Ordnung? Dann frage dich: Was bedeutet Ordnung für dich? Geht es um innere oder äußere Ordnung oder wie hängt beides möglicherweise für dich zusammen? Ich räume zum Beispiel gern auf, wenn ich innere Klarheit brauche oder generell etwas überreizt bin. Aber wie kannst du das leben, wenn die anderen Familienmitglieder nicht daran interessiert sind? Da gibt es verschiedene Wege:

- Du kannst selbst aufräumen – ohne Meckern –, denn schließlich ist es »dein« Wert, den du leben willst.
- Damit kannst du das Ordnunghalten außerdem vorleben und dir vorstellen, dass es dadurch irgendwann auch von den anderen umgesetzt wird.
- Du kannst den anderen erklären, wie wichtig dir Ordnung ist und warum, und sie bitten, dich zu unterstützen.

- Oder du machst deine Haltung zu deinem Beruf: Ich habe eine Bekannte, die sich als »Aufräumexpertin« selbstständig gemacht hat und so ihr Glück lebt.

Wenn ein hoher Wert bei dir Toleranz ist, könntest du dich damit beschäftigen, wen oder was genau du tolerieren möchtest und wo deine Toleranz endet. Was willst du in der Familie tolerieren und was in der Gesellschaft und was vielleicht jeweils nicht mehr?

Wenn du dich mit dem Wert Weiterentwicklung beschäftigst, frage dich, in welchem Bereich du dich weiterentwickeln möchtest und wie du Menschen gegenüberstehen möchtest, die gerne so bleiben wollen, wie sie sind (das ist auch wieder eine Frage der Toleranz). Wie kannst du eine Fortbildung mit deinem Familienleben kombinieren? Wie viel Zeit willst du dafür aufwenden?

Zuletzt schreibe einige kurze Sätze in der Ich-Form und im Präsens zu jedem Wert auf. Es geht dabei um den Idealzustand, den du anstreben möchtest, nicht um eine aktuelle Bestandsaufnahme.

So könnten deine Texte lauten:

Gesundheit: Gesundheit ist grundlegend für mich. Ich bin mir bewusst, dass ich nur, wenn ich körperlich und mental gesund bin, für mich und meine Familie sorgen kann. Ich achte auf meine Gesundheit, indem ich mich hauptsächlich mit frischen Lebensmitteln ernähre. Ich nehme mir Zeit für Bewegung (mindestens zweimal die Woche, worauf ich gerade Lust habe).

Respekt: Respekt ist für mich sehr wichtig im Umgang mit anderen Menschen. Ich bringe jedem Menschen Respekt entgegen, auch und vor allem meiner Familie. Ich wertschätze, was sie zu unserem Familienleben beitragen, und bleibe auch respektvoll, wenn wir in Konflikten aneinandergeraten. Ich stehe für mich ein und kommuniziere deutlich, wenn ich mich nicht respektvoll behandelt fühle. Mir ist bewusst, dass ich dadurch meine persönlichen Grenzen schütze und auch die Würde meiner Mitmenschen akzeptiere.

Freude: Ich richte mich auf Freude aus. In allem, was ich tue und erlebe, finde ich Freude. Ich achte darauf, bewusst Dinge zu tun, die mir und meiner Familie Freude bereiten.

Innerer Frieden: Ich bin in mir angekommen und ruhe in mir. Ich akzeptiere meine Schwächen und liebe meine Stärken. Ich lasse das Außen sein, wie es ist, und finde Frieden in mir.

Liebe: Ich verbreite Liebe in der Welt und fühle mich vollständig geliebt. Ich liebe meine Kinder und meinen Partner bedingungslos und zeige ihnen das immer wieder im Alltag. Ich achte auf meine Energie und erinnere mich immer wieder liebevoll an dieses Ziel.

Du kannst deine ganz eigenen Formulierungen finden. Es geht darum, eine Vorstellung davon zu entwickeln, was der jeweilige Wert dir bedeutet und wie du ihn idealerweise leben möchtest. Diese Sätze kannst du immer mal wieder lesen und dir sie bewusst machen.

Mit den oben beschriebenen Schritten kannst du also herausfinden, welche Werte wirklich wichtig sind für dich und dich dann jeden Tag ein bisschen mehr bewusst von ihnen leiten lassen in deinen Entscheidungen und in deinem wert-vollen Umgang mit deinen Kindern. Das führt Schritt für Schritt zu mehr Glücksgefühlen und Leichtigkeit im Alltag. Deine Werte geben dir Halt und unterstützen dich dabei, ein wirklich erfülltes Familienleben zu kreieren.

Ein Wertesystem für das Familienleben gestalten

Für das Familienleben kann es sehr entlastend sein, sich auch mit den Wertesystemen der anderen Familienmitglieder zu befassen und bewusst eines zu gestalten, das für alle ein positiver Rahmen für den Familienalltag sein kann. Sinnvoll ist es, sich zunächst mit den Wertvorstellungen deines Partners zu befassen und auch mit den Werten, die ihr gemeinsam in der Partnerschaft leben wollt, denn die Basis für eine glückliche Familie sind nun mal glückliche Eltern. Um euer Elterndasein darf es dann in der zweiten Phase gehen. Es geht darum, gemeinsam zu erkunden, welche Werte ihr den Kindern vermitteln wollt und wie ihr als Eltern gegenüber euren Kindern auftreten möchtet. Zuletzt solltet ihr dann die Kinder miteinbeziehen in eure Überlegungen und Gespräche, denn hier kann noch eine ganz neue Energie entstehen. Wie das alles gelingt, erfährst du jetzt.

Werte in der Partnerschaft (neu) gestalten

Ganz besonders wichtig ist das Thema Werte für deine Partnerschaft. Basis eines partnerschaftlichen Zusammenseins und gar Zusammenlebens sollte sein, sich über das Wertesystem des Gegenübers klar zu sein. Im besten Falle stimmen viele eurer Werte überein und ihr seid bereit, bei unterschiedlichen Wertvorstellungen Kompromisse einzugehen. Um das zu erreichen, muss man sich natürlich erst einmal offen und ehrlich über die

Werte auszutauschen. Auf diese Weise könnt ihr erkennen, wo mögliche Wertekonflikte in eurer Beziehung lauern.

Wenn die unbewusste Motivation des Partners deutlich wird, fällt es wesentlich leichter, die Handlungen und Reaktionen des Gegenübers in verschiedenen Situationen zu akzeptieren oder wenigstens zu verstehen. Es ist dann auch einfacher, entsprechende Kompromisse zu finden.

Um in Zukunft weniger Konflikte im Alltag mit deinem Partner zu erleben, ist es sehr hilfreich, auch ihn in die Werteerkundung einzubeziehen. Zunächst könntest du deinem Partner von deinen Erkenntnissen berichten. Aus meinen Coachings weiß ich, dass einige Frauen Schwierigkeiten haben, mit ihren Männern darüber zu sprechen. Am besten ist es, wenn du ganz ohne Erwartung bleibst. Es ist *deine* Reise und dein Partner muss das weder verstehen noch unterstützen.

Meine Erfahrung ist jedoch, dass, wenn du konsequent diesen Weg gehst und deine eigene Veränderung dadurch spürbar wird, der Partner von deiner Energie mitgezogen wird und ebenfalls in die Veränderung kommt. Falls du also das Gefühl hast, dass dein Partner an solchen Prozessen (noch) nicht interessiert ist, dann fange einfach erst mal an, deine eigenen Werte umzusetzen und zu leben.

Vielleicht ist er aber auch von Anfang an offen für die Übungen. Schlage ihm dann vor, dass er sie für sich macht, oder macht sie zusammen. Tauscht euch über eure Erkenntnisse und Impulse aus. Ihr könnt so viel voneinander lernen und eure Partnerschaft auf ein ganz neues Level bringen!

Folgende Fragen könnt ihr gemeinsam besprechen: Welche Wertekonflikte sorgen aktuell für den größten Stress in eurer Partnerschaft? Was könnt ihr daraus lernen? Wem ist welcher Wert besonders wichtig und warum? Soll dieser Wert auch zukünftig eine Rolle spielen oder darf er losgelassen werden? Oder darf er sich einfach in bestimmten Situationen, in denen er aktuell oft für Streit sorgt, verändern?

Sprecht darüber, wie ihr das in Zukunft gestalten wollt. Jeder darf seine Sicht der Dinge darstellen, erzählen, warum ihm dies oder jenes wichtig ist. Allein dadurch wird oft deutlich, dass es schöne Kompromisse geben kann. Wichtig ist, offen zu bleiben und sich immer wieder daran zu erinnern, dass Werte an sich neutral sind und bewusst positiv gestaltet werden können.

Die bewusste Auseinandersetzung mit Werten kann eine so wichtige und wertvolle Erfahrung in Partnerschaften sein. Wenn ihr bereits größere Schwierigkeiten habt, schaut mal genau hin, welchen Anteil eventuell Wertekonflikte daran haben könnten. Im Zweifelsfall holt euch Unterstützung durch eine Partnerschaftsberatung, die euch neutral bei der Klärung eurer Fragestellungen unterstützen kann.

Werte für euer Elternsein

Das Leben mit Kindern wird deutlich einfacher, wenn ihr als Eltern ein gemeinsames Wertegerüst habt, mit dem ihr eure Kinder begleiten wollt. Bei den vielen Entscheidungen, die es jeden Tag zu treffen gilt, wenn Kinder ihre Grenzen erkunden, hilft es ungemein und nimmt den Zündstoff heraus, wenn man die grundsätzliche Ausrichtung in der Erziehung klar miteinander besprochen hat. In meinen Coachings kommt es beispielsweise oft vor, dass ein Elternteil die Kinder gern nach ihren Bedürfnissen unterstützen möchte und immer verständnisvoll sein will. Der andere Elternteil denkt hingegen, es sei wichtig, klare Regeln aufzustellen und diese konsequent durchzuziehen. Dahinter steht die Sorge, dass die Kinder sonst zu sehr »verweichlicht« würden.

Solch unterschiedliche Werte sorgen erwartungsgemäß sehr oft für schwierige Konflikte, die in Akutsituationen oft auch noch vor den Kindern ausgetragen werden. Eine Auseinandersetzung mit den dahinterliegenden Werten kann für sehr viel Entspannung sorgen. Ich halte allerdings nicht viel von der Aussage, dass Eltern immer zu hundert Prozent an einem Strang ziehen müssten. Meiner Meinung nach können Kinder sehr wohl verstehen und annehmen, dass Eltern unterschiedlich sind, unterschiedliche Bedürfnisse haben und auch von verschiedenen Werten geleitet werden. Aus meiner Erfahrung mit der Begleitung von Müttern weiß ich jedoch, wie viel Herausforderung es mit sich bringt, wenn Eltern sich bei den grundlegenden Fragestellungen nicht einig sind. Es ist tatsächlich eine große Aufgabe, sich als Eltern darüber klar zu werden, wie in bestimmten Situationen mit dem Kind umgegangen werden soll, wenn ihre Vorstellungen von Erziehung sehr kontrovers sind.

Ein typisches Familienszenario

Anne und Thomas sind glücklich verheiratet, ihre Tochter Isabel ist zwei Jahre alt. Thomas ist Spontanität besonders wichtig, im Leben von Anne spielt Vernunft eine große Rolle. Für das nächste Wochenende ist die kleine Familie auf einer Hochzeitsparty eingeladen. Anne ist sehr aufgeregt und es ist für sie sehr wichtig zu planen, wie Isabel betreut wird, was sie zu essen bekommt, was alles für sie mitgenommen werden muss und vor allem wie sie wann und wo schlafen soll. Thomas sagt: »Na ja, das schauen wir dann mal. Sie kann ja einfach im Kinderwagen liegen. Da wird sie schon irgendwie einschlafen und den Rest lassen wir mal auf uns zukommen.« Anne fühlt sich nicht unterstützt und wirft Thomas Sorglosigkeit vor.

Nun, du kannst dir vorstellen, wie wenig entspannt so eine eigentlich doch schöne Feier dann sein kann.

Tatsächlich war ich früher selbst wie Anne. Aber ich habe mich oft auf Kompromisse mit meinem Mann eingelassen und dann nur das geplant, wovon ich nicht abrücken wollte (na ja, ehrlich gesagt dann doch fast alles). Mein Mann war und ist mein Ruhepol, und ich beschloss, mich nicht mehr über seine Entspanntheit aufzuregen, sondern mir seine Gelassenheit zum Vorbild zu nehmen.

Die Erfahrung zeigte mir schnell, dass alles tatsächlich viel unkomplizierter sein kann, als wir es uns oft ausmalen, wenn wir selbst entspannt und fröhlich sind. Ich erinnere mich an ein Fest, bei dem meine dreijährige Tochter den ganzen Abend von einem Gast zum anderen wanderte, sich lustig unterhielt und Spaß hatte, bis sie dann irgendwann zu sehr später Stunde in einer Ecke des Raumes auf einem Stapel Decken einfach eingeschlafen ist. So konnte ich in Ruhe wunderschöne Gespräche führen, statt mit ihr in einem Hotelzimmer zu sitzen und darauf zu warten, dass sie in der unbekannten Umgebung zur Ruhe kommt.

Und wie ergeht es Anne und Thomas? Anne hat alles generalstabsmäßig geplant, muss aber leider auf der Party feststellen, dass nichts davon so läuft, wie sie es sich vorgestellt hat, und sie die Feier deswegen überhaupt nicht genießen kann. In ihrer Hilflosigkeit und Genervtheit macht sie Thomas Vorwürfe, er hätte sich nicht genug um die Planung gekümmert. Es kommt zum Streit. Erst als Annes Mutter eingreift und die kleine Tochter übernimmt und später ins Bett bringt, kommt Anne emotional richtig auf der Feier an und kann sich später sogar noch entspannen und Spaß haben. Mit Thomas spricht sie sich wenige Tage später noch mal in Ruhe aus. Sie beschließt, das nächste Mal ihrem Mann und seiner Spontanität (und letztendlich dem »Universum«) mehr zu vertrauen, und er verspricht im Gegenzug, ihre Sorgen ernster zu nehmen und sie mit ihr im Vorfeld zu besprechen.

Als Nächstes könnt ihr auch darüber sprechen, welche Werte euch bei der Begleitung eurer Kinder besonders wichtig sind. Was wollt ihr ihnen auf jeden Fall mitgeben und wie genau wollt ihr das tun? Wie viel Wert legt ihr auf Disziplin und wie viel Freiheit wollt ihr eurem Nachwuchs zugestehen? Was bedeutet Ehrlichkeit für euch und welche kleinen Notlügen lasst ihr eurem Nachwuchs vielleicht durchgehen, ab wann setzt ihr deutliche Grenzen? Wie wichtig ist euch Kreativität und bis wohin wollt ihr diese fördern? Überspitzt gefragt: Darf das Kind auch die Wohnzimmerwand mit den Wachsmalstiften bemalen oder soll es lieber einen Maltisch bekommen oder in einen Musikkurs gehen? Vielleicht sind deinem Partner »gute Manieren« sehr wichtig, während du deine Kinder eher in ihrem Gefühl der Freiheit unterstützen möchtest. Das kann beim gemeinsamen Essen zu unschönen Szenen führen, wenn ein Kind mit dem Essen spielt, nicht wahr? Oder deinem Partner ist es wichtig, die »Welt zu erkunden«, und er reist daher sehr gerne. Du liebst jedoch die Häuslichkeit und bist von zu vielen Reisen mit Kind und Kegel eher angestrengt. Aber es gibt schöne Kompromisse, wenn man die Werte des jeweils anderen kennt und wertschätzt, aber auch seine eigenen nicht aus dem Blick verliert: Einem kleinen Kind kann vielleicht mehr Spielraum beim Familienessen zugestanden werden, aber ihr könnt einen Rahmen abstecken, ab wann sich dein Partner mehr »Regeln« wünscht. Das Reisethema könnte so gelöst werden, dass dein

Partner auch mal einen Urlaub mit Freunden unternehmen kann, während du zu Hause bleibst und die Zeit mit den Kindern genießt. Wichtig ist vor allen Dingen, sich über die konfliktreichen Werte auszutauschen und gemeinsame Wege zu finden.

Werte mit den Kindern finden

Die Beschäftigung mit Werten kann auch gemeinsam mit euren Kindern gestaltet werden. Macht euch doch mal einen schönen Nachmittag mit Kaffee, Kakao und Kuchen und fragt eure Kinder, was ihnen im Familienleben wichtig ist. Was wünschen sie sich von euch? Was wünschen sie sich von ihren Geschwistern? Die Antworten sind oft überraschend, sicher auch berührend oder witzig. »Mehr Süßigkeiten« oder »viel Kuscheln« könnte da unter anderem kommen. »Weniger Hauen« und »weniger Streit« wird auch oft genannt. »Lachen« und »Spielen« steht meist auf der Liste.

Schreibt alles einfach erst einmal auf. Dann sprecht gern mit den Kindern noch detaillierter darüber. Was oder wen genau meinen sie damit? Wie wollen sie es ganz genau haben? Macht euch gern Notizen, die Kinder merken dann, dass es euch wirklich wichtig ist. Offenheit und Wertschätzung sind übrigens Werte, die in so einem Gespräch gelebt werden.

Dann könnt ihr erzählen, was euch wichtig ist und was ihr euch von euren Kindern wünscht. Hilfsbereitschaft ist etwas, das mir wichtig ist im Familienleben, eine Klientin hat dafür den Begriff »Teamwork« gefunden. Ich freue mich auch, wenn die Kinder in einem bestimmten Rahmen großzügig sind und auf die Stimmungen der anderen Rücksicht nehmen. Auch diese Werte können miteinander besprochen und genauer beschrieben werden.

Zum Abschluss könntet ihr gemeinsam ein Plakat entwerfen, auf dem die gefundenen und gesammelten Begriffe schön gestaltet und vielleicht noch mit Bildern visualisiert werden. Sucht gemeinsam in alten Zeitschriften oder im Internet Fotos oder Illustrationen, die für euch Liebe, Teamwork oder Rücksichtnahme etc. darstellen. Ihr könnt auch ein schönes Bild gemeinsam dazu malen.

Das Plakat kann einen Platz in einem gemeinsamen Raum (Küche, Essbereich oder Ähnlichem) finden, sodass es oft in euer aller Blickfeld ist. Das hat mehrere Wirkungen: Zum einen prägt sich alles darauf allein durch die Präsenz ins Unterbewusstsein ein. Zum anderen könnt ihr euch in einer »heißen Phase« schnell darauf berufen: »Schau mal, erinnerst du dich, wir wollten doch hilfsbereit sein/Rücksicht nehmen/Spaß miteinander haben.« Das schafft zusätzlich Verbindlichkeit, auch ein wertvolles Ideal.

Abschließende Worte zum Thema Werte

Eine bewusste Auseinandersetzung mit deinem Wertesystem ist eine sehr wertvolle Arbeit, für dich und deine Familie. Es erleichtert dir nicht nur die Beziehung zu den Menschen in deinem Umfeld (Partner, Kinder, Eltern, Arbeitskollegen, Freundinnen), sondern vor allem, dein Leben erfüllt und glücklich zu gestalten und dich immer wieder auf das Positive auszurichten.

Insbesondere bei Themen, die immer wieder Konflikte verursachen, hilft unsere Auseinandersetzung mit dem Wertesystem, Klarheit und Bewusstsein zu erreichen und damit mehr Harmonie und Ausgeglichenheit in unserem Familienleben zu erschaffen. Von klaren, positiven Werten, die ihr euren Kindern vorlebt, können die Kinder außerdem später immer profitieren.

Wenn ihr in der Familie transparent mit euren Werten und auch ihrem möglichen Wandel im Laufe der Zeit umgeht, ist es ein spannender Prozess, den ihr miteinander durchleben dürft und in dem ihr euch auch zusammen weiterentwickeln könnt.

Das alles kann unfassbar schön für das Familienleben sein, weil es dann zu einem sehr bewussten Umgang miteinander führt und dadurch zu mehr Verständnis und Liebe. Gleichzeitig erhöhst du damit die Grundschwingung in deinem Familienleben, denn du bist auf deine positiven Werte ausgerichtet. So lebst du immer mehr in der Energie, die du dir für deine Familie wünschst.

Wie Glaubenssätze deine Realität beeinflussen

Glaubenssätze sind mein absolutes Lieblingsthema, daher werde ich es dir in diesem Kapitel sehr detailliert vorstellen. Denn wenn du erst einmal verstanden hast, wie sehr dein Familienleben davon geprägt ist, was du an bewussten oder unterbewussten Glaubenssätzen gespeichert hast, kannst du sehr schnell anfangen, dir eine neue Realität zu erschaffen. Wenn du dich traust, zu hinterfragen, was du als »normal« empfindest, kann sich dir eine ganz neue Welt eröffnen. Es ist ein sehr spannender Prozess, den du Schritt für Schritt gehen kannst, und je weiter du gehst, desto leichter wird es.

Zur Erinnerung: Der Stress in unserem Leben entsteht sehr oft nur aus unseren Gedanken und den daraus resultierenden Emotionen zu bestimmten Situationen. Wir empfinden diese Situationen als anstrengend, weil sie mit Glaubenssätzen verknüpft sind, die automatisch negative Gedanken und Gefühle produzieren. Hätten wir andere Glaubenssätze, könnten wir möglicherweise total entspannt bleiben.

Aber was sind diese Glaubenssätze überhaupt? Um ihnen näherzukommen, möchte ich zunächst ein paar »typische« Gedanken von Müttern aufzählen:

- »(Meine) Kinder sind ganz schön anstrengend.«
- »Ich muss mich um alles kümmern, sonst kümmert sich keiner.«
- »Ich müsste besser backen/basteln etc. können, andere Mütter können das doch auch.«
- »Gesunde Ernährung ist das A und O.«
- »Die Mutter gehört zum Kind.«
- »Ich bin eine schlechte Mutter, weil ich schon wieder laut geworden bin.«
- »Ich habe zu wenig Zeit für die Kinder wegen meines Jobs.«
- »Es ist alles zu viel.«
- »Es ist alles so stressig.«
- »Ich sollte mich mehr um die Hausaufgaben meines Kindes kümmern. Es braucht einen guten Schulabschluss.«
- »Die Bedürfnisse meines Kindes sind am wichtigsten.«
- »Die Partnerschaft ist nicht mehr erste Priorität, wenn man Eltern wird. Das ist normal und gibt sich schon wieder.«
- »Ich habe nie Zeit (für mich).«

Kommt dir der ein oder andere dieser Sätze bekannt vor? Hast du ihn vielleicht selbst schon einmal gedacht? Oder entspricht er sogar deiner gefühlten Wahrheit?

Impuls
Wie oft am Tag hast du solche negativen Gedanken über dich und das Muttersein? Und wie geht es dir damit?

Was ist, wenn ich dir sage: All diese Gedanken sind »nur« Glaubenssätze, sie entsprechen nicht der Wahrheit, und du kannst dir, wenn du es bewusst möchtest, eine neue Wahrheit und damit eine neue Realität erschaffen. Klingt das vielversprechend? Dann schauen wir uns das mal näher an.

Was sind Glaubenssätze?

Ganz einfach gesagt: Glaubenssätze beschreiben das, was wir über die Welt denken. Es sind bewusste und unterbewusste Annahmen darüber, wie unser Leben funktioniert. Wir haben also tief verwurzelte innere Überzeugungen über uns und unsere (angenommene) Realität, die vor allem im Unterbewusstsein verankert sind.

Glaubenssätze sind in der Regel verallgemeinernd oder haben eine absolute Aussage, was sich durch bestimmte Signalwörter zeigt: **immer, niemals, man, niemand, keiner, alle, muss, sollte, kann nicht, geht nicht, darf nicht.**

Die Summe unserer Glaubenssätze bildet unser **Glaubenssystem,** das auch »Mindset« genannt wird. Grundsätzlich sind Glaubenssätze für unser Leben überaus hilfreich und wertvoll. Sie geben uns Orientierung und Halt. Sie sind unser Fundament für einen funktionierenden Alltag, denn ohne Glaubenssätze müssten wir ständig alles hinterfragen und neu bewerten. Daher richten wir uns ein Glaubenssystem ein, das uns einen Rahmen gibt, in dem wir uns sicher fühlen.

Positive Glaubenssätze stärken uns und geben uns Mut und Zuversicht. Wir können auf sie bauen, wenn es mal schwierig wird, und sie eröffnen uns eine Perspektive. Auch negative Glaubenssätze können eine positive Absicht haben, in der Regel erfüllen sie eine Schutzfunktion. Sie wollen uns vor Enttäuschungen oder zu großen Risiken bewahren. Jedoch können sie negative Gedanken, Stress, das Gefühl von Perspektivlosigkeit oder Angst vor dem Unbekannten verursachen, wenn wir uns nicht bewusst mit ihnen auseinandersetzen. Dann halten sie uns davon ab, neue

Wege zu gehen sowie Chancen zu sehen und zu ergreifen. Wir bleiben bei unseren Herausforderungen immer auf der Stelle stehen und gehen nicht voran, weil wir glauben, dass sich die Situation sowieso nicht ändern lässt.

Glaubenssätze können sich auf unterschiedliche Lebensbereiche beziehen. Ein Mensch kann in einem Lebensbereich (»Finanzen«) hauptsächlich positive Glaubenssätze haben, in einem anderen (»Partnerschaft«) vorwiegend negative. Er könnte dann zwar reich sein, aber seine Partnerschaften würden häufig scheitern.

Beispiele für typische Glaubenssätze

Verschiedene Themen:
Identität
Positiv: Ich bin schlau./Ich bin sportlich./Ich bin wertvoll./Ich bin ein optimistischer Mensch.
Negativ: Ich bin unmusikalisch./Ich bin nicht kreativ./Ich bin nicht liebenswert.

Umwelt/Leben
Positiv: Das Leben meint es gut mit mir./Es gibt viele hilfsbereite Menschen./Da, wo ich lebe, bin ich sicher.
Negativ: Alles geht zugrunde./Der Mensch zerstört die Natur./Früher war alles besser.

Glück
Positiv: Ich bin ein glücklicher Mensch./Ich habe (immer) Glück./Ich bin für mein Glück selbst verantwortlich.

Negativ: Wenn ich erst ..., dann bin ich glücklich./
Glück ist Zufall./Ich verdiene es nicht, glücklich zu sein.

Partnerschaft/Liebe
Positiv: Ich habe meine (große) Liebe gefunden./Ich
bin liebenswert./Ich lebe in einer aufrichtigen und liebevollen Beziehung.
Negativ: Ich bin nicht attraktiv./Ich bin es nicht wert,
geliebt zu werden./Liebe tut weh.

**Unterschiedliche Arten von Glaubenssätzen:
Glaubenssätze über Zusammenhänge**
Es werden regelhafte Zusammenhänge hergestellt:
• Wenn man in der Schule gut ist, bekommt man spä-
  ter einen guten Job.
• Wenn das Kind ohne Mütze vor die Tür geht, wird
  es krank.

Glaubenssätze als Zuschreibungen
Bestimmten Situationen oder Verhaltensweisen werden
verallgemeinernde Bedeutungen zugeschrieben:
• Mein Kind ist nicht hilfsbereit/ist schüchtern/kann
  sich nicht allein beschäftigen.
• Die Pubertät ist eine kritische Zeit.

Glaubenssätze über Ursachen
Der Glaubenssatz liefert eine Ursache für die Situation:
• Dafür bist du noch zu klein, das kannst du noch nicht.
• Das hast du von mir, ich war auch schlecht in Ma-
  thematik.

Glaubenssätze über feststehende Einschränkungen
Es werden Grenzen festgelegt.
• Das geht nicht.
• Das macht man nicht.

Positives oder negatives Mindset

Sicher ahnst du schon, wie sehr Glaubenssätze unser Familienleben beeinflussen können und wie erleichternd es sein kann, hinderliche und stressige Glaubenssätze in diesem Kontext zu finden und zu verändern. Denn unsere Glaubenssätze beeinflussen und bestimmen – wie wir bereits erfahren haben – unsere Gedanken, unsere Gefühle und damit unser Verhalten und unsere Entscheidungen. So erschaffen wir im Grunde mit unseren Gedanken den Alltag, den wir jeden Tag erleben.

Zusätzlich sind Glaubenssätze auch ein Filter für unsere Wahrnehmung. Sie wollen am liebsten immer bestätigt werden, damit ja kein Zweifel an unserer Version des Lebens aufkommt. Daher richtet sich unsere Aufmerksamkeit immer auf vermeintliche Beweise, die uns unsere Wahrheit wieder und wieder belegen (egal, ob es eine »positive« oder »negative« Wahrheit ist). Dadurch werden unsere Glaubenssätze in der Regel zu einer »selbsterfüllenden Prophezeiung« (s. Infobox auf Seite 66/67). Wir nehmen die Welt um uns herum also nicht nur so wahr, dass unser Glaubenssystem immer bestätigt wird, sondern sorgen mit unserem Verhalten bis zu einem gewissen Grad auch noch dafür. Verrückt, oder? (Lies an dieser Stelle gern noch einmal das Beispiel von Melanie, die denkt, ihre »mäkelige« Tochter Lina möge kein Gemüse auf Seite 81/82.)

Hast du schon einmal vom »Halbvollen oder halbleeren Glas«-Denken gehört? Dieses Bild ermöglicht eine klare Unterscheidung zwischen einem positiven und einem negativen Glaubenssystem bzw. Mindset.

Sicher kennst du Menschen, die sehr negativ ausgerichtet sind und ihren Fokus immer zuerst auf die ungünstigen Aspekte einer Sache richten. Für sie ist das Glas halb leer. In der Regel haben diese Menschen ein nachteiliges Glaubenssystem. Sie glauben, »dass die Welt es nicht gut mit mir meint« und sie »sowieso immer Pech haben«. »Arbeit ist halt Arbeit«, »Die Wochenenden sind immer viel zu kurz« und »Kinder sind laut/anstrengend/frech/teuer« sind weitere typische Glaubenssätze aus einem negativen Glaubenssystem. Menschen mit dieser Grundhaltung sind der Meinung, dass »man das nicht ändern kann«, und wenn du sie fragst, wie es ihnen geht, kommt mit einem schiefen Grinsen ein »Muss ja« über ihre Lippen. Hinter all diesen negativen Gedanken stecken oft unterbewusste Urteile über sich selbst, wie etwa, dass sie »nicht gut genug« oder »nicht liebenswert« seien oder »es eben nicht anders verdient haben«.

Diese Menschen jammern und klagen gern über die äußeren Umstände. Tatsächlich erleben sie auch oft kleinere und größere Katastrophen. In ihrer Partnerschaft fühlen sie sich schlecht behandelt, die Kinder bereiten Probleme im sozialen Kontext oder in der Schule. In ihrem Job werden sie oft benachteiligt, vielleicht haben sie sogar eine oder mehrere Kündigungen erlebt. Auch gesundheitlich geht es ihnen nicht gut. Aber sie bleiben passiv, ertragen ihr Schicksal und kommen gar nicht auf die Idee, dass sie selbst etwas an ihrer Situation verändern könnten.

Vielleicht kennst du Menschen, die in diese Richtung tendieren?

Menschen mit einem positiven Mindset hingegen fokussieren das halbvolle Glas. Sie sehen die Möglichkeiten und Optionen, die ihnen das Leben bietet, und greifen gerne zu. Sie glauben, »dass alles möglich ist« oder zumindest, dass »es immer eine Chance gibt«. Sie gehen mit Freude zur Arbeit, »weil ich nette Kolleginnen und Kollegen habe« und »weil es einfach Spaß macht«. Sie sind überzeugt, dass »die Familie ein Ort der Geborgenheit und Liebe ist« und ihre »Kinder ein großes Geschenk« sind. Oft vertrauen sie unbewusst darauf, dass »die Welt immer *für* sie ist« und dass sie »erfolgreich sind« und »nur das Beste verdient haben«. Sie halten sich für »genau richtig, wie ich bin« und sind dankbar für ihr Leben.

Diesen Menschen scheint alles im Leben zu glücken. Sie haben einen tollen Job, in dem sie sehr gut verdienen und haben schon vor langer Zeit ihren Traumpartner gefunden. Ihre Kinder sind erfolgreich und beliebt. Neue Projekte gehen sie mit Leichtigkeit an und führen sie meistens zum Erfolg. Sie strotzen vor Energie und Gesundheit, und wenn wir mit ihnen zusammen sind, spüren wir ihre Liebe zum Leben.

Kennst du auch Menschen, die mit so einem Mindset durch die Welt gehen?

Natürlich sind beides Beschreibungen der Extreme. Aber in der Regel können wir feststellen, zu welchem Mindset eine Person neigt.

Wenn du wissen willst, welche Glaubenssätze du hast, schau dir einfach an, welches Leben du führst. Es spiegelt dein Glaubenssystem wider. Zu welcher Seite zählst du dich eher – halbvolles oder halbleeres Glas? An dieser Stelle darfst du ganz ehrlich mit dir sein, denn Bewusstwerdung ist der erste Schritt zur Veränderung. Vielleicht gibt es auch bestimmte Lebensbereiche, die du eher negativ siehst, und in einem anderen Lebensbereich hast du ein total positives Mindset?

Spätestens jetzt ist sicher verständlich geworden, wie wichtig es für ein erfülltes und glückliches Leben ist, dass wir ein positives Glaubenssystem haben: Je positiver unsere Glaubenssätze über uns und die Welt sind, desto leichter fällt uns das Leben.

Die gute Nachricht ist, wie auch immer dein Urteil für dein eigenes Mindset ausfällt: Wir können uns unser Glaubenssystem bewusst machen und die hinderlichen Annahmen verändern. Dann verlieren die einzelnen Glaubenssätze ihren Einfluss auf unser Denken und unser Handeln und – erstaunlicherweise – auch auf unsere Umwelt. Anders gesagt: Wenn du aufhörst, Dinge zu glauben, die dich einschränken oder stressen, kannst du ein (Familien-) Leben erschaffen, das von Freude und Leichtigkeit getragen wird.

Erinnere dich an meine Geschichte, als ich den Glaubenssatz über meinen Sohn hatte, dass er stirbt, wenn er nicht isst. Meine Arbeit mit diesem Glaubenssatz hat, davon abgesehen, dass ich entspannter mit diesen Situationen sein kann, auch dazu geführt, dass *er* beruhigt essen konnte, weil der Druck weg war, den ich mir und damit auch ihm gemacht hatte.

Das grundlegende Mindset bestimmt maßgeblich unseren Familienalltag, denn – und auch das hast du inzwischen erfahren – wir ziehen das an, was wir glauben. Unser Mindset bestimmt auch, in welcher Energie wir unser Leben gestalten und auf welcher Schwingungsebene wir unterwegs sind. Je positiver dein Glaubenssystem, desto mehr positive Energie hast du, und diese gibst du dann auch in dein Familiensystem.

Und denk dran: All das – unsere Einstellung zum Leben, unser Mindset, unsere Energie – geben wir an unsere Kinder weiter, denn sie lernen von uns. Wir sind ihr Vorbild. Welches Glaubenssystem möchtest du deinen Kindern vorleben? Halbvolles oder halbleeres Glas?

»Familienalltag ist leicht und voller Freude!« Ist das nicht ein schöner Glaubenssatz? Willst du nicht viel lieber daran glauben als »Ich bin immer gestresst«?

Unser Mindset und unsere Glaubenssätze zu verändern, kann eine echte Herausforderung sein. Um diese anzugehen, sollten wir zunächst verstehen, woher unsere Glaubenssätze überhaupt kommen und wo sie gespeichert werden.

Der Ursprung unserer Glaubenssätze

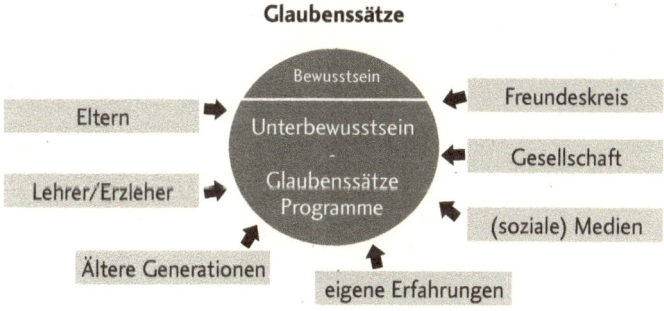

Wie du der Grafik entnehmen kannst, können Glaubenssätze ihren Ursprung in sehr unterschiedlichen Quellen haben. Geprägt werden sie entweder durch Wiederholung bzw. das ständige Erleben oder durch extreme oder sogar traumatische Situationen. Der ständige Streit zwischen den Eltern und die anschließende Scheidung könnte den Glaubenssatz prägen: »Ehen sind zum Scheitern verurteilt«, das unerwartete Verlassenwerden von der ersten großen Liebe festigt vielleicht den Glauben »Ich bin nicht liebenswert«. Gespeichert werden die Glaubenssätze in unserem Unterbewusstsein, von wo aus sie wirken.

Viele Glaubenssätze wurden in unserer Kindheit von unseren Eltern geprägt. Typische Ermahnungen, die wir immer wieder zu hören bekamen, wie »Ruhe jetzt, du bist zu laut« oder »Stell dich nicht so an, du bist echt zu sensibel« könnten den Glaubenssatz geprägt haben »Ich bin nicht richtig, wie ich bin«. Und genauso prägen uns positive Sätze mitunter ein Leben lang. Wenn eine Mutter ihr Kind jeden Abend liebevoll ins Bett bringt und sagt: »Gute Nacht, ich habe dich lieb, so wie du bist«, auch wenn es davor vielleicht mal Streit gegeben hat, trägt es später höchstwahrscheinlich die Überzeugung in sich: »Ich werde geliebt, egal, was passiert.«

 Impuls

Was sagst du oft zu deinem Kind, das du lieber nicht mehr sagen möchtest? Was möchtest du ihm in Zukunft öfter sagen? Was sollen deine letzten Worte jeden Abend sein?

Glaubenssätze nehmen wir auch durch andere enge Bindungspersonen an, die insbesondere in unserer Kindheit und Jugend eine wichtige Rolle spielen. So können sich einschneidende Erlebnisse im Kindergarten und in der Schule in Glaubenssätzen manifestieren. Ich selbst habe lange Jahre geglaubt, ich könne nicht gut mit Bällen umgehen. Eine Lehrerin unterstellte mir einst im Sportunterricht beim Volleyballtraining, das ich mit mäßiger Begeisterung und entsprechend schlechter Leistung absolvierte, ich sei wohl »optisch-motorisch gestört«. Die Wortwahl und das verordnete Einzeltraining an der Wand, während die anderen schon spielen durften, kränkten und verunsicherten mich. Die Freude am Ballspiel hatte sich damit erledigt, ich war ja ohnehin »optisch-motorisch gestört«. Erst in den letzten Jahren habe ich diesen Satz hinterfragt. Meine Jungs haben mich immer mal wieder zum Spielen mit Bällen aufgefordert, was ich immer wieder vehement ablehnte. Aber sie blieben dran (Danke, Jungs!), und schließlich habe ich mich bewusst dazu entschieden, dass ich das nicht mehr glauben möchte. Dann erst konnte ich feststellen, dass ich diese Störung gar nicht habe und sogar ganz gut fangen und werfen kann. Ballspiele mag ich trotzdem nicht so gerne, aber jetzt weiß ich: Ich *könnte,* wenn ich wollte.

Das ist übrigens ein sehr wichtiger Punkt: Wir dürfen aufmerksam sein, wenn wir mitbekommen, dass unsere Kinder von ihren Bezugspersonen im Kindergarten oder in der Schule (oder wo auch immer) in bestimmte Schubladen gesteckt werden und wir immer wiederkehrende Sätze hören. Auch Beurteilungen und Zeugnisse können uns Hinweise geben, welche negativen oder auch positiven Glaubenssätze unseren Kindern (sicherlich oft unbewusst) mitgegeben werden. Wir können das nicht verhindern, aber wenn wir uns dessen bewusst sind, können wir zu Hause gegensteuern und eventuellen negativen Überzeugungen frühzeitig vorbeugen. Positive Zuschreibungen dürfen wir natürlich annehmen und verstärken: Bei einem »Beurteilungsgespräch« im Kindergarten sagte die Erzieherin voller Überzeugung einmal über meine Tochter: »Um die müssen Sie sich keine Sorgen machen.« Ich bin heute noch dankbar für diesen Satz, denn besonders der überzeugte Tonfall kam bei mir an, und ich habe diese Aussage tief verinnerlicht. Zusätzlich habe ich den Satz immer wieder zitiert und anderen Menschen davon erzählt.

Was soll ich sagen: Meine Tochter ist jetzt volljährig und ich habe mir wirklich nie ernsthafte Sorgen um sie gemacht.

In späteren Jahren hat besonders unser Freundeskreis einen gro-ßen Einfluss auf unsere Überzeugungen. Wir wollen dazugehö-ren und übernehmen daher oft ungeprüft die Ansichten der »Anführer« aus den jeweiligen Cliquen. Wir lernen vielleicht, dass »das richtige Aussehen und bestimmte Klamotten wich-tig sind«, um zu den Auserwählten zu gehören, oder wir »ir-gendwie komisch sind, weil wir nicht gern Party machen«. Viel-leicht erleben wir aber auch uneingeschränkte Loyalität von der besten Freundin und verinnerlichen, dass man sich »auf gute Freunde immer verlassen kann«, oder wir erleben mit unserer Sportmannschaft einen großen Erfolg und verstehen, dass man »gemeinsam alles erreichen kann«.

Wie bereits geschildert, machen wir in dieser Zeit erste Erfah-rungen mit Liebesbeziehungen, die uns oft für den Rest unseres Lebens prägen und unser Glaubenssystem zum Thema Partner-schaft beeinflussen. Dazu haben wir aber natürlich auch schon viel von den Eltern mitbekommen, was sich ebenfalls in den ersten Beziehungen manifestieren kann. Haben die Eltern eine schwierige Beziehung, dann gibt es kein Vorbild für eine gelin-gende Partnerschaft. Darauf aufbauend könnten eigene schlechte Erfahrungen gemacht werden, die dieses negative Glaubenssys-tem weiter untermauern. Vielleicht glauben wir aber auch an die »ewige Liebe« und »dass es den einen Richtigen für uns gibt«, weil unsere Eltern eine sehr glückliche Partnerschaft geführt ha-ben (so ist es auch bei mir!).

Glaubenssätze über das Muttersein bekommen wir hauptsäch-lich von unserer Mutter mit. Aber sie werden auch von den Medien, den sozialen Netzwerken, von Büchern und all dem, was in der Gesellschaft diskutiert wird, geprägt. Vieles davon habe ich bereits im ersten Kapitel dargestellt, auch, welche überhöhten Anforderungen an die »moderne Frau und Mutter« heute oft kommuniziert werden. Etliche Glaubenssätze nehmen wir übrigens lange Zeit gar nicht bewusst wahr. Hat in unserer Kindheit der Vater das Geld verdient und die Mutter war als Hausfrau zu Hause, hat sich bei uns vielleicht der Glaubenssatz »Die Mutter gehört zum Kind« eingeprägt. Lange bleibt dieser Satz unbewusst, weil er in unserem Leben keine Rolle spielt. Erst wenn wir selbst Mutter werden, merken wir, wie sehr uns vielleicht die Frage »Wie lange will ich Elternzeit nehmen?« beschäftigt oder sogar quält. Einerseits möchten wir gerne arbeiten, andererseits haben wir das »Gefühl«, wir müssten doch beim Kind sein, um eine gute Mutter zu sein. So können neue Glaubenssätze auch im Widerspruch zu den Glaubenssätzen stehen, die wir aus unserer Kindheit mitbekommen haben (als Beispiel: »Du sollst dein Potenzial leben« vs. »Eine gute Mutter bleibt beim Kind zu Hause«).

Uns darf auch bewusst sein, dass wir Glaubenssätze von unseren Vorfahren übernehmen, teilweise werden sie über mehrere Generationen weitergegeben. Die Geschichten unserer Großeltern oder noch früherer Generationen haben oft einen maßgeblichen Einfluss auf unseren Blick auf die Welt, auch Kriegstraumen können weitergegeben werden. Das hängt damit zusammen, dass unsere Eltern ihr Glaubenssystem zu einem Großteil von ihren Eltern übernommen haben und vielleicht nicht die Möglichkeiten oder das Wissen hatten, bewusst damit umzugehen oder es gar zu verändern. Jede Generation gestaltete so den Alltag mit diesem Mindset, was entsprechend wieder zur Blaupause für die

nächste Generation wurde. Und genau darum dürfen oder sollten wir ja genau auf unser Glaubenssystem achten und überlegen, was wir *unseren* Kindern vorleben und mitgeben wollen.

An dieser Stelle möchte ich an das Thema Vergebung erinnern. Es
ist nicht besonders hilfreich, deinen Eltern Vorwürfe zu machen,
weil sie dir auch negative Glaubenssätze mitgegeben oder sogar
ein grundsätzlich negatives Mindset vorgelebt haben. Niemand
von uns kann ein Kind im Leben begleiten, ohne dass es Glaubenssätze entwickelt. Das ist die Natur von Glaubenssätzen. Da
du Mutter bist, weißt du inzwischen, wie schnell uns die Kinder
an unsere Grenzen bringen und wir dann auch mal die Fassung
verlieren und losschimpfen. Das gehört zum Leben dazu. Manchmal müssen wir Grenzen setzen, auf unsere Bedürfnisse achten
und auch mal nein sagen. Dieses Nein könnte unter bestimmten
Umständen bei unserem Kind einen negativen Glaubenssatz wie
»Ich störe immer« prägen, auch wenn wir das natürlich nicht wollen. Kinder können emotional sehr sensibel reagieren und beziehen dann unter Umständen Aussagen Erwachsener stärker auf
sich und ihr Verhalten, als sie eigentlich gemeint sind.

Wir können also nicht verhindern, dass unser Kind negative
Glaubenssätze mitbekommt, von uns oder auch von anderen.
Und genauso erging es auch unseren Eltern und auch schon
deren Eltern. Wie schon erwähnt, stecken oft sehr schwierige
Biografien oder auch traumatische Kriegserlebnisse hinter dem
Glaubenssystem unserer Vorfahren, das dann an die Kinder
mehrerer Generationen weitergegeben wird.

Vorwürfe helfen jedoch in keinem Fall weiter. So wie wir uns
selbst vergeben dürfen, dass wir nicht immer nur pädagogisch
wertvoll reagieren, sondern auch »nur« Mensch sind, so dürfen

wir auch unseren Eltern vergeben, die wahrscheinlich noch nicht einmal wussten, was sie mit ihren Sätzen und Verhaltensweisen verursachen oder wie sie diese verändern können.

Meiner Meinung nach ist unsere wichtige Aufgabe jedoch, unseren Kindern vorzuleben, dass uns solche Glaubenssätze nicht dauerhaft einengen müssen. Wir können ihnen zeigen, wie wir damit umgehen können, wie wir ihre Wirkung erkennen und verändern können. Wir können ihnen vor allem ein grundsätzlich »Halbvolles Glas«-Mindset mitgeben, dann haben die negativen Glaubenssätze weniger Chancen. Wir dürfen verstehen und vorleben, dass die Verantwortung für den Glaubenssatz immer bei uns liegt. Wir können unser Mindset verändern und damit auch unseren Kindern den Glauben schenken, dass wir alle für unser Leben selbst verantwortlich sind.

Wie du deine Glaubenssätze finden und verändern kannst

Sicher ist dir jetzt bewusst geworden, wie hilfreich und entlastend es sein kann, negativen Glaubenssätzen im Familienleben auf die Spur zu kommen und diese zu verändern. Oft wird in diesem Zusammenhang empfohlen, eine Art »Generalüberholung« zum Thema Glaubenssätze zu machen und alle hinderlichen Glaubenssätze auf einmal aufzudecken und zu verändern. Das halte ich für Unsinn, und mal ehrlich, für so etwas haben wir Mütter nun wirklich keine Zeit (aber vielleicht ist das auch nur ein Glaubenssatz?). Meiner Meinung nach reicht es vollkommen aus und bringt große Veränderungen mit sich, wenn du anfängst, *die* Glaubenssätze zu finden, die deinem leichten und gelassenen Familienleben *aktuell* entgegenstehen. Du darfst einfach mit den Themen anfangen, die dich im Moment wirklich stressen, und erst einmal damit arbeiten. Dabei gibt es Glaubenssätze, die du vermutlich schnell entlarven und auflösen kannst, und andere, die tief im Unterbewusstsein versteckt sind und die schwieriger zu finden sind. Deren Auflösung benötigt dann unter Umständen mehr Zeit. Aber sei dir gewiss, dass es sich lohnt.

Die Veränderung besteht aus den folgenden fünf Punkten, die du schrittweise umsetzen kannst:
Schritt 1: Erkenne Stressauslöser im Familienalltag
Schritt 2: Finde den Glaubenssatz dahinter
Schritt 3: Hinterfrage den Glaubenssatz und stelle ihn auf die Probe
Schritt 4: Formuliere einen neuen Glaubenssatz
Schritt 5: Komme ins Tun

Wie gewohnt, werde ich jeden Schritt detailliert erläutern und mit Beispielen veranschaulichen, um sicherzustellen, dass du anschließend selbständig damit arbeiten kannst.

Schritt 1: Erkenne Stressauslöser im Familienalltag

Als Erstes geht es darum, dass du dir deiner dich stressenden Glaubenssätze überhaupt bewusst wirst. Das ist auch der wichtigste Schritt. Schau auf deinen Familienalltag. Deine negativen Überzeugungen zeigen sich dort, wo du dich immer wieder über eine bestimmte Situation ganz besonders aufregst, extrem angespannt bist oder bei einem bestimmten Thema schnell beleidigt reagierst. Wenn eine Situation oder ein Thema immer wieder die gleiche negative Reaktion in dir erweckt, ist das der deutliche Hinweis darauf, dass hier ein negativer Glaubenssatz verändert werden darf.

Beobachte ein paar Tage lang, welche Situationen dich regelmäßig wütend machen, dich beleidigt reagieren lassen oder dich besonders stressen. Nimm das erst einmal einfach nur wahr und mache dir Notizen.

Beispiele:
»Ich raste jedes Mal schnell aus, wenn mein Kind mit dem Essen spielt.«
»Es macht mich fertig, dass ich meinem Kind jeden Abend zwei Stunden beim Einschlafen helfen muss, obwohl ich gerne noch etwas Zeit für mich hätte.«

Schritt 2: Finde den Glaubenssatz dahinter

Im zweiten Schritt fragst du dich, was du über die jeweilige Situation denkst. Welche Überzeugung, die du dazu hast, zeigt sich in deiner Reaktion? Formuliere sie in einem kurzen Satz. Erinnere dich: Glaubenssätze sind in der Regel verallgemeinernd, was sich durch bestimmte Wörter zeigen kann: immer, niemals, man, niemand, keiner, alle, muss, sollte, kann nicht, geht nicht, darf nicht.

Das kann herausfordernd sein. Setze dich damit nicht unter Druck, es kommt nicht darauf an, den exakten »falschen« Glaubenssatz zu finden, sondern generell deine Gedanken zur Situation zu erforschen. Es gibt also kein Richtig oder Falsch. Spüre auch genau hin, was deine Ängste und Sorgen in der Situation sind. Sie weisen dir meistens den Weg.

Beispiele:
»Man spielt nicht mit dem Essen.«
»Mein Kind kann nicht ohne mich einschlafen.«

Schritt 3: Hinterfrage den Glaubenssatz und stelle ihn auf die Probe

Im dritten Schritt hinterfragst du den eben notierten Glaubenssatz und stellst ihn auf die Probe. Ziel ist es, dir bewusst zu machen, dass es keine immer gültige Wahrheit ist.

Stelle dir folgende Fragen:

1. **Woher kommt dieser Glaubenssatz?**
   Es können Erfahrungen sein, die du gemacht hast, oder Sätze, die du in deiner Kindheit gelernt hast, etc. Versuche den Ursprung dieses Glaubens zu ergründen, ohne ihn zu bewerten. Es geht nicht um Schuld, sondern um das Verstehen, dass es nur ein Glaubenssatz ist.

2. **Ist das wirklich wahr?**
   Frage dich danach, ob die »Wahrheit« in diesem Satz wirklich stimmt. Das ist der spannendste Punkt in diesem Prozess. Gilt diese Wahrheit wirklich immer und für jeden Menschen? Oder kennst du aus deinem eigenen Leben Situationen, in denen sich eine andere Wahrheit gezeigt hat? Vielleicht kennst du auch Menschen, die diesen Glauben widerlegen? Oft helfen diese Gegenfragen, um der »Wahrheit« auf die Schliche zu kommen. Am besten findest du mehrere Gegenbeweise.

3. **Wie geht es mir, wenn ich das glaube?**
   Nimm wahr, welche Emotionen dieser Glaubenssatz in dir auslöst.

4. **Wie wäre mein Familienleben, wenn ich etwas anderes glauben würde?**
   Jetzt stell dir vor, wie die stressige Situation verlaufen würde, wenn du nicht an diese gefühlte Wahrheit glauben würdest.

(Die Fragen sind angelehnt an »The Work« von Byron Katie[10], aus eigener Erfahrung jedoch etwas verändert.)

Beispiele:
»Man spielt nicht mit dem Essen.«
Woher kommt dieser Glaubenssatz?: Das hat meine Großmutter, vor der ich viel Respekt hatte, ständig zu mir gesagt. Auch mein Vater hat das oft gesagt.

Ist das wirklich wahr?: Ich überlege: Wer ist eigentlich »man«? Wieso soll mein Kind nicht mit dem Essen spielen? Geht es um das Thema Verschwendung? Halte ich es für unerzogen? Macht es mir einfach viel Arbeit, weil dann alles vollgekleckert ist? Was passiert, wenn mein Kind mit dem Essen spielt? Warum will es mit dem Essen spielen? Was ist noch Spielen, wann ist es nur Ablenkung, weil es eigentlich keinen Hunger mehr hat? Was will mein Kind aus dem Spielen lernen? Was will es mir durch sein Verhalten mitteilen – vielleicht, dass es keinen Hunger hat oder das Essen nicht mag? In welchen Situationen ist es okay, wenn es mit dem Essen spielt, in welchen nicht?

Wie geht es mir, wenn ich das glaube?: Ich bin sehr schnell super-genervt und gereizt und meckere rum. Da bleibt kein Raum für Lösungen.

Wie wäre mein Familienleben, wenn ich etwas anderes glauben würde?: Ich könnte mich an der Spielfreude meines Kindes erfreuen und darüber schmunzeln. Ich könnte ruhig und gelassen bleiben. Ich könnte Mahlzeiten kreieren, mit denen mein Kind auch mal spielen kann, ohne dass es für mich in Arbeit ausartet. Ich dürfte ihm aber auch Grenzen setzen. Ich könnte herausfinden, warum es das macht, und lernen, besser auf seine Signale einzugehen.

»Mein Kind kann nicht ohne mich einschlafen.«
Woher kommt dieser Glaubenssatz?: Immer, wenn ich aus dem Zimmer gehe, fängt mein Kind an zu weinen/schreien. Das ist so.

Ist das wirklich wahr?: Nein, das stimmt nicht. Bei der Tagesmutter schläft es beim Mittagsschlaf allein ein. Manchmal schläft es auch nachmittags einfach auf dem Sofa ein, wenn es sehr müde ist. Es gab auch schon eine Phase, da hat es sich abends von Papa ins Bett bringen lassen.

Wie geht es mir, wenn ich das glaube?: Ich fühle mich fremdbestimmt und unter Druck. Ich habe das Gefühl, dass ich meine Abende nicht nach meinen eigenen Wünschen gestalten kann, um mich beispielsweise mit Freundinnen zu treffen oder Sport zu treiben.

Wie wäre mein Familienleben, wenn ich etwas anderes glauben würde?: Ich könnte mir abends mal wieder etwas vornehmen und würde mich nicht mehr so angebunden fühlen. Ich könnte auch verstehen, dass es meine Entscheidung ist, das Kind in den Schlaf zu begleiten, und dass mir das auch Freude macht.

Schritt 4: Formuliere einen neuen Glaubenssatz
Im vierten Schritt formulierst du einen neuen Glaubenssatz, den du in dieser Situation in Zukunft lieber denken möchtest.

Es wird oft empfohlen, den negativen Satz einfach umzudrehen, aber, mit Verlaub, auch das ist meiner Meinung nach Unsinn. Deinem Unterbewusstsein wird es sehr schwerfallen, die einfache Umkehrung deines »heißgeliebten Glaubenssatzes« zu glauben, denn es gibt ja »gute Gründe« dafür, dass du diesen Glaubenssatz entwickelt hast. Es nutzt also nichts, wenn du den Glaubenssatz »Ich bin keine gute Mutter« umwandelst in »Ich bin die weltbeste Mutter«. Das ist einfach zu weit weg von der Realität und das wirst du dir selbst nicht glauben (noch nicht jedenfalls).

Ein anderes Beispiel: Gegen die Umkehrung von »Man spielt nicht mit dem Essen« in »Mein Kind darf mit Essen spielen« wird das Unterbewusstsein (und vermutlich sogar dein Bewusstsein) rebellieren und du wirst die ganze Zeit denken: »Aber das ist doch Verschwendung« oder »Das ist total respektlos der Nahrung gegenüber«. Dann bist du in einem Kampf der Gedanken gefangen, statt dir eine schöne, neue Zukunft zu gestalten.

Daher solltest du dir einen Satz überlegen, der dich in genau diesem Moment oder auch generell stärken und unterstützen kann. Wichtig ist, dass er positiv formuliert ist (denk dran: Das Unterbewusstsein versteht kein »nicht«) und du ihn wirklich glauben kannst. Der Satz sollte außerdem im Präsens verfasst sein (nicht »Ich werde«, sondern »Ich bin«) und keine einschränkenden Füllwörter wie »eigentlich« oder »vielleicht« enthalten.

Das Wichtigste ist, dass der Satz dir wirklich ein gutes Gefühl, Stärke und Freude gibt, dich also direkt höher schwingen lässt.

Sicher gibt es ganz verschiedene Varianten für deinen neuen Glaubenssatz, probiere ein bisschen aus, was sich am besten anfühlt.

Beispiele:

»**Man spielt nicht mit dem Essen**« könnte werden zu:

»Ich kann das Abendessen mit meinem Kind in Freude genießen« oder

»Ich liebe mein kluges/neugieriges Kind und habe Spaß mit ihm« oder

»Ich begleite mein Kind und mache notwendige Grenzen liebevoll deutlich«.

»**Mein Kind kann nicht ohne mich einschlafen**« könnte werden zu:

»Mein Kind kann bald allein einschlafen. Bis dahin genieße ich die Abendstunden mit ihm« oder

»Es ist schön, mein Kind in den Schlaf zu begleiten« oder«

»Mein Kind lernt gerade, allein oder mit Papa einzuschlafen«.

Schritt 5: Komme ins Tun

Mit dem letzten Schritt kommst du dann ins Tun. Wenn du den neuen Glaubenssatz nicht aktiv umsetzt, ändert sich alles viel langsamer oder gar nicht.

Grundsätzlich gehst du bei der Veränderung der Situation so vor, wie du es in Kapitel 4 mit den Manifestationsschritten gelernt hast. Unterstützt wirst du nun jedoch noch von deinem neuen Glaubenssatz. Du kannst den neuen Glaubenssatz auf Zettel aufschreiben und an relevanten Stellen in deinem Zuhause aufhängen, sodass du immer mal wieder daran erinnert wirst. Du kannst ihn dir auch für mindestens 21 Tage morgens und abends selbst vorlesen und dabei darüber nachdenken, wie du die Situation mit diesem Satz verändert erlebst. Sehr unterstützend ist es, wenn du dich im Alltag immer wieder einmal auf deinen neuen Glaubenssatz fokussierst und auch am Ende des

Tages, gern schriftlich, reflektierst, wie sehr er bereits wahr geworden ist. Du wirst schnell feststellen, dass du in der entsprechenden Situation ganz anders handeln und viel gelassener bleiben kannst, weil du nun die Ursache deines Stresses kennst und
diese bewusst veränderst.

Beispiele:
»Man spielt nicht mit dem Essen«:
Du hast den Glaubenssatz »Man spielt nicht mit dem Essen«
als einen Satz aus deiner eigenen Kindheit erkannt. Als neuen
Glaubenssatz möchtest du »Ich kann das Abendessen mit meinem Kind in Freude genießen« verankern. Zunächst schreibst du
den Glaubenssatz auf einen Zettel, den du an den Kühlschrank
hängst, wo er dir jeden Abend begegnen wird. Dann beschließt
du, in Zukunft gelassen zu reagieren, wenn dein Kind anfängt,
mit dem Essen zu spielen. In den nächsten Tagen achtest du vermehrt darauf, was die Botschaft hinter dem Rumspielen ist, und
stellst fest, dass dein Kind oft schon zu müde ist und nur wenig Hunger hat, wenn es Abendessen gibt. Darauf stellst du dich
ein und planst das Essen zeitlich früher ein. Der Nachmittags-
snack fällt dafür kleiner aus. Das ändert schon sehr viel. Zusätzlich gibt es abends eher »kleckerarmes« Essen, was dir weniger
Arbeit beim Aufräumen bereitet. Wenn dein Kind anfängt zu
spielen, beobachtest du, wie es sich verhält, und begleitest es dabei. Es gelingt dir immer öfter, ein friedliches Abendessen mit
deinem Kind zu gestalten. Jeden Tag notierst du in deinem Ta-
gebuch, wie gut dir schon gelungen ist, gelassen zu bleiben, und
wie viel mehr Freude du schon beim Abendessen empfinden
konntest.

»Mein Kind kann nicht ohne mich einschlafen«:
In diesem Fall gibt es zwei Varianten.

Entweder: Du entscheidest dich, das einfach anzunehmen und zu warten, bis dein Kind so weit ist. Bis dahin genießt du die gemeinsame Zeit abends. Dein neuer Glaubenssatz könnte dann lauten: »Ich entspanne mich abends mit meinem Kind beim Einschlafen.«

Oder: Du entscheidest, dass du deine Abende ab jetzt wieder freier gestalten möchtest. Definiere dein positives »Wie will ich es stattdessen?« sehr konkret und finde einen passenden Glaubenssatz dazu. Das könnte in etwa sein: Zweimal die Woche bringt mein Partner unser Kind ins Bett und ich mache etwas Schönes für mich. Der neue Glaubenssatz dazu könnte lauten: »Ich vertraue meinem Kind und meinem Partner, dass sie abends gemeinsam ein schönes Gute-Nacht-Ritual genießen« oder ganz simpel »Die schaffen das«. Bald werden sich Möglichkeiten und Gelegenheiten zeigen, um deinen Wunsch umzusetzen. Frage dich in dem Zusammenhang auch noch, was du wirklich brauchst, um deinem Partner und vor allem auch deinem Kind mehr vertrauen zu können. *Du* bist diejenige, die jetzt loslassen darf.

Mit diesen fünf Schritten kannst du jeden Glaubenssatz hinterfragen, auf die Probe stellen und verändern. Ich bin inzwischen spezialisiert darauf, Glaubenssätze zu erkennen und sie meinen Müttern im Coaching bewusst zu machen. Mein Lieblingssatz ist »Das ist nur ein Glaubenssatz«, und für fast jedes Thema findet sich dadurch eine neue Perspektive und eine schnelle Lösung. Ich wünsche dir viel Freude mit dieser wertvollen Arbeit!

Drei typische negative Glaubenssätze von Müttern

Es gibt ein paar Glaubenssätze, die sich besonders intensiv auf das Familienleben auswirken und mir (leider) sehr oft begegnen. Drei davon stelle ich dir nun vor. Welchen davon erkennst du bei dir?

1. Kinder sind anstrengend bzw. das Leben mit Kindern ist anstrengend

Dieser Glaubenssatz stammt meiner Meinung nach sowohl aus der Vergangenheit früherer Generationen, als das Leben insgesamt tatsächlich noch viel anstrengender war (so stelle ich es mir zumindest vor zu einer Zeit ohne Maschinen und mit einem deutlich weniger gut aufgestellten Sozial- und Gesundheitssystem), als auch aus dem aktuellen gesellschaftlichen Narrativ, das ich in Kapitel 1 geschildert habe. Auch in Gesprächen mit anderen Eltern bestätigen wir uns gern immer wieder, dass alles doch sehr anstrengend sei.

Verstehe mich nicht falsch: Natürlich gibt es immer wieder tatsächlich anstrengende Phasen und Situationen mit den Kindern, die uns körperlich und mental sehr fordern können. Natürlich gehen uns die Kleinen mal auf die Nerven, kosten uns Nerven oder rauben uns sogar den letzten Nerv. Kinder sind gerne laut, ungestüm, albern oder überreizt, mögen Grenzen nicht so gerne und können vieles noch nicht, wobei sie dann Unterstützung benötigen (die sie aber leider manchmal gar nicht annehmen wollen – verstehe das mal einer). Das alles kann herausfordernd und auch mal ermüdend sein.

Aber – und das ist jetzt wichtig zu verstehen – es ist ein sehr großer Unterschied, ob du glaubst: »Es ist gerade (mal wieder) anstrengend mit meinem Kind« oder »Ich bin gerade echt angestrengt« oder ob du dir immer wieder gedanklich bestätigst: »Mein Kind ist anstrengend« oder auch »Mein Leben mit den Kindern ist anstrengend«. Spürst du den Unterschied?

Die ersten beiden Gedanken beziehen sich auf einen *Moment,* die letzten beiden Gedanken besiegeln dein Schicksal.

Wenn du dich bewusst für die ersten Gedanken entscheidest, dann hast du Optionen, dann hast du eine Wahl. Dann kannst du diese Momente verändern oder einfach abhaken, und wenn du für dich selbst und eine gute Schwingung in der Familie sorgst, dann wird es auch immer weniger dieser Momente geben.

Wenn du das Zweite glaubst, wird dein Kind dir immer wieder beweisen, dass es anstrengend ist. Dein Fokus ist dann nämlich genau darauf ausgerichtet und du nimmst die Situationen, die wirklich anstrengend sind, viel deutlicher wahr als die Zustände, in denen alles wunderbar läuft. Du bist in einem typischen Mangeldenken gefangen und hast auch keine Chance, dass es sich jemals ändert, denn es ist ja festgelegt: »Dein Kind ist anstrengend.«

Wie du diesen Glaubenssatz verändern kannst:

Nimm bewusst wahr, dass es nur bestimmte Situationen sind, die du als anstrengend empfindest: das Zu-Bett-Bringen, wenn du selbst schon müde bist, das Wickeln, wenn das Kind darauf partout keine Lust hat, die Diskussionen um Hausaufgaben oder Medienkonsum. Arbeite mit diesen Situationen und verändere sie.

Erschaffe einen neuen Glaubenssatz wie oben beschrieben. Immer, wenn du dich bei dem Gedanken »Oh Mann, ist das Kind anstrengend!« erwischst, denke schnell an deinen neuen Satz. Du könntest stattdessen etwas denken wie:

»Das Leben mit den Kindern ist voller Energie.«

»Mein Kind hat ganz schön viel Power.«

»Mein Leben mit meinem Kind ist bunt und lustig.«

»Morgen ist es wieder ganz anders.«/»Morgen ist ein neuer Tag.«

»Ich liebe mein Kind von ganzem Herzen (auch wenn es gerade echt nervt …).«

Fokusausrichtung

Schreibe abends Situationen mit deinem Kind auf, die voller Harmonie und Ruhe waren. Das regelmäßige Aufschreiben dieser Situationen verändert deinen Fokus. Mach das mindestens für einen Monat.

2. Immer muss ich alles allein machen

Der zweite Glaubenssatz, der in vielen Mamas schlummert und der sich immer wieder meldet, lautet: »Immer muss ich alles allein machen.« Ich vermute, dass er ebenfalls aus alten Generationen weitergegeben wurde, als die Mütter als Hausfrauen noch für die Organisation des gesamten Haushalts und der Kinder zuständig waren und der Mann der Alleinversorger war. Wie weit sind wir heute schon gekommen? Trotzdem ist das Thema Gleichberechtigung ein noch ziemlich junges, und wir können dazu beitragen, dass es immer normaler wird, darüber zu sprechen und neu zu denken, auch, indem wir damit zusammenhängende alte Glaubenssätze auflösen und verändern.

Daher ist es besonders wichtig, den Glaubenssatz »Immer muss ich alles allein machen« bewusst zu hinterfragen und stattdessen neue Verhaltensweisen und Gedanken zu etablieren. Meiner Erfahrung nach ist der »Mental Load«, also die Fülle der Aufgaben, die im normalen Familienleben und zusätzlich durch den Job und all die anderen Rollen, die wir ausfüllen (dazu später mehr), ansteht, bei vielen Paaren ein großes Thema. Aufgrund des unterbewussten Glaubenssatzes neigen Mütter offenbar verstärkt dazu, alle Verpflichtungen im Familienleben selbst zu erledigen, was sie jedoch gar nicht (mehr) müssten. Wie ich beschrieben habe, ist dies auch meine Geschichte. Unter anderem war dieser Glaubenssatz »schuld« an der Krise, in die ich mit meinem Mann nach der Geburt meiner Tochter geraten war.

Wie du diesen Glaubenssatz verändern kannst:
Meiner Erfahrung nach hilft vor allem eine klare Aufgabenverteilung unter den Familienangehörigen. Dieses »Alles« aus »Immer muss ich alles allein machen« ist ja vor allem das, wofür du dich gedanklich zuständig fühlst, daher auch »Mental Load«. Durch die klare Aufteilung kannst du einen Teil der Verantwortung gedanklich streichen. Es ist jedoch wichtig, dass du das auch tust. Wenn du etwas abgibst an deinen Partner und deine Kinder, darfst du loslassen und vertrauen.

Hinterfrage dabei auch deine Erwartungen daran, wie du diese Arbeiten erledigt haben möchtest, und verabschiede dich entweder davon und lass dich überraschen oder besprich, was dir sehr wichtig ist. (Für mich war es damals einer der wichtigsten Schritte zu lernen, meine Bedürfnisse und Erwartungen meinem Mann klar und ohne Vorwürfe oder gestresstes Genörgel mitzuteilen.) Du kannst auch mit den bekannten Schritten manifestieren, wie alles wunderbar erledigt wird. Deine positive Grundhaltung deiner Familie gegenüber spielt hier wieder eine große Rolle. Das Wichtigste an diesem Prozess ist allerdings die bewusste Frage, was dieses »Alles« eigentlich ist und ob es überhaupt gemacht werden muss. In diese Bewertung spielen erneut viele eigene Glaubenssätze hinein wie »Abends muss das Kinderzimmer aufgeräumt werden« oder »Wenn Besuch kommt, muss es sauber sein«. Es lohnt sich, diese hinter dem »Alles« liegenden Glaubenssätze genauer anzuschauen und bewusst zu entscheiden, ob das wirklich so ist und an welchen Stellen etwas mehr »Großzügigkeit« vielleicht zu deutlich mehr Entspannung und Freude führen könnte.

Außerdem ist es wichtig, zu erkennen, dass auch die Kinder ihren Part im Haushalt übernehmen dürfen, zumindest, wenn sie etwas älter sind. Meine Tochter wäscht beispielsweise ihre Wäsche selbst, seitdem sie elf Jahre alt ist. Es war ein großer Pluspunkt, dass sie das bereits konnte, als sie mit 16 für ein Jahr in den USA war.

Das bedeutet, dass wir Mütter uns klarmachen dürfen, dass wir Hilfe nicht nur annehmen, sondern sogar einfordern dürfen und dass in einer Familie alle ihren Beitrag zu einem gelingenden Familienleben leisten dürfen. Das Schöne ist: Die Kinder werden immer größer und können mehr übernehmen. Großartig, oder? Das macht es wirklich so viel leichter (und das ist auch ein toller Glaubenssatz!).

Mein Mann und ich haben damals bei der Arbeitsaufteilung eine sehr schöne Lösung gefunden: Wir haben anhand einer Liste, auf der sämtliche Aufgaben verzeichnet waren, besprochen, was wir jeweils am besten können bzw. was uns am meisten Spaß macht. Das verändert sich im Lauf der Jahre auch immer mal wieder, doch grundsätzlich haben wir uns darauf geeinigt, dass mein Mann einkauft und kocht, denn das macht er wirklich sehr gern und zu meinem Glück auch richtig gut. Er ist außerdem für alles, was mit Autos, Technik und dem Haus zu tun hat, zuständig, er mäht den Rasen und er fährt die Kinder morgens in die Schule.

Ich organisiere alles rund um die Kinder: alles, was mit Schule zu tun hat, Verabredungen, Hobbys, Arzttermine, Kleidung usw. Das ist manchmal viel, aber mein Mann übernimmt darin auch einige Fahrdienste und Termine. Ich bin außerdem für die Ordnung und Sauberkeit im Haus zuständig, werde dabei unterstützt durch eine Haushaltshilfe und auch von den Kindern. Alltägliche Dinge wie Küche aufräumen oder Wäsche waschen teilen wir unter uns allen auf, so wie es anfällt.

Für mich ist das eine gute Verteilung, an der immer mal wieder Details verändert werden dürfen. Es ist ein Rahmen, an dem wir uns orientieren. Natürlich kaufe ich auch mal ein oder fahre die Kinder in die Schule, wenn mein Mann keine Zeit hat, oder er übernimmt einen Arzttermin oder einen Elternabend. Nichts ist in Stein gemeißelt, alles ist immer im Prozess und wird an veränderte Anforderungen angepasst.

Aufgaben in Balance

Erstelle (am besten zusammen mit deinem Partner) eine Liste aller Aufgaben, die in Bezug auf das Familienleben anstehen. Besprich sie mit deinem Partner und legt gemeinsam fest, wer in Zukunft jeweils dafür zuständig ist. Und wenn es vom Alter her schon möglich ist, bezieht eure Kinder mit ein.

3. Ich habe keine Zeit für mich

Der dritte Glaubenssatz, der uns Mamas oft im Weg steht, lautet: »Ich habe keine Zeit für mich.«

Dieser Glaubenssatz wird meiner Meinung nach zum einen durch den oben diskutierten Mental Load verursacht, hat aber auch historische Gründe: Frauen in früheren Generationen übernahmen oft die volle Verantwortung für das gesamte Familienleben, ohne auf angemessene Unterstützung setzen zu können. Hinzu kommt das früher verbreitete Ideal, dass »gute« Mütter sich voll und ganz für das Familienleben opfern müssten. Das führt dazu, dass die Erfüllung eigener Bedürfnisse meist mit einem unklaren, schlechten Gewissen einhergeht. Der eigene Anspruch, die Kinder bestmöglich zu unterstützen, führt außerdem dazu, dass die »Me-Time« vernachlässigt wird. Ich denke, es wird wirklich Zeit für ein neues Bewusstsein bei uns Müttern, damit wir Zeit für uns selbst als wesentlichen Bestandteil unserer Lebensqualität betrachten und die alten Glaubensmuster hinter uns lassen können.

Wie du diesen Glaubenssatz verändern kannst:
Da ich Coach für Zeitmanagement war, habe ich zu diesem Glaubenssatz eine ganz klare Meinung: Keine Zeit gibt es nicht, es gibt nur andere Prioritäten. Sich Zeit zu nehmen für sich, ist eine Entscheidung. Du darfst hier die richtigen Prioritäten setzen. Gönn dir einfach deine Zeit für dich. Wenn du jetzt denkst: »Aber ich habe zwei kleine Kinder und die können noch nicht ohne mich« oder Ähnliches, dann mach dir klar, dass auch das wieder »nur« Glaubenssätze sind.

Wenn du die Entscheidung triffst, dass du am Tag Zeit für dich brauchst, eine Viertelstunde, eine halbe Stunde oder eine ganze Stunde, dann kannst du dir das manifestieren. Stelle dir genau vor, wie du diese Zeit verbringen, wofür du sie nutzen wirst und wie gut es dir damit gehen wird.

Du darfst wirklich eine klare Entscheidung dafür treffen und dir sagen: »Ich mache es mir möglich« – und dann ist die Zeit für dich da. Vielleicht gibt es Phasen, in denen es schwieriger ist, weil das Kind noch sehr klein oder krank ist oder Ähnliches. Aber in der Regel zeigen sich immer Wege, wenn du es wirklich willst. Dann stellst du überraschenderweise fest, dass dein Kind sehr friedlich allein Hörbücher hören kann, du findest überraschend eine Babysitterin in der Nachbarschaft oder ein Netzwerk mit anderen Eltern bietet sich auf einmal an. Du kannst ein Kind zu euch einladen und damit dessen Mutter etwas freie Zeit schenken und dann quasi im Tausch auch dein Kind dorthin »verabreden« (das ist gelebtes Karma!).

In meinen Coachings begleite ich Mütter oft dahin, sich auch mal ein ganzes Wochenende oder sogar eine Woche Zeit für sich zu nehmen. Was zunächst undenkbar scheint, weil das Kind nicht ohne die Mama einschlafen kann oder der Job das nicht zulassen würde, hat sich bisher immer innerhalb weniger Monate erfüllt. Das ist ja das Magische: Wenn du dir über das Ziel klar bist, realisiert es sich quasi von selbst. Wenn also »Zeit für dich« ein großes Bedürfnis für dich ist, dann entscheide dich dafür. Das ist wirklich wertvoll, denn wenn du lernst, deine Bedürfnisse wahrzunehmen und auch einzufordern, lernt dein Kind automatisch, dass es wichtig ist, für sich zu sorgen. Findest du nicht, dass das eine hilfreiche Lektion fürs ganze Leben ist?

Aus meiner Coachingpraxis

In einem meiner Coachings erzählte die Klientin, dass sie sich oft überfordert fühle, weil ihre Kinder, ein achtjähriger Sohn und fünfjährige Zwillinge, ständig aus dem Kinderzimmer nach ihr riefen und sie dann immer das unterbrechen müsse, was sie eigentlich gerade erledige. Im Gespräch hinterfragte ich, ob sie denn wirklich ihre aktuelle Tätigkeit unterbrechen MÜSSE. Es war sehr spannend zu erleben, dass dies ein interessanter Gedankenimpuls für meine Klientin war. Nach kurzem Überlegen erklärte sie, dass sie tatsächlich nicht IMMER alles stehen und liegen lasse, sondern manchmal ihren Kindern auch mitteile, dass diese kurz warten müssten, bis sie kommen könne. Wenn es sehr dringend sei, sollten sie zu ihr kommen. Als ich ihr daraufhin die Frage stellte, warum die Kinder nur zu ihr kommen sollen, wenn es dringend ist, und warum nicht generell, hatten wir den »springenden Punkt« gefunden. Meine Klientin hatte aus der Zeit, als die Kinder noch Babys waren und vor allem während der Doppelbelastung mit den Zwillingen aus dieser Zeit verinnerlicht, dass sie »springen« müsse, wenn die Kinder sie brauchten. Der Glaubenssatz dazu war in etwa: »Ich muss mich sofort kümmern, wenn meine Kinder mich brauchen.« Welchen Stress dieser Glaubenssatz bei ihr bis heute verursachte, obwohl die Kinder schon älter waren, wurde ihr erst in den nächsten Tagen richtig klar, als sie bewusst wahrnahm, wie oft es entsprechende Situationen gab und wie selbstverständlich ihre Kinder ihre unablässige Unterstützung nicht nur in Anspruch nahmen, sondern vehement einforderten. Sie kannten es ja auch nicht anders.

Meine Klientin konnte nun erkennen, dass ihre Kinder nicht mehr in allen Belangen auf ihre Hilfe angewiesen sind, und einen neuen Glaubenssatz finden: »Meine Kinder sind schon sehr selbständig«. Sie sprach mit ihnen darüber und teilte ihnen mit, dass sie in Zukunft zu ihr kommen sollten, wenn sie ihre Unterstützung benötigten.

Natürlich dauerte es eine Weile, bis das reflexartige Reagieren meiner Klientin auf die Rufe der Kinder in neue Bahnen gelenkt wurde, und es bedurfte etwas Übung, so konsequent wie möglich zu bleiben. Aber schließlich entspannte sich das Familienleben in dieser Hinsicht deutlich, und meine Klientin wurde viel weniger unterbrochen und hatte immer mehr die Zeit, in Ruhe ihre Dinge zu Ende zu erledigen.

Zeit für mich

Plane konkret, wie viel Zeit du dir in den nächsten vier Wochen für dich nimmst. Wann genau nimmst du dir die Zeit und wie oft (täglich, wöchentlich, einmal innerhalb der vier Wochen)? Was tust du in dieser Zeit genau?

Methoden zur Auflösung tiefsitzender Glaubenssätze

Es gibt Glaubenssätze, die sehr tief im Unterbewusstsein verborgen sind und die wir mit unserem Bewusstsein nicht erreichen können. Solche Glaubenssätze können durch traumatische Erfahrungen verursacht werden, deren damit verbundene Emotionen wir verdrängen. Ein Trauma muss nicht zwangsläufig eine tiefgreifende Erfahrung wie Kriegserlebnisse, ein plötzlicher Todesfall, ein Unfall oder erlebte physische oder psychische Gewalt sein. Ein Trauma ist eine »psychische Ausnahmesituation«, die durch überwältigende, angsteinflößende Ereignisse ausgelöst werden kann. Manchmal können es scheinbar nebensächliche Erfahrungen sein, die die normale Stressverarbeitung überfluten. Das Erlebnis, nach einer falschen Antwort in der Klasse ausgelacht zu werden oder als Kleinkind beim Einkaufen mit der Mutter in der Stadt »verloren« zu gehen, kann Glaubenssätze wie »Ich kann das nicht«, »Wenn ich mich zeige, werde ich ausgelacht«, »Ich bin verloren« oder »Ich bin hilflos« verankern. An den Anlass erinnern wir uns später im Erwachsenenleben nicht mehr, aber der Glaubenssatz bereitet uns Schwierigkeiten und kann uns in unserer persönlichen Entwicklung blockieren.

Bei schwerwiegenden Traumastörungen ist meist die Hilfe eines erfahrenen Psychotherapeuten erforderlich, um das Erlebte zu verarbeiten. Es gibt aber auch eine Reihe von Methoden, die sehr gut eingesetzt werden können, wenn wir spüren, dass es Blockaden in unserem Leben gibt, deren Ursprung uns nicht bewusst ist. Diese Methoden sollten mit der Unterstützung entsprechender Fachleute angewendet werden, wenn wir wirklich nachhaltige Veränderungen erzielen wollen. Es ist oft nicht erforderlich, dass wir uns an den Ursprung dieser Glaubenssätze erinnern, manchmal ist es aber Teil des Prozesses. Die Blockaden und Glaubenssätze können mit diesen energetischen oder körperlichen Methoden verändert oder aufgelöst werden. Einige dieser Methoden, mit denen ich selbst bereits Erfahrungen gesammelt habe, möchte ich hier kurz vorstellen.

Kinesiologie: Kinesiologie ist eine ganzheitliche Methode, mit der wir Balance in unser Energiesystem bringen können. Blockaden im Energiefluss können zu Stress und Krankheiten führen. Mithilfe eines Muskeltests können wir eine Verbindung des Unterbewusstseins mit dem Bewusstsein herstellen und unsere körperlichen, psychischen oder seelischen Blockaden erkennen. Mithilfe verschiedener Methoden können diese gelöst und harmonisiert werden. Wie bereits erzählt, war Kinesiologie mein Einstieg in die Welt der Energie und Spiritualität und hat mir mit vielen Themen sehr geholfen.

NLP: NLP steht für »neurolinguistisches Programmieren« und ist eine Sammlung verschiedener Coaching- und Selbsthilfetechniken, die helfen, unser Leben bewusster zu gestalten und zu verändern. Die Anfänge liegen in den 1970er-Jahren, wo erfolgreiche Methoden aus verschiedenen Therapierichtungen (unter anderem Hypnotherapie und Verhaltenstherapie) miteinander kombiniert wurden. Die Grundannahme ist, dass wir unser Denken, Fühlen und Handeln (Neuro) mithilfe von Sprache (Linguistik) systematisch verändern (programmieren) können. NLP ist für mich eine Lebenseinstellung, mit der wir unsere Selbstwirksamkeit entfalten können. Es gibt verschiedene Techniken, mit denen negative Glaubenssätze aufgelöst werden können. NLP hat mich entscheidend unterstützt beim Aufbau meiner Selbstständigkeit und des Lebens, das ich jetzt mit meiner Familie führe. Ein Großteil des Wissens, das ich dir in diesem Buch vermittle, habe ich in meinen NLP-Seminaren gelernt.

EFT: Mit EFT, ausgeschrieben *Emotional Freedom Technique*, können durch Klopfen festgelegter Akkupressurpunkte Energieblockaden im Körper gelöst werden. Durch Konzentration auf bedrückende Glaubenssätze, Situationen oder auch Schmerzen bei gleichzeitigem Klopfen, können festsitzende Energien wieder zum Fließen gebracht und die Belastungen können losgelassen werden. Diese Methode kann man auch gut als Selbsthilfemethode anwenden. In Zusammenarbeit mit einem Experten hilft aber das begleitende Gespräch, unterbewusste Themen zu verarbeiten. Ich setze EFT oft für mich selbst ein, wenn mich ein Erlebnis nachhaltig beschäftigt. Toll ist es auch für meine Kinder, sie haben es schnell erlernt: Es wirkt Wunder bei abendlichen Ängsten vor Monstern oder Einbrechern und unterstützt auch bei Prüfungsangst.

THEKI®

THEKI® ist meine Lieblingsmethode für die Auflösung tiefsitzender Glaubensmuster. Sie wurde von Sandra Weber entwickelt und basiert auf Erkenntnissen der Quantenphysik und der Neurobiologie. Es ist eine Art lösungsorientierter Meditation. Die Methode nutzt den Theta-Zustand des Gehirns, um Zugang zum Unterbewusstsein zu erhalten. Durch die erweiterte Wahrnehmung zeigen sich schnell die Ursachen oder tiefergehende Zusammenhänge von unseren Blockaden. Diese können mithilfe bestimmter »Intentionen«, die an das Unterbewusstsein gesendet werden, aufgelöst oder transformiert werden. Es ist wirklich eine wunderschöne und oft magische Arbeit, die in den meisten Fällen für meine Klientinnen sofort spürbare Veränderungen mit sich bringt. THEKI® ist ein fester Bestandteil meines Lebens geworden, denn ich nutze es auch immer wieder für mich oder – wenn gewünscht – auch für meine Kinder.

Es gibt eine Vielzahl weiterer Methoden für die Arbeit mit Glaubenssätzen. Erwähnen möchte ich noch:
- CQM (Chinesische Quantum Methode)
- ThetaHealing
- Morphisches Feld Lesen
- Wingwave®
- The Work of Byron Katie

Tiefergehende Informationen zu den Methoden bekommst du in meinem Podcast *Happy little souls – Bewusst sein mit Kindern*, wo ich jeweils Expertinnen und Experten im Interview dazu ausführlich befragt habe.

Ein Hinweis: Es gibt für die Wirksamkeit der aufgeführten Methoden wenig bis gar keine »wissenschaftlichen Beweise«. Da ich jedoch selbst viele erstaunliche Erfahrungen damit machen durfte, wollte ich sie dir unbedingt vorstellen. Wenn du zu Themen kommst, bei denen du das Gefühl hast, sie allein nicht bewältigen zu können, spüre in dich hinein, ob sich eine dieser Methoden für dich richtig anfühlt, und dann probiere sie mit fachkundlicher Unterstützung doch einfach aus.

Welche Rolle deine Lebensrollen spielen

Nachdem du dir deine Werte und deine Glaubenssätze bewusst gemacht hast, werfen wir als Nächstes einen Blick auf deine Lebensrollen, denn auch in diesem Thema steckt eine Menge Potenzial für Druck und Anstrengung oder eben für Gelassenheit und Entspannung. In diesem Kapitel erhältst du viele Gedankenimpulse zu deinen Rollen und eine Schritt-für-Schritt-Anleitung, wie du deine aktuellen Rollen bewusst hinterfragen und – falls notwendig – neu gestalten kannst. So kannst du typische Stressfallen erkennen und bewusst reduzieren.

Was sind Rollen und welche gibt es?

In deinen verschiedenen Lebensbereichen nimmst du jeweils unterschiedliche Rollen ein. Die wichtigste Rolle in deinem Leben ist aktuell vermutlich die als Mutter. Es gibt aber noch weitere, die du in deinem Leben ausfüllst und jede einzelne davon ist mit Aufgaben und Erwartungen verbunden. Es kann für ein entspanntes Familienleben hilfreich sein zu klären, ob diese Rollen wirklich zu dir passen, so wie du sie lebst.

Lass uns zunächst einen Blick auf die verschiedenen Rollen werfen, die zu dir gehören könnten.

Da gibt es erst einmal dein familiäres Umfeld. Außer Mutter bist du vielleicht Partnerin, also Ehefrau, Freundin oder Lebensgefährtin oder wie auch immer du deinen Status nennst. Möglicherweise bist du dadurch auch zur Schwiegertochter oder Schwägerin geworden. Auf jeden Fall bist du Tochter (selbst wenn deine Eltern bereits verstorben sein sollten, es hört nie auf). Vielleicht bist du auch Schwester, Cousine, Tante oder Patentante?

Wenn du einer Arbeit nachgehst, bist du Angestellte oder Selbstständige. Du kannst diese Rolle aber auch über die Jobbezeichnung definieren, also vielleicht Verkäuferin, Teamassistentin, Ärztin, Lehrerin oder Krankenschwester. Innerhalb des beruflichen Kontextes gibt es vielleicht weitere Rollen: Kollegin, Mitarbeiterin, Teammitglied, Projektleiterin?

Wahrscheinlich bist du Freundin und hast regelmäßig Kontakt zu deinen besten Freundinnen oder hast sogar einen großen Bekanntenkreis, der sich regelmäßig trifft.

Eine weitere Rolle, die wir fast alle innehaben, ist die der Nachbarin. Auch hier gibt es große Unterschiede: Vielleicht bist du mit einigen Nachbarn sehr eng verbunden, ihr trefft euch regelmäßig zum Kaffeetrinken oder Grillen und helft euch gegenseitig, wo immer es notwendig ist. Oder du kennst die Menschen kaum, mit denen du in einem Haus wohnst, oder hast mit dem ein oder anderen ständig Ärger.

Auch Ämter, die wir freiwillig übernommen haben, sind Rollen, die wir ausfüllen. Möglicherweise hast du dich beim letzten Elternabend in der Schule oder im Kindergarten zur Elternvertreterin wählen lassen oder bist Vorsitzende im Tierschutzverein?

Und auch in unseren Hobbys haben wir oft eine Rolle inne: als Mitglied in der Handballmannschaft, als Marathonläuferin oder Yogapraktizierende. Vielleicht bist du Künstlerin, weil du gerne malst, oder Musikerin in einer Band oder einem Orchester oder du singst in einem Chor.

In einige Rollen werden wir einfach hineingeboren (Tochter/Sohn, Schwester/Bruder), andere ergeben sich durch unseren Lebensweg (Schülerin, Studentin, Mutter, Ehefrau oder Partnerin, Arbeitnehmerin, Selbständige). Wieder andere wählen wir selbst aus (Sportlerin, Vorsitzende im Tierschutzverein, Elternvertreterin).

Wer bin ICH wirklich?

In meinen Coachings werde ich oft gefragt: »Wie finde ich heraus, wer ich wirklich bin?« Dieses Gefühl, es nicht zu wissen, resultiert meist daraus, dass wir wahrnehmen, dass wir in all unseren Rollen wie in einem Drehbuch agieren. Es scheint alles festgelegt zu sein, und wir erfüllen die Erwartungen, die an uns gerichtet sind. Die Frage scheint also zu sein: »Wer bin ICH ohne all meine Rollen?«

Diesem ICH können wir nur begegnen, wenn wir mit uns allein sind. Wenn wir ganz bei uns sind und tief in unser Sein eintauchen. Ein Weg dahin ist Meditation, denn in diesem Zustand sind wir auf uns selbst zurückgeworfen. Wir können uns dann als Seele, als Licht oder Liebe wahrnehmen und als Teil des All-Ganzen. Das kann ein sehr ergreifender Zustand sein und kann uns Vertrauen in uns und in unser Leben schenken. Das ist das ICH ohne alle Rollen.

Aber, seien wir ehrlich, in unserem Alltag sind wir unsere Rollen. Für mich ergibt die Frage »Wer bin ich wirklich?« darum keinen wirklichen Sinn. Die richtige Frage darf jedoch lauten: »Wer will ich sein?« Und das kannst du bewusst entscheiden, wenn du deine Werte, deine Glaubenssätze und eben deine Rollen gestaltest und das Leben lebst, das dich glücklich macht. Das ist dann das ICH, für das du dich entschieden hast. Das ICH, das du mit aller Leidenschaft leben darfst und das du immer wieder neu gestalten kannst, wenn es dir nicht gefällt.

Was stresst an Lebensrollen?

Hast du dir schon einmal bewusst gemacht, wie du diese Rollen ausfüllst und ob sie dich bereichern oder dir eher Energie rauben? Denn darum geht es. An Rollen sind gesellschaftlich oder auch im individuellen Umfeld bestimmte Erwartungen, Werte und Normen gebunden. Es wird also ein bestimmtes Verhalten erwartet und dass du dich innerhalb dieses vorgegebenen Rahmens bewegst und die »Spielregeln« einhältst. Als Angestellte sollst du am besten immer pünktlich, ordentlich angezogen und super-motiviert sein, als Schwiegertochter stets freundlich sein und vielleicht regelmäßig mit den Kindern bei den Schwiegereltern vorbeischauen. Als Schwester sollst du dich mit deinen Geschwistern vertragen, als Tochter deinen Eltern dankbar sein und als Mutter ... Ja, was wird eigentlich als Mutter von dir erwartet? Da wird es so richtig spannend.

Erfüllst du die Erwartungen im jeweiligen Umfeld nicht, kann dies zu Konflikten führen. Das können große oder kleinere Unstimmigkeiten sein. Vielleicht erwarten deine Freundinnen, dass du an deinem Geburtstag eine große Party schmeißt, du willst aber lieber allein mit deiner Familie feiern und stößt damit auf Unverständnis. Oder der Nachbar möchte, dass du deinen Rasen regelmäßig mähst, du willst aber lieber eine Blumenwiese wachsen lassen. Und deine Mutter geht vielleicht davon aus, dass du mindestens einmal die Woche anrufst, um zu plaudern, aber du weißt gar nicht, woher du die Zeit dafür nehmen sollst.

Auch durch die Vielzahl der Rollen, die wir einnehmen, kann Stress entstehen. Vielleicht gehörst du zu den Müttern, die im Angestelltenverhältnis arbeiten, den Großteil der Kinderbetreuung übernehmen, abends zur Vereinsvorstandssitzung oder zur Verabredung mit den Freundinnen hetzen und am müden Ende des Tages auch noch den Haushalt erledigen? Dann weißt du, wovon ich spreche.

Ein paar Gedanken zur Mutterrolle

Die spannendste Rolle ist sicherlich deine Mutterrolle, denn die damit verbundenen Werte haben sich in den letzten Jahrzehnten stark verändert. Noch in den 70er-Jahren, also der Zeit, in der unsere Eltern ungefähr an unserer Stelle waren, war das Rollenverständnis ziemlich festgelegt: Die Mütter blieben überwiegend zu Hause und kümmerten sich um »Kind und Kegel«, versorgten also den Nachwuchs und den Ehemann und kümmerten sich um den Haushalt. Der Mann war in der Regel der Versorger, der das Geldverdienen besorgte. Allenfalls Reparaturarbeiten im Haus und das Rasenmähen fielen noch in den offiziellen Aufgabenbereich als »Ehemann« und »Vater«.

In dieser Generation galt für eine Ehefrau, die selbst erwerbstätig werden wollte, laut Bürgerlichem Gesetzbuch noch Folgendes: »Die Frau führt den Haushalt in eigener Verantwortung. Sie ist berechtigt, erwerbstätig zu sein, soweit dies mit ihren Pflichten in Ehe und Familie vereinbar ist« (§ 1356).[11] Erst 1977 gab es diesbezüglich eine Reform und Gleichberechtigung konnte in das Eheleben Einzug halten.

Heute sind wir einige Schritte weiter: Wir können die Kombination von Job und Muttersein in der Regel gestalten, wie wir wollen. Einige gehen nach wenigen Wochen wieder Vollzeit arbeiten, andere bleiben drei Jahre oder bis die Kinder aus dem Haus sind als Mutter und Hausfrau daheim. Dazwischen gibt es viele Modelle von Teilzeit mit verschiedenen Stundenzahlen oder auch Mütter, die sich selbstständig machen oder eine bereits existierende Selbstständigkeit direkt nach der Geburt fortsetzen.

Alles ist möglich und man könnte meinen, dass es für Mütter heute viel einfacher geworden sei, ihren Traum von Familienleben und Karriere umzusetzen. Die Realität spricht jedoch eine andere Sprache. Die Statistik zeigt, dass beinahe 75 Prozent der deutschen Mütter erwerbstätig sind, davon aber 65,5 Prozent in Teilzeit. Zum Vergleich: Nur 7 Prozent der Väter arbeiten in Teilzeit.[12]

Das übliche Rollenmodell ist also die Mutter, die nach der Geburt für ein bis drei Jahre zu Hause bleibt und dann in Teilzeit in ihren Job zurückkehrt. Meine Erfahrung zeigt, dass sie dabei sehr oft auf einer weniger qualifizierten Position landet als der, die sie vor dem Mutterschutz innehatte. Oft werden in den Job zurückgekehrte Mütter aus dem Alltagsgeschäft auf interne Projekte umverteilt.

Meinem Gefühl nach wird diese Rolle der in Teilzeit arbeitenden Mutter von der Gesellschaft am ehesten akzeptiert, und wer davon abweicht, wird schnell in Schubladen gesteckt: Gehst du als Mutter wenige Wochen nach der Geburt wieder Vollzeit ins Büro, um deine erfolgreiche Karriere fortzusetzen, bist du eine Rabenmutter; bleibst du länger als ein bis drei Jahre »für die Kinder« zu Hause, wirst du schnell als »Mutti am Herd« abgestempelt, die ihr Potenzial verschwendet. Nicht selten sind es ausgerechnet andere Mütter, die bei diesem Thema schnell sehr abwertend werden und gern über diejenigen Mamas lästern, die ihren eigenen Weg gehen. Was steckt dahinter? Ich persönlich glaube, dass es dabei oft um eine Neiddebatte geht. Da traut sich eine Mutter, einfach ihren Weg zu gehen, ohne auf das zu achten, was die Gesellschaft für sie vorgesehen hat. »Das ist doch unerhört!« (»Und auch ein bisschen bewundernswert, denn ich würde mich das nie trauen.«)

Sei doch mal ganz ehrlich mit dir und überlege, welches Rollenmodell du bei Müttern vielleicht insgeheim ablehnst? Die Karrieremutter, die ihr Kind mit wenigen Wochen in eine Krippe abgibt, oder die Hausfrau, die selbst, wenn ihre Kinder schon im späten Teenageralter sind, ihnen noch die Socken bügelt? Wahrscheinlich erscheint dir beides nicht ideal, aber denke daran, es sind DEINE Glaubenssätze, die dir das einflüstern.

Meine Philosophie ist: »Wenn die Mutter glücklich ist, geht es den Kindern gut«, egal, wie sie ihre Mutterrolle gestaltet. Wir sollten aufhören, über andere Mütter und ihr Rollenverständnis den Kopf zu schütteln und lieber unsere ganz eigene Interpretation der Mutterrolle finden und leben.

Denn es läuft einiges schief im »Standard-Müttermodell«. Ich kenne tatsächlich wenige Mütter, die mit ihren Teilzeitarbeitsstellen glücklich und erfüllt sind. Trotzdem können sie sich andere Wege nicht vorstellen. »So ist es nun mal«, »Es ist halt praktisch«, »Ich muss ja Geld verdienen«. Das sind übliche Antworten, die ich von Müttern höre, wenn ich sie frage, warum sie an einem Job festhalten, der sie nur fordert, aber nicht fördert und schon gar keinen Spaß macht. Das Problem ist: Wie soll eine Mutter glücklich, erfüllt und in einer positiven Energie sein, wenn sie ständig eine Arbeit erledigen soll, die ihr kaum Spaß macht, und die sich dann noch zwischen Job, Kindern und Haushalt förmlich zerreißt?

Denn seien wir mal ehrlich: Ganz automatisch übernehmen wir Mütter in der Regel einen Großteil der Care-Arbeit, also des Sorgens und Sich-Kümmerns, meist um die Kinder und den

Haushalt. Wir werden nach wie vor, wie in unserer Elterngene-
ration, mit der Geburt unseres ersten Kindes neben allem anderen in erster Linie zur »Mutter und Hausfrau«.

Woran liegt das, wo wir doch mit der Emanzipation schon so
weit gekommen zu sein scheinen? Da du an dieser Stelle schon
viel über Glaubenssätze und Werte erfahren hast, liegt die Antwort eigentlich auf der Hand, oder? Wir haben es genau so gelernt, weil es uns so vorgelebt wurde und weil es in der Gesellschaft immer noch die Norm ist.

Unser Unterbewusstsein signalisiert uns ständig Sätze wie:

- »Ich muss noch die Wäsche waschen.«
- »Das Essen muss abends rechtzeitig auf dem Tisch stehen.«
- »Ich muss seine/ihre Schularbeiten kontrollieren, sonst wird
  das nichts.«
- »Ich muss das Kind noch abholen und zum ... fahren.«
- »Die Mutter gehört zum Kind.«

Kennst du diese innere Stimme? Hör doch mal ganz genau hin,
wie sie dir den ganzen Tag über einflüstert, was du als »Mutter«
so alles MUSST.

Achte generell darauf, wie oft deine innere Stimme sagt: »Ich
muss.« Und in welchen Rollen dies besonders oft auftaucht.
Mach dir klar: Du musst gar nichts (außer Sterben und aufs Klo,
wie meine Kinder immer sagen). Alles ist eine Entscheidung,
deine Entscheidung. Achte darauf, was nur Glaubenssätze sind,
die dich zu diesem »Ich muss« treiben.

Um im ersten Schritt zu mehr Gelassenheit diesem »Ich muss«
ein Ende zu bereiten, gibt es einen schönen »Trick«: Gestatte dir
stattdessen, häufiger »Ich darf« oder »Ich möchte« zu denken.
Du kannst auch ein positives »Warum« für die »Muss-Tätigkei-
ten« finden. Das wird sehr viel Druck aus deinem Alltag nehmen.

Fühle hinein, wie sehr sich die Energie verändert, wenn deine Aufgaben in Zukunft ein Wollen sind und nicht ein Müssen:

- »Ich muss jetzt Abendessen machen.« → »Ich möchte jetzt Abendessen machen – und ich freue mich schon auf eine gemütliche Zeit mit meinen Lieben.«
- »Ich muss zur Arbeit.« → »Ich darf jetzt arbeiten gehen – ich bin froh, dass ich diesen Job habe, weil ich gern mit meinen Kollegen zusammen bin/es mir wirklich Spaß macht/ich damit Geld verdiene.«
- »Ich muss mein Kind von der Kita abholen.« → »Ich möchte jetzt mein Kind von der Kita abholen und mir eine schöne Zeit mit ihm machen.«

Spürst du den Unterschied?

PS: Ich merke gerade, während ich an diesem Buch schreibe, wie schwer es ist, dieses Denkmuster grundsätzlich zu verändern. Ich kann nicht zählen, wie oft ich schon zu meiner Familie gesagt habe: »Ich muss noch schreiben.« Dabei MÖCHTE ich dieses Buch in die Welt bringen. Ich achte ab jetzt wieder vermehrt darauf.

Ich glaube, wir leiden zum einen am »Mental Load«, also den vielen Aufgaben aus den Lebensrollen, von denen wir denken, dass wir sie erledigen müssen, an vorderster Stelle sicherlich die Mutterrolle. Was uns zusätzlich stresst, ist das Gefühl, gegensätzliche Erwartungen erfüllen zu müssen: die gesellschaftliche Erwartung, einem (guten) Job nachgehen zu müssen, und die alten Glaubensmuster, die uns einflüstern, dass wir »Mutter und Hausfrau« sind.

Wie du mittlerweile weißt, gibt es jedoch eine Lösung für dieses Dilemma: Du kannst dein Unterbewusstsein, die darin liegenden Glaubenssätze, umprogrammieren. Wie das geht, hast du im letzten Kapitel erfahren. Es geht also darum, neue Glaubenssätze über dein Muttersein zu definieren und zu verankern und die Werte, die du für dich gefunden hast, auch und vor allem in der Mutterrolle umzusetzen.

 Vereinbarkeit

Im Zusammenhang mit der Veränderung der Glaubenssätze, die mit unserer Mutterrolle einhergehen, kommt mir noch ein Gedanke zum Thema »Vereinbarkeit«. Es wird sehr viel darüber gesprochen und von allen Seiten viel gefordert, was dazu passieren müsse: Der Staat oder die Unternehmen sollen für bessere Kinderbetreuungsmöglichkeiten, flexiblere Arbeitszeiten, mehr Homeoffice und so weiter sorgen. Und alles ist richtig an diesen Forderungen.

Aber: Vereinbarkeit beginnt bei uns im Kopf. Wir erschaffen unsere Realität mit unseren Gedanken. Solange wir von einem abstrakten Staat oder »den Unternehmen« etwas fordern und darauf warten, »dass es sich irgendwann mal ändert«, bleiben wir im Opferdenken gefangen. Wenn wir hingegen Klarheit darüber haben, wie wir unser eigenes, individuelles Muttersein gestalten wollen, dann können wir dafür einstehen und selbstbewusst die Arbeitsbedingungen von unserem Arbeitgeber einfordern, die es dafür braucht. Je mehr wir das tun, desto schneller wird es auch gesellschaftliche Veränderungen geben. Wir sollten nicht darauf warten. Denn wir Mütter dürfen

> uns selbstbewusst klarmachen, dass der Arbeits-
> markt uns und unsere Expertise und Tatkraft
> braucht.

Definiere deine Rollen neu

Auf dem Weg zu einem stressfreieren Familienleben geht es nun also darum, dir deine Rollen bewusst zu machen und, wo notwendig, neu zu definieren. Das Ziel ist es, bewusste Entscheidungen zu treffen und in Zukunft deine Rollen so zu gestalten, dass du sie in einer positiven Energie leben kannst.

Wieder habe ich dir eine Schritt-für-Schritt-Anleitung erstellt, mit der du in die Umsetzung kommen kannst. Sie besteht aus den folgenden Punkten:

Schritt 1: Finde deine Rollen
Schritt 2: Ordne deine Lebensrollen nach Zeitaufwand
Schritt 3: Bestimme die fünf wichtigsten Rollen
Schritt 4: Reflektiere Freude und Stress in deinen Rollen
Schritt 5: Entwickle eine klare Vision für deine Rollen
Schritt 6: Lege konkrete Ziele und To-dos fest

Nun kommen – wie gewohnt – ausführliche Erläuterungen, veranschaulicht durch Beispiele, wie du dabei vorgehen kannst.

Schritt 1: Finde deine Rollen

Schreibe alle Rollen, die du in deinem Leben innehast, in einer Liste auf. Anregungen, welche das sein können, hast du zu Beginn des Kapitels erhalten. Vermutlich findest du zehn bis zwanzig Rollen, die in deinem Leben aktuell sind. Sicher landet die Mutterrolle auf deiner Liste. Es ist an der Stelle wichtig, genau hinzuspüren, ob du dabei verschiedene Rollen vermischst, wie zum Beispiel die Rolle der »Hausfrau« und »Mutter«. Du kannst also, um hier mehr Klarheit zu erlangen, diese beiden Rollen mal voneinander trennen oder sogar die Rolle der »Hausfrau« noch in »Familienmanagerin«, »Haushaltspflegerin«, »Köchin«, »Einkäuferin« etc. unterteilen und die Mutterrolle in Unterkategorien wie »Kuschelmama«, »Spielemama«, »Chauffeurin« oder Ähnliches. Allein diese Überlegungen werden dir viel Klarheit bringen, womit du deine Zeit verbringst und wie viel Freude dir die verschiedenen Rollen bereiten.

Schritt 2: Ordne deine Lebensrollen nach Zeitaufwand

Im zweiten Schritt nimmst du bei allen Rollen eine Gewichtung vor auf einer Skala von eins bis zehn. Welchen zeitlichen Anteil haben sie gerade in deinem Leben? Die 1 steht dabei dafür, dass es nur ein ganz kleiner Anteil ist, der eigentlich nicht sehr ins Gewicht fällt. Vielleicht hast du ein Ehrenamt, für das du nur zweimal im Jahr zu einer Versammlung gehst oder die Rechnungsprüfung am Ende des Jahres machst. Diese Rolle findet also fast gar nicht in deinem Alltag statt. Trotzdem könnte es sein, dass sie dich regelmäßig zu bestimmten Zeiten stresst, weil du sie nur aus Pflichtgefühl übernommen hast und du mit den Menschen, die damit im Zusammenhang stehen, jedes Mal lang und ziellos diskutieren musst. Es kann jedoch auch jedes Mal eine Freude sein, diese Rolle wieder einnehmen zu dürfen. Ich pflege zum Beispiel die Website eines Vereins, der meinem Schwiegervater sehr am Herzen lag. Alle paar Monate ist es ein Aufwand von wenigen Minuten, und ich mache es sehr gern, weil ich weiß, wie wichtig es meinem Schwiegervater war und wie viel Freude ich ihm damit machte. Leider ist er vor einiger Zeit gestorben. Den Job und damit die Rolle führe ich trotzdem sehr gern weiter aus.

Von der zeitlichen Gewichtung ist es eine 1, emotional bedeutet es mir aber viel. Dazu kommen wir im dritten Schritt.

Die 10 steht für die Rolle oder Rollen, die einen sehr großen zeitlichen Anteil in deinem Leben einnehmen.

Alle Skalenwerte von eins bis zehn verteilst du nach Gefühl. Es geht vor allem darum, wie viel Raum die Rolle bei *dir* einnimmt, das kann auch ein subjektives Erleben sein. Du musst also nicht in Minuten nachrechnen, was du den ganzen Tag über so treibst (obwohl auch das zu einem interessanten Erkenntnisgewinn führen kann).

Vermutlich wird die Mutterrolle einen sehr hohen Wert bekommen, eine 10 kann aber auch genauso gut deine Karriere, also dein Job, oder eine andere Rolle sein. Denk dran, es gibt kein Richtig oder Falsch und noch sind wir bei der Bestandsaufnahme.

Schritt 3: Bestimme die fünf wichtigsten Rollen

Wenn du diese Gewichtung vorgenommen hast, kannst du die fünf Rollen mit dem höchsten Skalenwert markieren, die also den größten zeitlichen Anteil in deinem Leben einnehmen. Wenn du mit diesen Rollen arbeitest und sie transformierst, tritt am schnellsten eine starke Verwandlung in deinem Leben ein. Du kannst natürlich alle weiteren Schritte auch mit den kleineren Rollen machen, aber die fünf zeitintensivsten haben natürlich den größten Effekt.

So sieht das bei mir aus: Einen großen Anteil (7) in meinem Alltag hat auf jeden Fall meine Mutterrolle, aber einen weiteren großen Anteil – und vermutlich ist er aktuell sogar größer als meine Mutterrolle – hat meine Rolle als Selbstständige (8). Hier könnte ich noch kategorisieren in »Podcasterin« (5), »Autorin« (7) und »Coach« (6). Für die nachfolgende Arbeit ergibt das aber im Moment nicht so viel Sinn, da mir alle Unterrollen gleich viel Freude bereiten. Außerdem bin ich noch Ehefrau, und zwar sehr gerne und auch mit verhältnismäßig viel Zeit. Mein Mann und ich sprechen wirklich viel über »Gott und die Welt« und verbringen gern Zeit zu zweit. Einen weiteren großen Anteil in meinem Leben nimmt meine Rolle als Tochter ein. Meine Mutter wohnt in der Nähe und ich nehme mir regelmäßig Zeit für sie. Einmal die Woche essen wir zusammen zu Mittag. Ich erledige kleine Besorgungen für sie oder organisiere etwas, das sie benötigt. Die Zeit mit meiner Mutter und die, die ich für sie aufwende, ist mir sehr wichtig. Sie ist nicht mehr die Jüngste, aber noch ziemlich fit, und das genieße ich sehr. Meine fünfte Rolle, die auf der Skalenliste folgen würde, wäre »Freundin«, allerdings schon relativ weit abgeschlagen. Tatsächlich pflege ich bewusst nur noch einen sehr ausgewählten Freundeskreis, und diese Freundschaften machen es nicht notwendig, dass wir uns sehr viel sprechen. Ich weiß, dass diese Menschen in meinem Leben sind, und das ist vollkommen ausreichend, da ich mit den anderen Rollen, vor allem meinem Muttersein und meiner Selbstständigkeit sehr glücklich und auch gut beschäftigt bin.

Schritt 4: Reflektiere Freude und Stress in deinen Rollen

Der nächste Schritt ist, dass du dir diese fünf Rollen im Detail bewusst machst. Schreibe dazu auf: Was an dieser Rolle läuft aktuell wirklich gut? Was gefällt dir an dieser Rolle? Was macht dir Spaß daran? Was machst du in dieser Rolle, das dich wirklich erfüllt und dir Freude bereitet?

Du kannst entweder intuitiv im Fließtext schreiben oder jeweils etwa zehn Stichpunkte notieren.

Als Nächstes schreibst du auf, was dir an der jeweiligen Rolle nicht gefällt: Was setzt dich unter Druck? Was daran bereitet dir immer wieder Stress? Welche Erwartungen sind an dich geknüpft, die du eigentlich nicht erfüllen willst oder kannst? Was fehlt dir in dieser Rolle, was du dir aber wünschst?

Auch hier kannst du wieder im Fließtext oder mit Stichpunkten arbeiten.

Wichtig ist, dass du bei dieser Übung bei dir bleibst. Es geht um deine »positiven« und »negativen« Gefühle, deine Glücksmomente und deinen Stress, nicht darum, was »das Außen« falsch macht.

Schritt 5: Entwickle eine klare Vision für deine Rollen

Es folgt meine absolute Lieblingsfrage, die du schon vom Manifestieren kennst: »**Wie willst du es stattdessen?**« Bei unserer aktuellen Aufgabe lautet sie: »Wie willst du diese Rolle in Zukunft gestalten?«

Zu jeder deiner fünf Rollen kannst du also eine Vision entwickeln, wie du diese Rolle am liebsten leben würdest, wenn alles möglich wäre.

Fragen, die dir dabei weiterhelfen, sind:
- Wenn alles möglich wäre, was würde ich in dieser Rolle jetzt als Erstes tun, um sie leicht(er) für mich zu machen?
- Wie will ich mich in dieser Rolle fühlen und was braucht es dafür?
- Was möchte ich am liebsten in dieser Rolle erleben?

Oder du gehst bei ein paar Rollen ins Detail mit den möglichen folgenden Fragen.

Zur Mutterrolle:
- Wie willst du deine Rolle als Mutter leben?
- Was gehört für dich alles zum Muttersein dazu?
- Was gehört nicht dazu (und damit vielleicht zu einer anderen Rolle)?
- Welche Mutter möchtest du für deine Kinder sein?
- Wie viel Zeit am Tag willst du mit Muttersein verbringen?
- Womit möchtest du deine Zeit mit deinen Kindern verbringen?
- Was macht ihr zusammen, was nicht?
- Was erledigst du gern für deine Kinder und was dürfen sie in Zukunft selbst übernehmen (was du bisher getan hast)?
- Welche Werte möchtest du deinen Kindern vorleben (sieh dir dazu noch mal deine Werteliste an, die du im Kapitel 5 im Abschnitt »Die Wirkung von Werten auf dein Familienleben« erstellt hast)?
- Wie genau bringst du diese Werte zum Ausdruck?
- Was macht dir Freude im Zusammensein mit deinen Kindern/deiner Familie?

Fragen zu deiner Rolle als Ehefrau/Partnerin:
- Wie willst du deine Rolle als Partnerin/Ehefrau leben?
- Was ist dir wichtig in deiner Partnerschaft?
- Welche Werte möchtest du vertreten in deiner Partnerschaft?
- Wie viel Zeit möchtest du mit deinem Partner verbringen?
- Wie verbringt ihr die Zeit miteinander?
- Welche Themen verbinden euch?
- Welche Hobbys habt ihr gemeinsam?
- Welche Reisen oder Ausflüge machen euch gemeinsam Freude?
- Wie oft und auf welche Weise nehmt ihr euch Zeit zu zweit?

- Welche Rolle soll Intimität und Sexualität in deiner Partnerschaft spielen?
- Wie viel davon wünschst du dir?
- Wie könnt ihr Raum dafür finden/schaffen?
- Wie viel Raum brauchst du für dich allein?
- Wie nimmst du dir diesen – auch wirklich räumlich innerhalb eurer Wohnung/eures Hauses?
- Was trägt eure Liebe?
- Welches Motto möchtest du eurer Liebe geben?

Schritt 6: Lege konkrete Ziele und To-dos fest

Der nächste und letzte Schritt der Übung besteht darin, deine Vision von deiner Rolle durchzugehen und zu untersuchen, was du davon schon lebst und was noch Wunschdenken ist. Davon ausgehend, kannst du konkrete Ziele formulieren und To-dos ausarbeiten, wie du diese Ziele erreichen möchtest. Du überlegst dir also für die Vision, wie du sie in deinem Leben manifestieren möchtest: Wie wird sie Wirklichkeit?

Das können zunächst ganz kleine Schritte sein. Du willst eine Mutter sein, die wertvolle Zeit mit ihren Kindern verbringt? Vielleicht machst du es euch zur Routine, am Wochenende mit ihnen zusammen zu backen und einen schönen Familienkaffeeklatsch zu veranstalten? Oder du möchtest in deiner Mutterrolle deine Kinder auf dem Weg zu selbstbewussten und selbstständigen Erwachsenen begleiten und überträgst ihnen ab sofort eine Verantwortung, beispielsweise einen Haushaltsdienst, der ihrem Alter angemessen ist.

In deiner Rolle als Partnerin erkennst du vielleicht, dass dir wertvolle Zeit mit deinem Partner wichtig ist und dass das sehr zu kurz gekommen ist. Wenn es möglich ist, buchst du ein Wochenende nur für euch zwei und organisierst die Kinderbetreuung. Vielleicht bittest du deinen Partner aber auch darum, (mindestens) einen Abend in der Woche nur mit dir (und ohne Handy oder Fernsehen) zu verbringen, wenn die Kinder im Bett sind. Das ist ein kleiner Schritt, der so viel möglich machen kann.

Du kannst das konsequent für alle fünf Rollen so durchgehen. Wenn dir das zu aufwendig erscheint, empfehle ich dir, erst einmal mit einer Rolle anzufangen. Welche bereitet dir aktuell am meisten inneren oder äußeren Stress? Mit der fängst du an. Wieder (wie bei der Arbeit mit unseren Glaubenssätzen) geht es nicht darum, einen perfekten Zustand zu erschaffen, sondern möglichst viel Zeit in der Energie von Freude und Liebe zu verbringen. Die Transformation deiner Rollen ist ein weiterer Baustein, der dazu beitragen kann.

Zwei typische Familienszenarien

Ines und Nina in unseren Fallbeispielen haben als eine ihrer wichtigsten Rollen, die sie gern verändern möchten, gefunden: Mutterrolle bzw. Rolle der Ehefrau. Sie beschäftigen sich als Nächstes damit, wie erfüllend sie diese Rollen im Moment empfinden bzw. was ihnen dabei fehlt oder sie stresst.

Ines

Ines ist verheiratet und Mutter von zwei Jungs im Alter von vier und sechs. Sie schreibt zu ihrer Rolle als Mutter intuitiv im Fließtext auf:

Positiv: Ich liebe es, die Mutter meiner Kinder zu sein. Ich liebe es, sie aufwachsen zu sehen und zu erleben, was sie alles lernen. Ich mag das Lachen im Haus und die Lebendigkeit, die sie ausstrahlen. Ich sehe sie gern an, wenn sie schlafen, das ist so friedlich. Ich mag es, dass ich ihnen Sachen beibringen kann und erlebe, wie sie es wenig später selbstverständlich umsetzen.

Negativ: Ich bin oft genervt vom Lärm, den die Kinder machen. Besonders ihre Streitereien sind total anstrengend. Ich habe das Gefühl, dann eingreifen zu müssen, und bin andererseits hilflos, weil es immer wieder passiert. Manchmal vermisse ich meine Eigenständigkeit, ich fühle mich sehr fremdbestimmt und habe das Gefühl, dass ich mein Leben nicht mehr für mich allein planen kann und vieles nicht mehr mache, was ich gern machen würde. Ich würde so gerne mal wieder ein Wochenende wegfahren, um wieder ganz bei mir zu sein. Aber ich habe das Gefühl, das darf ich mir nicht erlauben.

Während Ines all diese Gedanken aufschreibt, wird ihr schon einiges bewusst, was sie sich bisher gar nicht eingestanden hat. Sie kann jetzt schon fühlen, dass sich ihre Einstellung dazu verändert.

Nina

Nina, die zwei Kinder im Alter von acht und zwölf Jahren hat, macht eine Stichwortliste zu ihrer Rolle als Ehefrau, die sie gerade als belastend empfindet. Es dauert eine ganze Weile, bis sie die folgenden Punkte zusammen hat:

Positiv:
• Finanzielle Sicherheit
• Schöne Erinnerungen
• Nicht allein verantwortlich für den Alltag und das Haus
• Muss mich nicht allein um die Kinder kümmern

Negativ:
- Fühle mich trotzdem alleingelassen
- Bin nicht sicher, ob es noch funktioniert
- Weiß nicht, wie und ob ich mit ihm über uns reden soll
- Das Gefühl, ich sollte etwas tun, weiß aber nicht, was

Offensichtlich steckt Nina fest. Vielleicht kennst du diesen Punkt auch?

Als Nächstes beschäftigt sich **Ines** mit der **Vision** zu ihrer Rolle als Mutter. Sie könnte aufschreiben:

Ich bin eine Mutter, die Spaß daran hat, Mutter zu sein. Ich liebe meine Boys über alles und bin gern mit den Kindern zusammen. Wir lesen zusammen Bücher, backen Kuchen, kuscheln viel und hören zusammen Musik. Wir haben viel Spaß. Ich unterhalte mich gern mit ihnen über ihre Wünsche und ihre Erfolge. Mindestens einmal am Tag schenke ich den beiden ganz bewusst Aufmerksamkeit und Zeit, da gibt es dann keine anderen Aufgaben. Aber ich muss nicht den ganzen Tag mit ihnen zusammen sein, sie dürfen jetzt lernen, sich auch selbst zu beschäftigen. Ich werde mir wieder bewusst, was meine Ziele sind. Ich gehe die Weiterbildung zur Ernährungsberaterin an, die mich schon lange interessiert. Ich gebe meinem Mann immer mehr Raum, er darf übernehmen und seine Vaterrolle voll ausgestalten. Ich bin froh, wenn nicht immer ich mit ihnen über die »Jungsthemen« sprechen muss. Das gibt mir auch den Raum, ab und zu für ein Wochenende zu verreisen, um mich selbst wieder wahrzunehmen und ganz bei mir bleiben zu können.

Wir gehen in unserer Familie respektvoll miteinander um und ich ziehe meine Grenzen. Wenn es zu laut wird, teile ich das selbstbewusst, aber freundlich mit. Wir verabreden Regeln, damit alle wissen, woran sie sind, gerade, was die Lautstärke angeht. Ich bin ein Vorbild für meine Jungs und eine selbstständige unabhängige Frau.

Ich bin die Mutter, die auch im wildesten Trubel im Familienleben ruhig und gelassen bleibt und sich an der Lebensfreude und Energie der Kinder erfreut und sich davon sogar ein Stückchen abschneidet.

Nina könnte zu ihrer Rolle in der Partnerschaft als **Vision** aufschreiben:

Ich liebe meinen Mann. Ich bin mir bewusst, dass ich die Distanz, die ich wahrnehme, selbst überwinden kann und sich dann zeigen wird, wie es mit uns weitergehen kann. Ich organisiere Zeit für uns allein, ein Abendessen oder ein ganzes Wochenende. Wir genießen die gemeinsame Zeit, und ich erinnere ihn und mich an die schönen Momente, die uns verbinden. Ich spreche endlich die Themen an, die unausgesprochen zwischen uns stehen. Wir gehen immer weiter aufeinander zu. Ich merke, dass ich gerne Zeit mit ihm verbringe. Wir lachen wieder miteinander. Wir haben richtig Spaß (das hat mir so gefehlt). Ich verstehe endlich, was ihn bei seiner Arbeit beschäftigt, was ihm Sorgen bereitet, und stehe als gefühlvolle Gesprächspartnerin zur Verfügung. Wir machen Pläne für das nächste Jahr: unsere Familienurlaube, Ausflüge zu zweit und mit den Kindern zusammen. Allein die Planung macht schon sehr viel Freude. Wir kochen am Wochenende zusammen mit den Kindern, das macht allen Spaß, und ich organisiere einmal die Woche einen Fernsehabend mit Pizza. Das Gefühl, nicht mehr in einer Warteposition zu sein, stärkt mich und gibt mir Selbstbewusstsein. Alles fühlt sich wieder leichter an, und ich bin überzeugt, dass wir einen guten Weg finden werden.

Ines überlegt sich folgende **konkrete To-dos,** um ihre Vision Wirklichkeit werden zu lassen:

- Der Mittwochnachmittag gehört in Zukunft immer nur uns und ich halte ihn (so gut es geht) von allen anderen Verpflichtungen frei (der Jungs und meiner eigenen). Wir nutzen die gemeinsame Zeit für Backen, Lesen, gute Gespräche und/oder Musikhören.Kein Handy, kein Fernsehen etc.
- Bis Ende des Monats sammle ich Informationen zur Ausbildung zur Ernährungsberaterin und bespreche dieses Ziel dann konkret mit meinem Mann.
- Am Wochenende bespreche ich mit meinem Mann, dass er ab sofort die Jungs an mindestens einem festen Wochentag (am liebsten Freitag) ins Bett bringt und ich diesen Abend für Verabredungen oder für mich allein nutzen kann.

Nina fasst für ihre Rolle in der Partnerschaft folgende **konkrete Entschlüsse:**

- Ich buche heute Abend einen Tisch bei unserem Lieblingsitaliener für nächste Woche und am besten gleich auch noch für die darauffolgende Woche beim Griechen ☺ (die Jungs können schon mal zwei Stunden allein bleiben, ich sage der Nachbarin zur Sicherheit Bescheid).
- Ich hole das alte Fotobuch heraus und werde es morgen Abend mit meinem Mann zusammen ansehen (das wird sicher lustig).

- Am Wochenende kochen wir alle zusammen ein tolles Abendessen.

Du siehst, wie immer liegt der Fokus auch bei der Gestaltung deiner Rollen darauf, sich bewusst mit den Themen auseinanderzusetzen, die Rollen zu reflektieren und ein klares Veränderungsziel zu definieren sowie die Schritte zu dessen Umsetzung zu planen.

Vielleicht denkst du jetzt: »Ja, tolle Ideen, aber das würde mein Partner/mein Kind gar nicht mitmachen.« Mache dir klar, dass das ein sehr hinderlicher Glaubenssatz ist. Probiere es doch erst mal aus, werde aktiv. Wenn du auf sehr großen Widerstand vonseiten deiner Familie stößt, probiere etwas anderes oder erkläre auf jeden Fall deine Zielsetzung und deine Bedürfnisse. Steige ein in die Veränderung und lasse Kommunikation zu. Manchmal dauert es eine Weile, bis sich das Gegenüber wirklich öffnet und bereit ist, aber meiner Erfahrung nach führt deine Klarheit und Willensstärke auf jeden Fall irgendwann zum Erfolg.

Du kannst nur dich selbst verändern. Und in diesem Fall kannst du dein Verhalten innerhalb deiner Rollen verändern. Es bleibt, wie alles andere, ein Prozess. Aber solange du dir bewusst bist über die Richtung, in die du gehen möchtest und selbstbewusst Schritt für Schritt weitergehst, bewegst du dich in einer Energie von Zuversicht und Liebe – vor allem für dich selbst. Und dann wird auch hier das Gesetz der Anziehung für dich wirken, und du manifestierst dir das Leben, das du mit deiner Familie wirklich leben möchtest.

KAPITEL 6

Die schönste Vision deiner Familie erschaffen

»Träume dir dein Leben schön und mach aus diesen Träumen eine Realität.«
Marie Curie

Nun hast du so viel über das Manifestieren und das bewusste Familienleben erfahren. Du hast gelesen und vielleicht auch schon ausprobiert, wie deine Gedanken deine Gefühle erzeugen und du damit deine Realität erschaffen und verändern kannst. Du kennst viele Methoden, wie du deine Energie erhöhen kannst und wie dein Leben dadurch leichter und fröhlicher wird. Eventuell hast du sogar die ersten Stresssituationen in deinem Familienleben durch bewusste Manifestation verändert. Ahnst du schon, dass da noch viel mehr möglich ist?

Das Gesetz der Anziehung ist immer aktiv. Was, wenn du es wie eine Wunschmaschine einsetzen würdest? Was, wenn du dir ein Traumleben manifestieren könntest, von dem du bisher nicht einmal zu träumen gewagt hast? Und das mit deinem Partner und deinen Kindern zusammen, voller Freude und Spaß? Und wenn du (im Moment) keinen Partner hast, dir aber eine Partnerschaft wünschst, dann manifestiere dir doch einfach einen.

Was, wenn du alles in deinem Leben entstehen lassen könntest, was dich glücklich macht?

Wie du schon weißt, ist das Wichtigste dafür, dir bewusst zu machen, **wie** du es haben willst. Deine Wünsche und Ziele sollten glasklar sein, damit das »Universum« sie dir auch liefern kann.

Im Folgenden bekommst du daher drei ganz konkrete Übungen mit auf deinen Weg, mit denen du ins Träumen kommen kannst und deine Wünsche ganz genau formulieren und visualisieren können wirst. Du wirst sehen, diese Übungen bereiten eine Menge Spaß und du kannst sie wunderbar für dich allein machen oder eben auch als Familienevent mit Kindern und Partner zusammen gestalten.

Die Löffelliste: sich verborgene Wünsche bewusst machen

Vielleicht kennst du den Film »Das Beste kommt zum Schluss« mit Morgan Freeman und Jack Nicholson? (Wenn nicht, lege ich ihn dir sehr ans Herz.) Die sogenannte Löffelliste, im englischen »Bucketlist«, wurde durch diesen Film bekannt und ist in den letzten Jahren sehr populär geworden. Tatsächlich war sie meine erste Übung aus der Welt der Persönlichkeitsentwicklung.

Als ich damals anfing, mich mit meinen Wünschen zu beschäftigen, mich von meinen Ideen inspirieren zu lassen und mir total verrückte Ziele zu setzen, spürte ich diese große Lebensenergie in mir aufblühen. Ich nahm wahr, dass da Fantasien in mir schlummerten, die ich bisher gar nicht wahrgenommen hatte. Klingt spannend? Ist es auch.

Also, was ist diese geheimnisvolle Löffelliste? Ganz einfach: Es ist eine Liste von all den Dingen, die du erlebt oder erreicht haben willst, bevor du »den Löffel abgibst«.

Die Löffelliste ist also eine Sammlung deiner Träume, die du Stück für Stück in die Realität umsetzen darfst. Dadurch, dass du diese Ziele schriftlich in einer Liste festhältst und immer wieder damit arbeitest, werden viele dieser Träume zur Realität werden, und dann werden neue Ideen, noch größere Ziele und noch abenteuerlichere Wünsche dazukommen.

Wie schreibst du deine Löffelliste?

Für deine Liste solltest du ungefähr hundert Wünsche zusammentragen. Das klingt erst mal viel, aber du wirst sehen: Wenn du angefangen hast, geht es ganz schnell. Es gibt verschiedene Möglichkeiten, die Löffelliste zu schreiben. Ich persönlich habe meine Bucketlist mit einem digitalen Mind-Map-Programm erstellt. Du kannst sie aber auch in dein Notizbuch schreiben oder ein einfaches Schreibprogramm dafür verwenden. Hauptsache, du formulierst deine Wünsche schriftlich aus.

Am besten teilst du die Liste in unterschiedliche Kategorien ein und stellst dir dazu relevante Fragen.

Mit diesen Fragen findest du deine Träume:

Familie: Was möchte ich mit meinem Kind erleben? Auf welches Abenteuer lasse ich mich mit meinem Kind ein? Welche Orte auf der Welt möchte ich meinem Kind zeigen? Was möchte ich ihm ermöglichen? Zu welchen Ereignissen möchte ich mein Kind begleiten?

Beziehungen: Welche romantischen Erlebnisse darf es noch in meinem Leben geben? Welche Abenteuer möchte ich in (m)einer Beziehung noch erleben? Welche sexuellen Wünsche darf ich mir noch erfüllen? Wie darf meine Beziehung mich bereichern?

Gesundheit: Welches gesundheitliche Problem möchte ich jetzt überwinden? Welche Wege gehe ich dafür? Welche (gesunde) Ernährungsform möchte ich für mich ausprobieren? Wie kann welche Form von Bewegung zu einer Routine werden? Welche alternative Heilungsart möchte ich ausprobieren oder selbst erlernen?

Reisen: Wo will ich auf jeden Fall einmal Urlaub machen? Was möchte ich auf der Welt sehen und was dort erleben? Welche Sehenswürdigkeiten üben eine magische Anziehungskraft auf mich aus?

Weiterbildung: Welche Themenbereiche interessieren mich, über die ich noch mehr wissen möchte? Welche Fähigkeiten möchte ich erlernen?

Berufliche Ziele: Welche Positionen möchte ich erreichen? Welche Projekte umsetzen? Welche Auszeichnungen möchte ich bekommen? Welche Kontakte knüpfen? Wo möchte ich arbeiten?

Finanzielle Ziele: Was möchte ich mir leisten können? Welchen Luxus möchte ich erleben? Was ist überhaupt Luxus für mich? Oder auch umgekehrt: Welche Art von Minimalismus möchte ich in meinem Leben ausprobieren?

Kulinarische Ziele: Welche Länderküchen möchte ich kennenlernen? Welche Restaurants besuchen? Was möchte ich selbst kochen oder backen?

Kreativität: Welches kreative Hobby möchte ich intensiver ausüben (Malen, Schreiben, Bildhauerei, Basteln, Nähen, Fotografie etc.)? Welche Kunstwerke erschaffen? Wie möchte ich sie der Welt präsentieren?

Soziales Engagement: Wofür möchte ich mich engagieren? Welche sozialen Projekte interessieren mich? Wie kann ich auf der Welt meinen Beitrag leisten?

Spiritualität: Welche spirituellen Erfahrungen möchte ich erleben? Welche Mentoren oder Autorinnen inspirieren mich und wie kann ich mehr über sie erfahren? Welche Praktiken und Methoden möchte ich ausprobieren oder erlernen? Welche spirituellen Orte oder Retreats würden mir Freude machen?

Sport: Welche Sportart wollte ich schon immer mal ausprobieren? In welcher Sportart möchte ich ein bestimmtes Ziel (Turnier, Platzierung, Liga, Marathon etc.) erreichen?

Abenteuer: Welches aufregende Erlebnis möchte ich mir endlich zutrauen? Wo und wie möchte ich über meine Grenzen gehen? Welche Herausforderung gibt es für mich noch zu meistern?

Kultur: Welches kulturelle Highlight kommt auf meine Liste (Theater, Konzert, Lesung etc.)?

Menschen: Welche berühmte(n) Person(en) möchte ich einmal persönlich treffen? Mit welcher Biografie und Lebensleistung möchte ich mich näher beschäftigen? Mit welchen Menschen möchte ich mich versöhnen?

Für dich zur Inspiration möchte ich 15 Ziele aus meiner Bucketlist mit dir teilen:

1. Eine Weile am Meer oder einem See leben
2. Eine Fahrt mit dem Heißluftballon
3. Auf dem Eiffelturm mit meinem Mann Champagner trinken
4. Einen Mammutbaum umarmen
5. Von einem indigenen Schamanen alle Geheimnisse über das Universum lernen
6. Mit dem Flugzeug durch den Grand Canyon fliegen
7. Segeln in der Karibik
8. In einem Hospiz arbeiten
9. Auf ein großes Red-Carpet-Event eingeladen werden

10. Einen Mazda MX-5 fahren
11. In einer Talkshow mit meiner »Happy little souls«-Botschaft auftreten
12. Einen Vortrag vor über tausend Menschen über »Bewusstes Familienleben« halten
13. Die Hochzeiten meiner Kinder feiern
14. Enkelkinder auf der Welt begrüßen
15. Gesangsunterricht nehmen

Einen großen Wunsch, der schon lange besteht, erfülle ich mir gerade: ein Buch schreiben.

Du siehst, die Wünsche sind sehr verschieden. Die Fahrt mit dem Heißluftballon müsste ich einfach nur buchen (gut, dass ich die Liste gerade noch mal angesehen habe), einen Mazda könnte ich mir sicher über einen Autoverleih für einen Tag gönnen (oder einfach mal Probe fahren). Das sind also Ziele, die ich recht leicht umsetzen könnte. Eine Reise in den Norden Amerikas würde sich anbieten, um mehrere Wünsche (Mammutbaum, Grand Canyon, indigener Schamane) auf einmal umzusetzen. Das scheiterte in den letzten Jahren an Corona, aber steht definitiv auf der Urlaubsplanungsliste. Auf andere Wünsche habe ich wenig Einfluss (Hochzeit der Kinder und Enkelkinder begrüßen). Hier vertraue ich aber dem »Universum« und sende diese Wünsche immer mal wieder ins »Feld«. Das gibt meinem Leben einen großen Rahmen und erinnert mich daran, was noch alles Schönes auf mich wartet. Generell vertraue ich darauf, dass alles zu seiner Zeit kommt. Ich habe schon viele Punkte meiner ersten Löffelliste abgearbeitet – wundersamerweise sogar einige, ohne dass ich es gezielt angegangen wäre. Wie gesagt: Es ist magisch.

Wie setzt du deine Liste um?

Der beste Umgang mit deiner Liste ist, sie dir mindestens einmal im Monat vorzunehmen und Punkte, die erledigt sind, abzustreichen und neue Wunschträume zu ergänzen. Wenn du das aber nicht schaffst (so wie ich) darfst du einfach immer dann, wenn du gerade Lust darauf hast, einen positiven Energieschub brauchst oder zufällig »darüberfällst«, wieder einen Blick auf die Liste werfen und sie bearbeiten.

Mache auch gern eine Liste mit deinem Kind und deinem Partner zusammen. Gerade Kinder können wunderbar träumen. Und schreibe auch ihre verrücktesten Wünsche auf, etwa »Zum Mond fliegen« oder »Eine Fee treffen«. Das »Universum« findet Wege, diese Wünsche zu erfüllen, wenn wir nur aufmerksam genug sind, das auch wahrzunehmen. Eine Fee könnte in diesem Fall eine besonders nette Lehrerin sein, die dein Kind genau richtig fördert, oder eine nette Verkäuferin, die euch durch einen Rabatt etwas ermöglicht, was erst unerschwinglich schien (habe ich schon erlebt). Zum Mond fliegen könnte auch eine virtuelle Reise in einem Planetarium sein oder eine tolle Dokumentation über die erste Mondlandung. Lass dich von der Fantasie der Kinder und der Energie des »Universums« überraschen!

Als Varianten der Löffelliste kannst du auch kleinere Listen für kürzere Zeiträume erstellen – eine Liste für das nächste Jahr, eine für den anstehenden Sommer oder eine Liste für den Urlaub (was willst du alles im kommenden Urlaub erleben?). Lass dich dann aber bitte nicht stressen, wenn du merkst: Nicht alles erfüllt sich. Ich bin der Überzeugung, dass uns das »Universum« immer das liefert, was gerade zu uns passt. Da darfst du ganz im Vertrauen bleiben. Jedoch: Ohne bewusste Wünsche wird eben auch nichts bewusst geliefert. Allein die Arbeit mit der Bucketlist bringt dich in eine gute Energie, öffnet deinen Horizont für die Möglichkeiten des Lebens und richtet deinen Fokus aus auf das, was du im Leben wirklich willst.

Das Lebensrad:
deine Lebensbereiche entwickeln

Das Lebensrad, auch »Wheel of Life« genannt, ist eine großartige Übung, um einen Überblick über dein Leben zu bekommen. Mit diesem Coachingwerkzeug visualisierst du sehr gut, wo du gerade im Leben stehst. Es beantwortet die Fragen: Was ist schon alles da und erfüllt und woran fehlt es zurzeit am meisten?

Du betrachtest mit diesem Coachingwerkzeug unterschiedliche Bereiche in deinem Leben und kannst so sehr gut erarbeiten, welche konkreten Themen dich herausfordern und welche Ressourcen dir schon zur Verfügung stehen. Für die einzelnen Bereiche kannst du dann Ziele festlegen. Das Ziel ist eine möglichst ausgewogene Balance zwischen den einzelnen Lebensbereichen, was dann zu einer inneren Balance und Ausgeglichenheit führt.

Die regelmäßige Beschäftigung mit dem Lebensrad hilft dir, dir ein erfüllteres Leben zu erschaffen.

Wie erarbeitest du dein Lebensrad?

Zeichne ein Rad, das sechs bis zehn Speichen hat, je nachdem, wie viele Bereiche deines Lebens du erkunden möchtest.

Das sieht dann ungefähr so aus:

Als Nächstes legst du die Lebensbereiche fest, die dir aktuell wichtig sind. Diese trägst du neben den »Tortenstücken« ein.

Eine Auswahl möglicher Lebensbereiche:
- Partner(schaft)/Liebe
- Kind/Kinder (wenn du mehrere hast, kannst du sie auch einzeln mit Namen aufführen, das kann hilfreich und spannend sein)
- Arbeit/Job/Karriere
- Freizeit/Hobbys
- Finanzen
- Gesundheit/Körper
- Freunde/Soziale Kontakte
- Sport/Fitness
- Wohnsituation
- Lebensfreude/Spaß
- Selbstwert/Selbstliebe
- Spiritualität
- Kreativität

- Abenteuer
- Freiheit/Unabhängigkeit
- Sicherheit/Stabilität
- Innerer Frieden/Gelassenheit

Stelle dir nun eine Skala entlang der Speichen vor: Der Mittelpunkt ist Null, außen ist die zehn. 1 bedeutet, dass in diesem Bereich ein großer Mangel besteht und es nicht gut läuft. Die 10 ist das Optimum. Sie bedeutet, dass du dir in diesem Bereich keine Verbesserungen mehr vorstellen kannst und du hier wirklich glücklich bist.

Trage für die einzelnen Lebensbereiche ein, wie erfüllt sie sich für dich anfühlen. Wähle dazu zunächst einen Bereich aus und entscheide dich für eine Zahl auf der Skala zwischen eins und zehn. Dann ziehst du eine Linie ungefähr auf der Höhe der Zahl und malst diesen Bereich aus. Das sieht ungefähr so aus:

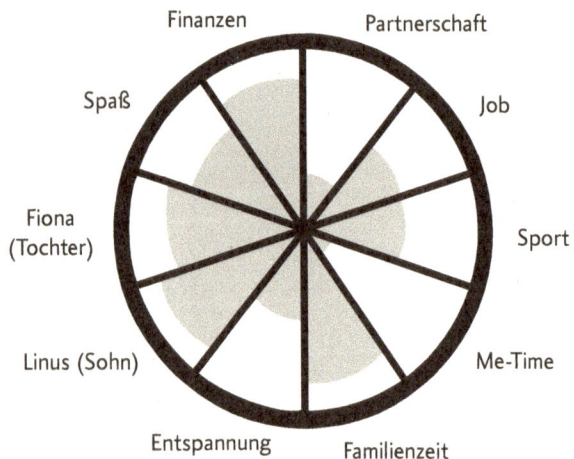

Schau auf das entstandene Bild und nimm erst einmal wahr, wie erfüllt du in einigen Bereichen schon bist. Du hast in deiner Vergangenheit schon so viel erschaffen, was du jetzt bereits genießen kannst!

Nun wird es Zeit, Schlüsse aus dem Bild zu ziehen. Folgende Fragen können dir dabei helfen:

- Wie fühlst du dich beim Anblick des Rades?
- Was fällt dir positiv auf, was negativ?
- Was überrascht dich wirklich?
- Welches sind die Bereiche mit den höchsten Werten und welche sind am niedrigsten bewertet?
- Warum bist du in den hoch bewerteten Bereichen zufrieden und wie ist es dazu gekommen?
- Welche Stärken und Ressourcen stehen dir dadurch zur Verfügung?
- In welchen Bereichen bist du unzufrieden und was genau fehlt dir hier?
- Wohinein investierst du zurzeit deine Energie hauptsächlich und was bleibt dadurch auf der Strecke?
- Worauf liegt dein Fokus und wo fehlt er?

Wie nutzt du das Lebensrad in deinem Leben?

Nun darfst du ins Handeln kommen. Das Ziel dabei ist jedoch gar nicht unbedingt, alle Bereiche auf eine 10 zu heben, sondern eine möglichst große Ausgewogenheit zu erstellen, sodass das Rad »rund« wird. Dann kann dein Leben am besten »rollen«.

Schau dir die Bereiche an, die du mit einer besonders niedrigen Zahl ausgemalt hast und die du mehr in Balance bringen möchtest. Du kannst mit verschiedenen Fragen darangehen, diese Bereiche zu optimieren.

Fange am besten mit den Fragen an:

- Welche Änderung in deinem Verhalten würde den Skalenwert sofort um einen Punkt verbessern?
- Was konkret müsstest du dafür tun?

Dieser kleine Schritt macht schnell deutlich, dass es oft gar nicht so viel braucht, um einzelne Lebensbereiche zu optimieren.

Ein typisches Familienszenario

Sarah ist verheiratet und hat zwei Kinder im Alter von einem und vier Jahren. Sie hat bewusst »Wohnen« als Lebensbereich ausgewählt, weil ihr schon länger klar ist, dass sie sehr unzufrieden mit ihrer aktuellen Wohnsituation in der Stadt in einer (zu) kleinen Wohnung ist. Sie hat keinen Raum für sich allein, und außerdem gibt es einen Nachbarn, der oft laut Musik hört und ihr damit Stress verursacht. Bisher hat sie aber die Kommunikation mit ihm gescheut. Sie gibt dem Bereich auf der Skala eine 3. Um schon mal auf eine 4 zu kommen, möchte sie zunächst die Störungen durch den Nachbarn reduzieren.

Sie beschließt, den Nachbarn auf einen Kaffee einzuladen und mit ihm sehr freundlich über die Situation zu sprechen. Sie nimmt sich vor, ihn zu bitten, die Musik leiser zu hören oder Kopfhörer zu verwenden. Sie manifestiert sich, dass er verständnisvoll reagieren wird, sendet ihm außerdem Liebe und freut sich auf ruhigere Abende.

Gesagt, getan. Am nächsten Tag begegnet sie dem Nachbarn »zufällig« im Hausflur. Sie kommt mit ihm ins Gespräch und lädt ihn spontan auf einen Kaffee ein. Er nimmt die Einladung gerne an. Sie erzählt ihm von ihrer Familiensituation und wie belastend die Hellhörigkeit im Haus für sie sei. Sie beschreibt, wie sie sich einerseits Sorgen mache, dass ihre Kinder zu laut seien, und sie andererseits aber auch von seiner Musik schnell angestrengt sei. Er äußert daraufhin Verständnis und verspricht, generell die Musik etwas leiser zu hören und mittags und am späten Abend, wenn die Kinder schlafen sollen, auf Kopfhörer umzusteigen. Sarah freut sich über dieses angenehme Gespräch und setzt die Skala in Gedanken auf eine 4 herauf. Ihr ist aber auch bewusst, dass sie trotzdem die Wohnsituation grundlegend verändern sollte.

Als Nächstes frage dich:
- Auf welchen Skalenwert möchtest du den jeweiligen Bereich in den nächsten Monaten heben?
- Wie wird dieser Bereich dann ausgestaltet sein?
- Was genau wird sich verändert haben?
- Und was genau kannst du dafür tun?

Werde sehr konkret bei der Beantwortung dieser Fragen. **Wie genau willst du es haben?** Du kennst dieses Vorgehen schon von den Manifestationsschritten aus dem Kapitel 4 und aus der Rollenarbeit. Genau das darfst du jetzt für deine Lebensbereiche tun.

Am besten setzt du dir sehr detaillierte Ziele: Werde wirklich konkret und dann gehe in die innere Visualisierung. Finde eine Situation, die deinen Wunschzustand repräsentiert, und stelle dir in Gedanken genau vor, wie du sie erlebst.

Sarah möchte in ihrem Lebensbereich »Wohnen« auf eine 8 kommen und fängt an, sich die Wohnsituation zu überlegen, die sie sich am meisten wünscht: ein eigenes Haus mit Garten in einer kleinen Vorstadt mit guter Anbindung an den öffentlichen Nahverkehr. In Gedanken kreiert sie sich einige Bilder des Hauses und des Gartens und hält die Punkte fest, die ihr besonders wichtig sind (große Küche mit Essplatz, pflegeleichter Garten, Helligkeit in allen Räumen). Als besonderes Detail stellt sie sich genau vor, wie sie ein kleines Zimmer einrichten würde, das sie als Büro und Gästezimmer nutzen könnten, in das sie sich bei Bedarf aber auch selbst zurückziehen könnte.

Anschließend kannst du dir eine Liste mit Aktionen aufschreiben, die du umsetzen möchtest, damit dein Wunsch Realität wird. Achte darauf, die Ziele genau und messbar aufzuschreiben, sodass du sie wirklich umsetzen und das auch »überprüfen« kannst. Und dann TU ES!

Wichtig: Nimm dir nicht zu viel auf einmal vor. Entscheide dich zunächst für einen Bereich, der dir intuitiv am wichtigsten erscheint. Dann genieße deinen Weg und feiere dich für die Fortschritte, die du machen wirst.

Sarah notiert:
- Bis Ende der Woche mit meinem Mann sprechen
- Im Lauf der nächsten Woche Immobilienangebote checken

Sarah teilt also als Nächstes ihren Wunsch mit ihrem Mann, der anfangs zögerlich reagiert. Nachdem sie jedoch das Haus lebendig beschrieben hat, öffnet er sich für die Idee eines Umzugs und ist bereit, gemeinsam an der Planung teilzunehmen. Zusammen schauen sie sofort auf verschiedenen Immobilienwebseiten im Netz nach entsprechenden Angeboten. Der Stein ist ins Rollen gekommen.

Du kannst dich auch intuitiv vom »Universum« führen lassen und auf entsprechende Impulse warten. Wichtig ist, auf diese Impulse zu achten und dann auch wirklich ins Handeln zu kommen. Aber das weißt du ja bereits. Vertraue darauf, dass sich Wege finden werden, um alles wahr werden zu lassen, was du dir erträumst.

Sarah unterhält sich mit verschiedenen Menschen in ihrem Umfeld über ihren Wunsch. Eine Freundin empfiehlt ihr eine Maklerin, mit der sie gute Erfahrungen gemacht hat. Eine Mutter aus der Schule erzählt, dass ihr Onkel gestorben sei und die Tante nun in ein betreutes Wohnen zöge. Das Haus der beiden in einem Vorort würde verkauft. Und so geht es weiter: Von allen Seiten eröffnen sich plötzlich Möglichkeiten.

Sarah achtet auf diese Chancen und folgt ihren Impulsen. Innerhalb eines halben Jahres finden sie über einen solchen großen »Zufall« eine passende Immobilie. Sie freut sich schon darauf, ihr kleines Zimmerchen einrichten zu können.

Für dein Familienleben ist es besonders wertvoll, wenn du dir die Beziehung zu deinem Kind genauer anschaust. Wenn du mehrere Kinder hast, mache das einzeln mit jedem. Es wird sehr viel klar, wenn du in die einzelnen Beziehungen hineinspürst:

- Was verbindet dich (jeweils) ganz besonders mit deinem Kind?
- Was macht es so besonders?
- Wie ist die Energie eurer Beziehung?

Nimm auch die Unterschiede bei den Kindern wahr. Habe keine Angst davor, es ist normal und vollkommen okay, wenn du merkst, dass du zu einem Kind gefühlt eine engere Verbindung hast als zum anderen. Genau das einmal anzuschauen, hilft dir, diese Verbindungen in den Ausgleich zu bringen, wenn das notwendig sein sollte. Das kannst du anhand der Skalenwerte sehr gut feststellen. Überlege dir dann, was die Beziehung jeweils braucht und was du dazu beitragen kannst, dass die Verbundenheit wieder wächst. Das kann für die ganze Familie ein sehr heilsamer Prozess sein.

Die Kür des Lebensrades ist, für jeden einzelnen Bereich eine Vision für den bestmöglichen Zustand (Skalenwert acht bis zehn) aufzuschreiben:

- Wie genau möchtest du diesen Bereich erleben?
- Wann wäre alles so, wie es sein soll?
- Was genau hätte sich verändert?
- Wie würde sich vollkommene Erfüllung in den einzelnen Bereichen anfühlen?
- Woran würdest du merken, dass dein Wunschzustand erreicht ist?

Die Vision schreibst du am besten im Präsens im Fließtext auf: Du kannst mit den Worten beginnen: »Ich bin so froh und dankbar, dass ich …«, und dann lässt du alle deine Vorstellungen aus dir heraus und in den Text hineinfließen. Was ist jeweils deine schönste Vision der einzelnen Bereiche?

Und Sarahs Vision für die perfekte Wohnsituation? Es zeigt sich, dass Sarah für eine 10 noch größer denken kann. Allerdings ist das ein Wunsch für eine Zeit, in der die Kinder bereits aus dem Haus sind:

»Ich bin so froh und dankbar, in einem schönen Haus in Dänemark in der Nähe des Meeres zu wohnen. Ich liebe

> meine Strandspaziergänge mit meinem Mann. Im Sommer
> segeln wir auf der Ostsee mit einem kleinen Boot, im Win-
> ter machen wir es uns an unserem Kamin gemütlich. Wir ge-
> nießen die ruhige Zeit miteinander, freuen uns aber auch
> immer auf den Besuch der Kinder und Enkelkinder.«

Die Texte dürfen so lang und ausführlich oder kurz sein, wie du
es möchtest. Am Ende hast du jeweils eine Vision für die einzelnen Bereiche deines Lebens erschaffen. Du weißt genau, wie du
diese leben möchtest, und kannst es dir Schritt für Schritt manifestieren.

Das ist allerdings ein Prozess, der vermutlich nie endet, da
sich deine Wünsche, Rollen und Werte im Laufe des Lebens ja
auch immer wieder verändern. Das Lebensrad, das du immer
mal wieder neu ausfüllen kannst, kann dich jedoch stets von
Neuem daran erinnern, wo du wirklich hinwillst, und dich motivieren, weiterzugehen und dich deinem Traumleben immer weiter anzunähern. Gerade in persönlichen Krisenzeiten ist es ein
sehr hilfreiches Werkzeug, um die wichtigen Baustellen im Leben
zu erkennen und positiv zu gestalten. Ich wünsche dir wahnsinnig viel Freude und Liebe dabei.

Das Visionboard: kreative Gestaltung deiner Träume

Eine weitere schöne Übung, um noch tiefer in deine Träume einzutauchen, ist die Erstellung eines Visionboards. Diese Aufgabe
kannst du gut für dich allein machen oder mit deiner Familie zusammen. So oder so macht es unheimlich viel Freude und stei-
gert definitiv deine Schwingungsfrequenz.

Ein Visionboard, auch »Dreamboard« genannt, ist eine Collage von Zitaten, Sprüchen, kleinen Texten, Bildern, Illustrationen oder Fotos, um deine wundervolle Zukunft zu visualisieren.

Durch die Bebilderung deiner Wünsche werden sie für dich greifbar und auch für das Unterbewusstsein konkret. Du sendest damit sozusagen einen »Manifestationsauftrag« an das »Universum« und richtest deinen Fokus auf dieses Ziel aus. Wie du erfahren hast, sucht dein Unterbewusstsein dann automatisch nach Wegen, um diese Ziele zu erreichen, und das »Universum« sendet dir entsprechende Möglichkeiten und Lösungsansätze.

Du kannst auch einzelne Visionboards zu speziellen Themen gestalten. Mögliche Titel sind »Mein nächstes Jahr«, »So lebe ich meine Werte« oder natürlich »Mein schönstes Familienleben«.

Oder du erstellst mehrere Visionboards für Bereiche aus deinem Lebensrad, etwa »Beruf«, »Partnerschaft«, »Gesundheit« oder »Spiritualität«. Natürlich kann es auch ein Gesamtblick auf deine langfristige Zukunft sein: dein Traumleben in allen Bereichen.

Wie füllst du dein Visionboard mit Motiven?

Die Inhalte und Motive für das Visionboard kannst du aus den Übungen und Reflexionsfragen entwickeln, die du bisher in diesem Buch kennengelernt hast:

- Wege, mit denen du deine Energie und deine Schwingung erhöhen möchtest
- Schöne Momente mit deinen Kindern und die Alltagssituationen, wie sie in Zukunft verlaufen werden
- Deine neuen Werte und deine frischen Glaubenssätze
- Die Gestaltung deiner Rollen
- Ziele aus der Bucketlist
- Träume aus dem Lebensrad

Stoff hast du ganz sicher genug (plane dein Board also groß genug). Du kannst dich auch intuitiv führen lassen und Zeitschriften durchblättern oder auf Bilder-Suchmaschinen herumstöbern.

Nimm nun alle Motive, die dich zu deinem gewählten Thema des Visionboards spontan emotional ansprechen.

Die Fotos, die du findest, können konkrete Abbildungen deines Wunsches sein (an meiner Pinnwand, die ich als Visionboard nutze, hängt zum Beispiel der Mazda MX-5 und ein bestimmtes Ferienhaus auf Sylt mit Blick auf das Wattenmeer, das ich gern mal buchen möchte). Es können aber auch abstrakte Bilder oder Grafiken sein, die eine bestimmte Stimmung transportieren (ein Bild vom Himmel für »himmlische Gefühle« oder ein Foto von Moos und Erde für die geerdete Kraft, die dich in Zukunft begleiten wird). Es können kurze Zitate sein, die dich berühren, oder Ausschnitte aus Texten, die dir wichtig sind. Natürlich kannst du auch eigene kleine Texte oder Sprüche aufschreiben oder etwas malen.

Ganz wichtig: Jedes Element deiner Collage sollte schöne und möglichst intensive Gefühle in dir auslösen. Alle Bilder und Texte dürfen dich von Herzen erfreuen und dir richtig gute Energie schenken.

Ich habe einmal einen Nachmittag lang mit einer Bilder-Suchmaschine verbracht, um meine »Zukünftige Schwingungsfrequenz« zu visualisieren und habe mich in wunderschönen Fantasiebildern verloren. Hinterher war ich ganz beseelt und diese Bilder haben mich lange positiv begleitet.

Bewusst wählen: die Kraft der Motive
(am Beispiel »Lebensbereich Gesundheit«)
Bei der Auswahl der Bilder darfst du darauf achten, dass sie auch wirklich attraktiv und realistisch
für dich sind. Möchtest du an deiner Gesundheit
arbeiten und dafür ein paar Kilos abnehmen, suche Bilder von leckerem, gesundem Essen heraus, das dich wirklich begeistert. Fotos von Diät-
drinks werden dich vermutlich nicht entzücken.
Vielleicht motivieren dich auch Fotos von fitten,
sportlichen Frauen oder bestimmten Sportarten,
die du ausüben möchtest? Bleib aber in einem
realistischen Rahmen. Sind die Models zu dünn,
wird dein Unterbewusstsein ständig rebellieren,
weil du beim Anblick derselben vermutlich immer
denken wirst: »Das ist aber noch ein langer Weg«
oder »So werde ich doch nie aussehen«. Dein
Traum von einem gesünderen Körper rückt damit
in weite Ferne, denn dann verharrt dein Unterbewusstsein im Mangeldenken.

Ich selbst habe mir in meiner Anfangsphase der Persönlichkeitsentwicklung verschiedene Mentorinnen und Trainer ausgesucht,
mit denen ich gern arbeiten wollte. Ich hatte damals meinen späteren NLP-Trainer in einem Interview gesehen, und mir war sehr
schnell klar, dass ich gern von ihm lernen wollte und NLP nun in
mein Leben kommen durfte. Ich pinnte ein Foto von ihm an mein
Visionboard, und wenige Tage später las ich in einem Newsletter,
dass er eine Seminarwoche in meiner Nähe anbietet. Es wurde eine

der besten Ausbildungswochen, die ich je erlebt habe. Eine andere Mentorin hatte ich bei einem Onlinekongress erlebt und fand ihre natürliche Art einfach toll. Sie fand ihren Platz an meinem Board, und eine Woche später las ich auf Facebook, dass sie ein Coaching-programm anbietet, das finanziell für mich erschwinglich war. Ein halbes Jahr lang habe ich mit ihr zusammengearbeitet und neben-bei wunderbare Menschen kennengelernt, mit denen ich bis jetzt zum Teil noch in engem Kontakt bin. Das waren wirklich magi-sche Momente, die mich in dem Glauben an die Kraft des Vision-boards bestärkt haben. Ich liebe diese Arbeit wirklich sehr.

Wie erstellst du dein Visionboard ganz praktisch?

Du kannst deine Collage digital erstellen, zum Beispiel mit einem Präsentationsprogramm oder einem Online-Gestaltungstool. Für die Suche eignen sich die Bildersuche in einer Suchmaschine oder die sozialen Medien. Da dein Visionboard nur für dich be-stimmt ist, ist es rechtlich völlig legitim, dir Bilder aus dem Inter-net herauszusuchen und sie auszudrucken.

Du kannst aber auch eine große Pappe nehmen und deine Motive aus Zeitschriften ausschneiden und aufkleben oder selbst malen und schreiben und kreativ werden. Diese Methode eignet sich besonders, wenn du ein Familien-Dreamboard mit deinen Kindern zusammen erstellst. Kinder schneiden und kleben ein-fach gerne. Ich persönlich habe mir eine Magnetpinnwand ge-gönnt und viele kleine Magnete. Ich stöbere gern im Internet nach zu meinen Themen passenden Bildern und Sprüchen und stelle sie stilgerecht zusammen. Diese flexible Lösung ermög-licht mir auch die stete Beschäftigung mit meinem Visionboard. Es kommen immer mal wieder neue Bilder hinzu oder andere, die bereits erfüllt oder nicht mehr passend sind, dürfen gehen. Ja, manchmal ändert sich bei mir ein Wunsch, obwohl er noch nicht umgesetzt ist: Ein Urlaubsziel habe ich durch ein anderes, noch attraktiveres ersetzt, weil ich einen Film dazu gesehen habe, und eine Wunsch-Mentorin hat mit der Zeit ihren Spirit für mich verloren, während andere für mich wichtiger wurden.

Wie wirkt dein Visionboard in deinem Leben?

Dein Visionboard findet am besten einen Platz, an dem du ihm immer wieder begegnest. Das kann die Küche sein, das Schlafzimmer oder auch die Wand in der Toilette. Die digitale Version kann dein Hintergrundbild des Computers sein oder du schaust es dir in Arbeitspausen einfach immer mal extra wieder an. Eine Variante kann dein »Dreamboard light« sein: ein einzelnes, zauberhaftes Bild, das alles zusammenfasst, was dir gerade wichtig ist und das du als Hintergrundbild im Handy verwendest.

Nimm dir auf jeden Fall Zeit für die Erstellung deines Visionboards, mache es dir gemütlich und schwelge in den guten Gefühlen, die die Suche nach den richtigen Motiven auslöst.

Wenn du es mit deinen Kindern oder deiner Familie zusammen erstellst, lasse in jeder Hinsicht Raum: Raum zum Ausbreiten der Bilder, Raum für zeitliche Unbegrenztheit, Raum für Fantasie. Auf unserem Familienvisionboard kleben Bilder von »Robbi, Tobbi und dem Fliewatüüt«, ein Foto einer Regenbogenquelle in einem Nationalpark der USA, Impressionen vom Tauchen und einem Urlaub auf den Malediven und ein großes Bild der Allianz Arena in München, dem Stadion des FC Bayern Münchens. Dieser Wunsch ist übrigens schon im letzten Urlaub halb in Erfüllung gegangen: Wir haben in der Arena eine Besichtigungstour gemacht. Da das Bild aber eigentlich den Traum meines Sohnes symbolisiert, eines Tages dort für die Bayern Fußball spielen zu dürfen, bleibt es wohl noch eine Weile hängen.

Schluss

»Sei du selbst die Veränderung,
die du dir wünschst für diese Welt.«
Mahatma Gandhi

Nun sind wir am Ende des Buches angelangt. Wie geht es dir jetzt?

Du hast in diesem Buch erfahren, dass du durch die Veränderung deiner Gedanken, durch die Entwicklung eines positiven Glaubenssystems und vor allem durch die Ausrichtung auf eine hohe Schwingung dein Leben mit deiner Familie fundamental verändern kannst.

Du weißt jetzt, dass du dich dafür entscheiden kannst, das Hamsterrad des alltäglichen Wahnsinns zu verlassen und neue Wege zu gehen.

Ist das einfach? Nein, es ist ein Prozess und es dauert. Aber es lohnt sich. Jeder kleine Schritt, den du vorwärtsgehst in die Zukunft, die du wirklich leben möchtest, ist ein Schritt in die richtige Richtung. Schon sehr kleine Veränderungen können auf längere Sicht gesehen einen tiefgreifenden Wandel bewirken. Es ist letztendlich eine Frage der Motivation. Aber was motiviert uns?

Wenn du das Buch aufmerksam gelesen hast, weißt du, dass es positive Ziele sind, die uns motivieren können. Ich möchte dir in diesem Schlusswort meine Motivation mitgeben:

Ich glaube, dass wir Mütter wie ein Leuchtturm sind für unsere Kinder. Wir sind das Licht. Wir geben Orientierung und zeigen ihnen, wo es langgeht und wie das Leben funktioniert. Je heller wir leuchten, desto strahlender können auch unsere Kinder leuchten.

Und dann tragen sie *ihr* helles Licht in die Welt. Letztendlich wird dadurch die ganze Welt ein bisschen strahlender, liebevoller, friedlicher und glücklicher. Und was wünschen wir uns mehr als eine Welt voller Liebe, Frieden und Glück für unsere Kinder?

Also entscheide dich jetzt und mache deinen ersten Schritt. Ich wünsche dir viel Freude für deinen Weg.

Und vergiss nicht: Familie ist, was du daraus machst.

Alles Liebe, bis ganz bald,
deine Susanne

Danke

»Oh Mann, was haben wir da nur gemacht?« Diese denkwürdigen Worte sprach mein Mann, als wir gemeinsam auf das erste Ultraschallbild unserer Tochter blickten. Dieser winzige, kleine weiße Punkt in dieser größeren schwarzen Blase, das war nun also das, was unser Leben ab sofort verändern würde. Es gab kein Zurück mehr. Und ich spürte, dass von diesem Augenblick an nichts mehr so war wie davor und es auch nie mehr wieder so sein würde. Ich sollte recht behalten. Seitdem wurde uns unglaublich viel geschenkt. Nach der Lektüre meines Buches weißt du, wovon ich rede.

Daher möchte ich diese Danksagung beginnen mit den wichtigsten Menschen in meinem Leben:

Sebastian (Sese), mein großartiger Ehemann, der mich so nimmt, wie ich bin, und mich immer zum Lachen bringen kann. Du hast immer an mich geglaubt, viel mehr als ich selbst. Du bist mein Fels in der Brandung, mein kluger Gesprächspartner, mein Unterstützer in allem, was ich tue. Es ist wirklich ein Segen, dass wir zueinander finden durften, und ich bin unendlich dankbar dafür, dich an meiner Seite zu wissen, in guten wie in schlechten Zeiten. Ich bin super-gespannt, wohin unsere gemeinsame Reise uns noch führen wird. Ich freue mich auf alles, was noch kommt.

Dann natürlich meine drei unglaublichen Wunder:

Marlene, du absolutes Spitzenbaby, du bist ein Licht für die Welt. Ich liebe alles an dir, deine Begeisterungsanfälle und deine schlechten Launen, deinen Humor, deine Neugier auf das Leben und die ganze Welt, deinen Tatendrang, den du auch so gern für das Gute in der Welt einsetzt. Um dich muss ich mir wirklich niemals Sorgen machen. Ich danke dir, dass du auch mich in meinem Wirken unterstützt, dass ich mich immer mit dir austauschen kann, dass du dich mit mir freust und mir ehrliches Feedback gibst. Du hast eine wahrlich strahlende Zukunft vor dir, und ich bin dankbar für jeden Tag, den du in meinem Leben bist, egal, wo du gerade bist.

Jan Philipp, du bist unser manifestiertes Wunder, und ich bin so unendlich dankbar, dass du zu uns gefunden hast. Du bist ein feiner Mensch, voller Einfühlungsvermögen, sensibel, und ich liebe diese ganz besondere Art, mit der du Menschen für dich einnehmen kannst. Deine Fähigkeit, wirklich groß zu denken, ist immer wieder ein Ansporn für mich, es auch zu tun. Du bist außerdem eine Inspiration für uns alle, weil du immer an das Gute in der Welt glaubst und uns daran erinnerst, dass alles gut wird. Du wirst dich nie unterkriegen lassen und auch dafür bin ich dankbar.

Mark, du bist die größte und schönste Überraschung unseres Lebens und die perfekte Ergänzung für unsere Familie. Ich liebe dein Lachen, deine Verträumtheit, deine Gelassenheit und dass du einfach total krass bist. Ich bin so dankbar für deinen Wissensdurst, der mich immer wieder vor neue Fragen über die Welt stellt, und dafür, dass du immer du selbst bist. Du gehst (meistens) entspannt und selbstverständlich durchs Leben und bleibst dir immer treu. Es ist total schön, das zu erleben, und ich bin unglaublich dankbar, in dir in dieser Hinsicht ein Vorbild zu finden.

Danke, dass es euch in meinem Leben gibt. Ich liebe euch von ganzem Herzen.

Zurück zu »Oh Mann, was haben wir da nur gemacht?«. Ähnlich ging es mir, als ich das erste Mal das Cover meines Buches sah. Der erste Entwurf des Verlags war für mich ein Volltreffer. Es leuchtete ein goldener Punkt mit weißer Schrift und auch hier war klar: Es gab kein Zurück. Ich ahnte, auch dieses »Baby« würde mein Leben auf den Kopf stellen. Ich bin gespannt, ob ich wieder recht behalte.

An diesem »Baby« waren allerdings ein paar Menschen mehr beteiligt, und ich möchte zunächst in chronologischer Reihenfolge die Wichtigsten nennen:

Danke, liebe Anja Timmermann, du hast mich im Laufe unseres Business-Coachings ermutigt, das Projekt »Buch« anzugehen und mich auch an Kathrin Nord (Bestseller 2 Go), meinen Buchcoach, vermittelt.

Danke, liebe Kathrin, du warst vom ersten Gespräch an von meiner Buchidee begeistert und hast richtig erkannt: »Das musst du mit einem Verlag machen.« Was damals noch außerhalb meiner Vorstellungkraft lag, hast du mit mir zusammen wahr gemacht. Danke für deine klugen Fragen und die Geduld, als wir das Konzept meines Buches erarbeitet, die Essenz des bewussten Familienlebens herauskristallisiert und sie zu Papier gebracht haben. Danke auch, dass du mich dann an Christine Proske, Geschäftsführerin der Ariadne-Buch-Agentur, vermittelt hast.

Danke, liebe Frau Proske, auch Sie haben von Anfang an sowohl an das Buch als auch an mich geglaubt. Sie kauften das Konzept und schafften es, Stella Christiansen vom Goldmann Verlag dafür zu begeistern. Es war ein unfassbarer WOW-Moment, als das Angebot bei mir ankam.

Danke, liebe Stella, du hast die Magie des Buches gespürt und bist das Risiko mit einer Erstautorin eingegangen. Unsere Gespräche hatten eine unglaubliche Energie und wir hatten so viel Spaß zusammen. Ich bin so dankbar, dass du mir diese Chance gegeben hast.

Danke auch dir, liebe Laura Graf, du hast im Laufe des Entstehungsprozesses die Betreuung des Buches beim Goldmann Verlag übernommen. Ich bin super-gespannt, was wir beide daraus machen werden, es kann nur wunderbar werden.

Danke, liebe Nina Schnackenbeck, meine großartige Lektorin. Auch du warst von der Buchidee überzeugt und hast das Projekt trotz hoher Arbeitsbelastung angenommen. Du hast es mit einer feinen Präzision gelesen und in der Tiefe erfasst. Du hast nicht nur wertvolle Strukturen geschaffen, meine Sätze geschliffen und kluge Fragen an den richtigen Stellen gestellt, sondern auch das große Ganze des Buches nie aus dem Blick verloren. Du hast recht, es ist »grandios« geworden, nicht zuletzt, weil du es so wunderbar verstanden hast.

Ein großes Danke geht auch an alle anderen Mitarbeiterinnen und Mitarbeiter aus dem Goldmann Verlag und der Penguin Random House Verlagsgruppe, die an der Entstehung des Buches beteiligt waren: PR, Grafik, Korrektorat etc.

Ein riesiges Danke geht an all meine lieben Freundinnen, die ich zu »Probeleserinnen« und »Feedbackgeberinnen« auserkoren habe und deren ehrliche und meist enthusiastische Feedbacks zu Kapiteln, Titel, Cover etc. mich oft zu Tränen gerührt haben. Ein paar seien hier genannt: Steffi, Ilona, Mareike, Andrea, Katharina, Katja, Kandida, Sina und Daniela. Danke, dass ihr euch die Arbeit gemacht, dass ihr meinen Traum mitgeträumt habt. Ihr seid alle großartig, und ich bin unendlich dankbar, euch in meinem Leben zu haben.

Und dann sind da noch so viel mehr liebe Freundinnen in meinem Leben. Ich danke allen, die sich immer wieder für den Podcast und das Buch interessiert haben, mich bestärkt haben, meine Zwischenschritte und Erfolge gefeiert haben. Danke von ganzem Herzen, jede Einzelne von euch ist eine wundervolle Bereicherung in meinem Leben!

Ein ganz besonderer Dank geht außerdem an Emmy und Silke, meine besten Freundinnen fürs ganze Leben. Ihr seid da, natürlich wenn ich euch brauche, aber vor allem einfach so. Ihr seid einfach immer da. Das ist so wertvoll, dass es kaum in Worte zu fassen ist.

Natürlich gäbe es das Buch nicht, wenn es nicht den Podcast *Happy little souls – Bewusst sein mit Kindern* und seinen Erfolg gäbe. Daher möchte ich mich an dieser Stelle einmal bei allen herzlich bedanken, die Teil der Entstehung und vor allem der Geschichte des Podcasts sind.

Zunächst Annemarie, die dafür sorgte, dass es kein Zurück mehr gab bei der Entscheidung für den Podcast, Stephan Landsiedel (mein NLP-Trainer und Mentor), der mich »groß denken« lehrte in einer vollkommen neuen Dimension und mir ganz neues Selbstvertrauen gab, und Marina, die den Entstehungsprozess als »Buddy« für mich begleitete und mich immer weiter vorwärtstrieb. Und natürlich Christina Tiedtke, die mir die Angst vor der Technik genommen hat.

Dann sind da all diese wunderbaren Menschen, die ich im Laufe der letzten vier Jahre für den Podcast interviewen durfte. Ihr habt euch die Zeit genommen, eure Geschichten, eure Inspirationen, eure Erfahrungen und euer Wissen mit uns zu teilen. Es war mir mit allen eine große Freude und Ehre. Danke, danke, danke, ich kann nicht beschreiben, was diese Stunden für mich bedeuten!

Meinen allerherzlichsten Dank möchte ich aber den Hörerinnen (und den paar Hörern) des Podcasts zukommen lassen. Ohne euch wäre ich nicht da, wo ich jetzt bin. Ohne euer Feedback wüsste ich nicht, dass ich wirklich wirksam bin. Es sind unglaubliche Geschichten, die ich immer wieder zurückgemeldet bekomme, und das macht mich unendlich froh. Danke, dass ihr mir zuhört, und vor allem danke, dass ihr so viel davon umsetzt und somit auch für eure Kinder und damit diese Welt wirksam werdet.

Fast am Ende, aber vor allem möchte ich meinen Eltern danken. Ich bin unendlich dankbar für die Kindheit, die ihr mir ermöglicht habt. Ich bin dankbar für die Sicherheit und Geborgenheit, mit der ich aufwachsen durfte. Ihr habt mich immer unterstützt, wart immer für mich da. Natürlich war nicht alles perfekt und wir durften die ein oder andere Lernkurve nehmen. Aber ihr habt diese Herausforderungen stets angenommen, und am Ende sind wir alle gemeinsam gewachsen.

Papa, wo auch immer du jetzt da oben bist, ich weiß, wie stolz du auf mich bist. Du fehlst mir immer noch, aber ich bin dankbar für jeden Tag, an dem du mein Vater warst.

Mama, du bist ein wertvoller Mensch. Du hörst nie auf, trotz deines stolzen Alters, dich weiterentwickeln und das Leben und dich selbst noch besser verstehen zu wollen. Du bist eine Inspiration für mich und ein Vorbild in vielerlei Hinsicht für viele Menschen. Ich bin auf ewig dankbar für unsere gemeinsame Zeit.

Zuallerletzt möchte ich noch ergänzen, wie stolz ich auf mein eigenes Wirken bin, und wie dankbar. Seit vier Jahren produziere ich (bis auf wirklich wenige Ausnahmen) jede Woche eine Folge für meinen Podcast *Happy little souls*, und es macht mir immer noch wahnsinnig Freude. Ich glaube, ich habe noch nie zuvor etwas so diszipliniert und konsequent durchgezogen und gleichzeitig so sehr Spaß daran gehabt. Und nun habe ich mir noch diesen Traum wahrgemacht, ein Buch zusammen mit einem renommierten Verlag zu schreiben. Das habe ich mir selbst möglich gemacht und es selbst verwirklicht. Ich bin für mich losgegangen und habe aus dem Nichts heraus das alles erschaffen, die Freude, den Erfolg, das Glück, andere unterstützen zu können. Und natürlich dieses bewusste Familienleben, für das ich so unendlich dankbar bin. All das, was ich dir in diesem Buch erzählt habe, funktioniert wirklich. Das erlebe ich jeden Tag. Ich bin unfassbar dankbar, dass ich mich mit all dem beschäftigt habe, neugierig war und es dann einfach ausprobiert habe.

Und wenn es für mich funktioniert, dann, du liebe Mama, dann funktioniert es auch für dich.

Jetzt bist du an der Reihe. Und im Sinne der Manifestationsschritte kann ich sagen: Ich bin unendlich dankbar dafür, dass du dieses Buch gelesen und nun beschlossen hast, deine Schöpferkraft kennenzulernen. Ich danke dir, dass du so toll umsetzt und für dich selbst losgehst, dass du die Verantwortung für dein Leben und dein Familienglück in die Hand nimmst, anfängst zu träumen und zu manifestieren und all dieses Wissen damit auch deinen Kindern vorlebst. Du bist unglaublich. Danke, danke, danke.

Im November 2023
Susanne

Sachregister

Anmerkungen

1   Forsa-Umfrage im Auftrag der KKH Kaufmännischen Krankenkasse 2019: »Eltern unter Strom: Wenn der Alltag an der Seele nagt«, (https://www.kkh.de/presse/pressemeldungen/eltern-unter-strom--wenn-der-alltag-an-der-seele-nagt; letzter Abruf 5.12.2023)

2   Stephan Grünewald 2019: *Wie tickt Deutschland?: Psychologie einer aufgewühlten Gesellschaft*, S. 202f.

3   Podcast *Happy little souls*, Folge 122: »Das Queensize-Leben für Mütter – Wie wir uns als Mutter selbst verwirklichen können«; Interview mit Sabine Asgodom

4   Podcast *Happy little souls*, Folge 160: »Was Kinder wirklich brauchen«, Interview mit meiner Tochter Marlene

5   Zusammengefasst aus Hawkins, David R. 2014: *Die Ebenen des Bewusstseins: Von der Kraft, die wir ausstrahlen*, Teil 1, Kapitel 4

6   Hicks, Esther und Jerry 2008: *The Law of Attraction: Das kosmische Gesetz hinter THE SECRET.*

7   Byrne, Rhonda 2007: *The Secret – Das Geheimnis*

8   Hicks, Esther und Jerry 2008: *The Law of Attraction: Das kosmische Gesetz hinter THE SECRET*, S. 53

9   Podcast *Happy little souls*, Folge 077: »Die Diamantschneider-Prinzipien – Wie du geistige Samen für ein schönes Familienleben pflanzt«, Eva Balzer; Folge 088: »Zeitmanagement mit karmischen Prinzipien – Wie du mehr Zeit für dich erschaffen kannst«, Angelika Kurz; Folge 188: »Ein friedliches Leben führen – Die Heilkraft der buddhistischen Psychologie«, Sascha Nachtnebel

10 Die Glaubenssatzarbeit »The Work« mit diesen vier Fragen hat Byron Katie beschrieben in ihrem Bestseller *Lieben was ist. Wie vier Fragen Ihr Leben verändern können*

11 lexetius.com 2023: Bürgerliches Gesetzbuch vom 1. Juli 1958-1. Juli 1977 (https://lexetius.com/BGB/1356,3, letzter Aufruf am 4.11.2023)

12 Statistisches Bundesamt 2023: »Pressemitteilung Nr. N 012 vom 7. März 2022« (https://www.destatis.de/DE/Presse/Pressemitteilungen/2022/03/PD22_N012_12.html, letzter Aufruf am 4.11.2023)